Bibliografische Information der Deutschen Bibliothek
Die Deutsche Bibliothek verzeichnet diese Publikation in der Deutschen Nationalbibliografie; detaillierte bibliografische Daten sind im Internet über http://dnb.ddb.de abrufbar.

Rudolf Reichert:
Kritische Fragen an das christliche Glaubensbekenntnis, an die Wirtschaft und an die Menschenführung heute!

Berlin: Pro BUSINESS 2005

ISBN 3-938262-34-6

1. Auflage 2005

© 2005 by Pro BUSINESS GmbH
Schwedenstraße 14, 13357 Berlin
Alle Rechte vorbehalten.
Produktion und Herstellung: Pro BUSINESS GmbH
Gedruckt auf alterungsbeständigem Papier
Printed in Germany

www.book-on-demand.de

Kritische Fragen

An das christliche Glaubensbekenntnis, an die Wirtschaft und an die Menschenführung heute!

Beeinflusst der Glaube unseren Alltag?

Wird unsere Wirtschaft von der Kraft des Glaubens beeinflusst?

Ist der Glaube im Wirtschaftsleben ein Produktionsfaktor?

Welches Glaubensbekenntnis trage ich in mir?

Wird die Menschenführung heute von christlichen Grundwerten geprägt?

Kann ein vom christlichen Glaubensbekenntnis geprägter Glaube die weltweite Globalisierung der Wirtschaft positiv beeinflussen, einen wirtschaftlichen Aufschwung stärken, die noch in vielen Teilen der Welt herrschende Not lindern und somit für alle Menschen Lebensqualität und Wohlstand fördern?

Dipl-Ing. (FH) Rudolf Reichert   Dezember 2004

Kritische Fragen

Inhaltsübersicht Seite

0. Vorwort 15

    Unser Glaube prägt unser Leben 15
    Frage an Inhalt und Wirkkraft des Glaubens 15
    Der Glaube im Blickwinkel von Wirtschaft und Technik 15
    Das notwendige Glaubensgespräch 16

01. Was mich zum Nachdenken brachte 17

01.01. Die Soziale Marktwirtschaft im Konjunkturtal 17
    Betriebswirtschaftliche Vorlesungen
        in Weimar nach der Wende 17
    Resignation in der Rezession 17
    Soziale Glaubenskraft oder religiöse Glaubenskraft? [001] 18
01.02. Wo kann man Glaubenskraft kaufen? 19
    Kann die christliche Kirche Glaubenskraft geben? 19
    Die Institution Kirche ist keine demokratische Institution 19
    Eine Predigt welche die Soziale Marktwirtschaft diskriminiert 20
01.03. Welche Glaubenskraft wirkt in Japan? 21
    Die sinkretistische Geisteshaltung im fernen Osten [002] 21
    Glaubensgemeinschaft in der japanischen Wirtschaft [003] 22
    Freiheit und Glaube in Japan 22
    Die Krise in Japan! Neue Glaubenskraft wird nötig [004] 22
01.04. Wirkt christliche Glaubenskraft bis in unsere Wirtschaft? 23
    Kann die Kirche als Diktatur Glaubenskraft vermitteln? 23
    Die Wirtschaft stellt „seelsorgähnliche" Forderungen 24
    Das Christentum und die fernöstlichen Religionen [005] 24
    Die zukünftigen Forderungen aus der
        Normenfamilie ISO 9000 ff, [006], [007] 25
01.05. Meine persönliche Suche nach realer Glaubenskraft 27
    Die Suche nach Glaubenskraft in der freien Wirtschaft 27
    Führt das christliche Glaubensbekenntnis
        zu dieser Glaubenskraft? 27
    Ich will eine Diskussion über die Glaubenskraft anstoßen 28
    Das notwendige, permanente Gespräch über den Glauben 29
    Noch vieles hätte ich euch zu sagen [Joh. 16. 12-13] 29

02. Das christliche Glaubensbekenntnis   30

Im Folgenden wird das christliche Glaubensbekenntnis Artikel für Artikel durchgesprochen und aus dem Blickwinkel von Wirtschaft, Menschenführung, Politik und persönlicher Glaubensüberzeugung kritisch betrachtet.

03. ICH ... glaube ...   31

03.01.	Die unabhängige Persönlichkeit als Voraussetzung	31
	Wahrer Glaube ist nicht fremd gesteuert	31
	Meine Zweifel an der Freiheit in der Welt des Glaubens heute	31
	Die Geburt Gottes im Menschen [008]	32
	Echter Glaube braucht	
	Selbsterkenntnis und das Zwiegespräch mit Gott	32
03.02.	Das verdächtige Selbstbewusstsein	32
	Die Kirche steht dem Selbst argwöhnisch gegenüber [009]	32
	Das Selbst stärken statt wegwerfen [010]	33
03.03.	Galilei lässt grüßen	34
	Die Kirche lehnt Einheit in der Vielfalt ab [011] [012]	34
	Die Verurteilung des Forschers Galilei	35
	Die Sünde wider den Heiligen-Geist [013] [014]	36
03.04.	Das unmündige Volk Gottes	36
	Die Aufteilung in Kleriker und Laien	36
	Die Bildsprache der Bibel	37
	Die Kirche als letzte Diktatur	
	inmitten einer demokratischen Weltordnung	37
03.05.	Die Freiheit der Christen	37
	Realer Glaube braucht Freiheit im Denken [013]	37
	Der Weg in die Eigenverantwortung	38
	(Meine Frau und ich, wir gingen diesen Weg)	
03.06.	Unser Weg über die letzten 50 Jahre	38
03.07.	Die Treue zur Kirche	39
03.08.	Familie, Kinder, Beruf, Konzil	39
03.09.	Sturm kommt auf	40
03.10.	Der kritische Gastarbeiter	41
03.11.	Die innere Revolution	42
	Unser Kontakt zu modern	
	denkenden Menschen über Bücher [015]	42
	Sündenfallerlösungstheologie oder Schöpfungstheologie?	43
	Die Gängelung in Gottesdienst und Predigt	44
03.12.	Wie soll es weitergehen?	44
	Sind wir schon Mitläufer geworden?	44
	Der Papst sollte los lassen können und Moderator werden	45
	Wir suchen Gleichgesinnte im konstruktiven Ungehorsam	45

03.13.	Ist das alles wirklich wahr was wir glaubten?	46
	Wir fragen nach dem realen, alltagsfähigen Glauben	46
	Das ICH ist Grundlage des Glaubens und der Nächstenliebe [016]	46
03.14.	Das selbstbewusste ICH, die Vorbedingung zum Glauben	46
	Die fünf Wachstumsschritte zur Einheit im Glauben und im Wirtschaften	47
	Total Quality Management und das Loslassen im Wirtschaftsleben [006]	47

04. ... GLAUBE ... 49

04.01.	Glaube was ist das?	49
	Glauben, was heißt das?	49
	Der Glaube prägt die Zukunft	49
	Wahrer Glaube lässt sich nicht ideologisieren	50
	Vertrauen schaffen	51
04.02.	Den Glauben begründen	51
04.03	Die Glaubensformel	52
	Glaube besteht aus Vertrauen, Verstand und Liebe	52
	Die mathematische Form der Glaubensformel	52
	Diskussion der Glaubensformel	53
04.04.	Glaubenskraft in der Sozialen Marktwirtschaft	54
	Der Glaube ist weder sozialpolitisch noch religiös	54
	Glaube ich nur am Sonntag?	54
	An was glaube ich?	55
	Wirkt christlicher Glaube noch in unserem Alltag?	55
04.05.	Die Lenkung der Wirtschaft	56
	Die geforderte Glaubenskraft ist je Wirtschaftssystem unterschiedlich groß	56
	Die möglichen Wirtschaftssysteme	56
	Das Wirtschaftssystem „Soziale Marktwirtschaft"	56
	Das Wirtschaftssystem „Kapitalistische Marktwirtschaft", [016]	57
	Die Staatlich gelenkte Planwirtschaft	58
	Christentum und Kommunismus haben sich geirrt	59
	Beide Seiten haben die drei Forderungen der Evolution missachtet	59
	A) Evolution in Freiheit	59
	B) Mitverantwortung	60
	C) Zusammenarbeit	60
	Wie groß muss die Freiheit in einem guten Wirtschaftssystem sein?	60
	Mehr Lenkung oder mehr Freiheit?	61

	Viele Menschen wählen	
	statt der Eigenverantwortung die Diktatur [017]	61
	Zurück in die Diktatur oder vorwärts in die Freiheit?	62
	Ein Wandel bahnt sich an [018], [019], [020], [015]	62
	Ist Führen durch Liebe im Wirtschaftsleben möglich?	64
04.06.	Ich traue der Sozialen Marktwirtschaft	64
	Vertrauen, ein wichtiger Faktor in der Glaubensformel	64
	Das Vertrauen in die geistige Grundlage	
	der menschlichen Kräfte [021]	65
	Die Kraft der Freiheit	66
	Die Kraft der Selbstverwirklichung	66
	Die Kraft der Selbstentfaltung	67
	Die Befreiung der individuellen Kräfte [022]	67
	Die Kraft des Geistes [023]	68
04.07.	Der Glaube als Energie zwischen den Produktionsfaktoren	69
	Was ist ein Betrieb? [024]	69
	Das Wirtschaftlichkeitsprinzip und die Produktionsfaktoren	69
	Der Produktionsfaktor Wissen	70
	Der Produktionsfaktor Zuversicht (Vertrauen, Glaube) [025]	71
	Loslassen und Verantwortung übernehmen	
	im Feld des Glaubens [026], [027]	71
	Arbeitsplätze schaffen verlangt Glaubenskraft	72
	Die unruhige Zukunft verlangt	
	Glaubenskraft [028], [029], [030]	73
04.08.	Zuversicht durch Gemeinsamkeit	74
	Die nötigen Schulungsmaßnahmen	74
	Die Unternehmer unser wichtigstes Kapital	75
	Die Verantwortung der Gewerkschaften	76
04.09.	Zuversicht durch Wissen	76
	Ehrliche Streitkultur statt Halbwahrheiten (ein Beispiel)	76
	Richtige Lohnforderungen	77
	Zu geringe Lohnforderungen	77
	Zu hohe Lohnforderungen	77
	Das gleiche Beispiel mit Blick auf den Export	78
	Zuversicht und Glaubenskraft	
	werden durch Halbwahrheiten zerstört	78
	Schulung kann Zuversicht und Glaubenskraft stärken	79
	Einheit in der Vielfalt wäre nötig	79
04.10	Zuversicht und Glaubenskraft durch Maßhalten	80
	Die Gefahr der Maßlosigkeit [031]	80
	Die Probleme werden oftmals ideologisiert	81
	Zuversicht, Vertrauen, Glauben stärken durch Maßhalten	81

05.	**... AN GOTT ...**	**83**
05.01.	Wo ist mein Ziel, wer ist mein Gott?	83
05.02.	Der dynamische Gott, der lebendige Gott	83
	Unser Gottesbild ist menschlich unvollkommen	83
	Der schnelle Wandel	84
	Die positive Seite des Wandels	85
05.03.	Unser Gottesbild prägt auch unsere Wirtschaft	85
	Der lebendige, dynamische Gott	85
	Das Beispiel des Baumes in der Natur	86
	Eine freie Wirtschaft braucht ein lebendiges Wirtschaftssystem	87
	Das Chaos der Märkte verlangt zusätzliche Glaubenskraft	87
05.04.	Dein Glaube hat dir geholfen [032], [033]	88
05.05.	Unser Gottesbild formt unser Lebensziel und unsere Pläne	89
	Wir alle brauchen den Erfolg	89
	Die Erfolgsformel [034]	89
	Erfolg braucht ein Ziel	90
	Wer plant, beginnt zu glauben [029]	91
	Ängste in und um uns	91
	Unser Gottesbild formt auch unsere Ziele	92
05.06.	Planwirtschaft oder Planung in der Marktwirtschaft	92
	Erfolg beginnt mit der Planung des Zieles	92
	Schritt 1: Die strategische Planung	93
	Schritt 2: Die taktische Planung	94
	Schritt 3: Die Prognose	95
	Schritt 4: Der operative Plan	95
	Schritt 5: Das Ergebnis	96
	Das erreichte Ergebnis beeinflusst die zukünftigen Pläne	96
	Wir und unsere Pläne werden geprägt von unserem Gottesbild	97
05.07	Die Unternehmensphilosophie oder mein Lebensplan	98
	Der Grundstein für die Glaubenskraft im Unternehmen	98
	Wahrhaftigkeit die unabdingbare Forderung	98
	Unser Gottesbild formt Unternehmensphilosophie und Lebensplan [035]	99
05.08.	Die Öko-Soziale-Marktwirtschaft	101
	Welches Gottesbild und welcher Glaube prägt unsere Wirtschaft?	101
	Ein Umdenkungsprozess setzte sich durch [036]	101
	Glaubt Europa an die Kraft des Geistes aus dem Kosmos?	102
	Welches Gottesbild prägt uns und unsere Gesellschaft? [037], [012], [005]	103
05.09.	Die Natur ein neuer Götze oder nur ein Umdenkungsprozess?	105
	Umdenkungsprozesse erzeugen Unruhe [038]	105
	Ein falsches Gottesbild entsteht	105
	Das Gottesbild vieler Menschen wird korrigiert [038]	106

	Nur die Freiheit gewährt eine richtige Entwicklung [039]	107
05.10.	ER, Gott, der ganz andere [040]	108

06. ... DEN VATER ... 110

06.01.	Die Gefahr der Bilder	110
06.02.	Das Vaterbild	110
06.03.	Ein neues Vaterbild	111
06.04.	Der zärtliche, der liebende Gott	111
	Das verzerrte Vaterbild der Menschen [041], [042]	111
	Das alte Vaterbild ändert sich ... über ...	112
	... die Erkenntnis warum Jesus von Nazareth am Kreuz starb [042]	113
	... die Erkenntnis des neuen Gottesbildes [042]	113
	... die Erkenntnis des großen Segens [043]	114

07. ... DEN ALLMÄCHTIGEN ... 116

07.01.	Der Allwissende	116
	Der Allwissende und das Leid	116
	Die Schöpfungstheologie [041]	116
07.02.	Das Leben ist keine belanglose Spielerei	117
	Eigeninitiative und Eigenverantwortung sind gefragt	117
	Eine neue Menschenführung hat schon begonnen	118
	Nicht zum Mitläufer erziehen (Kirchen)	118
	Hass und Neid überwinden (Gewerkschaften)	119
	Schulung zu mehr Eigenverantwortung (Unternehmer) [006] [015]	120
	Die Kraft zur Veränderung [044]	121
07.03.	Das Leben fordert Evolution	122
	Glaubenskraft zeugt Lebenskraft	122
	Wo ist der Glaube an den Allmächtigen?	123
	Ein dynamischer Glaube ist nötig	124
	Fortschritt zulassen im Vertrauen auf die Allmacht des Geistes [045]	124
07.04.	Der Allmächtige delegiert Macht an die Menschen	125
	Sind wir zur Selbstverantwortung bereit? [046]	125
	Aktive Menschenführung wird verlangt	126
	Sind wir bereit die grenzenlose Liebe anzunehmen?	127

08. ... DEN SCHÖPFER HIMMELS UND DER ERDE ... 128

08.01.	Der große Segen oder die gefallene Schöpfung?	128
	Die Scheidung der Geister	128

	Das Problem mit der Erbschuld	129
	Der Exorzismus im Taufritus	129
	Meine Kritik an den Vertretern der Kirche	130
	Hat die Kirche den Mann aus Nazareth verraten?	130
08.02.	Der Dualismus, das zerstörende Gegeneinander	131
	Konkurrenz muss das Miteinander nicht stören	131
	Warum können Gewerkschaften nicht ohne Drohgebärden verhandeln?	131
	Können wir vom fernen Osten etwas lernen?	132

09.   ... UND AN JESUS CHRISTUS ...   133

09.01.	Der historische Jesus	133
	Welche Daten sind historisch? [048]	133
	Die Bildsprache der Bibel	133
	Die Bildsprache der Wissenschaft heute [049], [050]	134
09.02.	Jesus der Mensch, Christus der Messias	135
	Der Erlöser [051]	135
	Von was hat uns Christus erlöst? [052]	136

10.   ... SEINEN EINGEBORENEN SOHN ...   138

10.01.	Der einzige Sohn Gottes? [053], [054], [055]	138
10.02.	Der in den Menschen hinein geborene Gott [056]	139
10.03.	In jedem Menschen begegnet uns Gott	140
10.04.	Jesus Christus, der Sohn (die Tochter) Gottes im Menschen	142
	Der mit Gott zutiefst verbundene Mensch [057], [058], [059], [060], [061]	142
	Leben, Sterben und Auferstehung Jesu ist Zeichen	143

11.   ... UNSERN HERRN ...   145

11.01.	Unser Herr wollte nie „Herr" sein	145
	Er wollte nicht herrschen [062]	145
	Er wollte keine Kirche gründen [063], [064]	145
11.02.	Der neue Führungsstil in der Wirtschaft	146
	Moderator werden, nicht „Herr" sein [006] [065], [066], [067]	146
	Die Kirche muss ihr Führungssystem ändern	147
11.03.	Der Absolutheitsanspruch im westlichen Denken [068], [069], [070], [071]	147
11.04.	Ein Personenkult den Jesus nicht wollte	148
	Herrscher oder Moderator?	148
	Einheit in der Vielfalt	149
11.05.	Die andere Menschenführung	149
	Selbstorganisation [006]	149

	Eine höhere Ordnung liegt in der Freiheit [072]	150
	Flexibilität in der Menschenführung [073]	151
	Emotionale Intelligenz [074]	152
11.06.	Der drohende Rückfall in alte Strukturen der Menschenführung	152
	Nur Einzelkämpfer siegen? [075]	152
	Zusammenarbeit auf gleicher Augenhöhe ist nötig	153
	Selbstbewusste Mitarbeiter sind nötig [076]	154
	Management by love ist kein leichtes Führungssystem	155
11.07.	Die ICH – Aktie	156
	Das eigene ICH wieder finden	156
	Mehr Selbstverantwortung wird nötig	156
	Nicht Mitläufer bleiben [077]	157
11.08.	Die ganz andere Herrschaft	158
	Macht und Ethik [078] [006]	158
	Machtgewinn über Einheit in der Vielfalt	158
11.09.	Die Antriebskraft im Führungssystem	159
	Woher kommt die mentale Kraft für den Fortschritt? [079]	159
	Glaube und Liebe bringen die Kraft für den Fortschritt [080]	160
11.10.	Die Angst vor dem Neuen und der Zwang zum Lernen	161
	Die lernende Organisation wird gefordert	161
	Angst verhindert und fördert gleichzeitig das Lernen [081]	161
	Geborgenheit fördert das Neulernen [081]	162
	Den Forscherdrang im Menschen nutzen	162
	Gute Führungskräfte sind nötig	163
12.	**... EMPFANGEN DURCH DEN HEILIGEN GEIST ...**	**164**
12.01.	Eine philosophisch, theologische Aussage	164
	Die Bildsprache der Bibel	164
	Das Bild vom königlichen Stammbaum [082]	164
	Das Bild von der göttlichen Abstammung	164
	Das Bild des liebenden Paares [083], [084]	165
	Diese Bilder sollten wir in gläubiger Ehrfurcht bedenken	165
12.02.	Die praktische Konsequenz dieser Aussage	166
	Der unendliche Gott kennt keine Grenzen	166
	Auch unsere Wirtschaft drängt in eine neue Bewusstseinsebene	167
12.03.	Werde du selbst und ich will dein sein	168
	Die ganze Schöpfung eine große Einheit [085]	168
	Die Geburt zum Selbst [086]	168
	Das vom Geist Gottes gezeugte Selbst	169
13.	**... GEBOREN VON DER JUNGFRAU MARIA ...**	**170**
13.01.	Jesus, geboren von der jungen Frau	170
	Ein Bild sagt mehr als viele Worte	170

	Selbstständiges Denken in Glaubensfragen	170
13.02.	Christus, geboren aus der Kraft des Geistes	171
	Der in den Menschen eingeborene Erlöser	171
	Das Bild vom Paradies ohne Leid	172
	Die Erlösung vom Leid wird gesucht	172
	Maria hat eine große Tat vollbracht	173
	Jede Geburt ist eine Gottesgeburt	173
13.03.	Die unbefleckt Empfangene	174
	Die Frage nach der Erbschuld	174
	Das Missverständnis mit der Sexualität	
	[087], [088], [089], [090], [091], [092]	175
13.04.	Gott wird geboren in dir [008]	177

**14.   ... GELITTEN UNTER PONTIUS PILATUS,
         GEKREUZIGT, GESTORBEN
         UND BEGRABEN ...   179**

14.01.	Der leidende Mensch	179
	Die Erlösung ist in uns und um uns	179
14.02.	Der mit uns leidende Gott	180
	Gott ist kein Gott der Toten [093], [094]	180
	Gott will nicht das Kreuz, ER will die Erlösung	180
14.03.	Es gibt keine Vorherbestimmung	181
	Erkenntnisse aus der Chaosforschung	181
	Erkenntnisse aus der Psychologie	181
14.04.	Gekreuzigt, gestorben und begraben	182
	Lehrt das Christentum eine Weltverneinung?	182
	Nicht der Tod ist das Ende	183
14.05.	Der Ausweg aus Kreuz und Tod	183
	Das richtige Bittgebet [095], [096]	183
	Die Furcht vor der Herrlichkeit des Herrn	184
	Man darf die Bibel nicht wörtlich übersetzen [097]	185
	Die zeitlose Aussage der Weihnachtsgeschichte [096]	185
	Wie entscheide ich mich? [098]	187
	Die Kraft des Glaubens im Unterbewusstsein [099], [053]	187

**15.   ... HINABGESTIEGEN
          IN DAS REICH DES TODES ...   189**

15.01.	Gott stirbt mit uns	189
	Das Reich des Todes wird überwunden	189
	Wir und unsere Sehnsüchte werden nicht sterben	189
15.02.	Das Leid ist die Unendlichkeit der Liebe	190
15.03.	Hinabgestiegen in die Hölle	191

16.	**... AM DRITTEN TAGE AUFERSTANDEN VON DEN TOTEN ...**	**193**
16.01.	Christlicher Glaube ist ein Auferstehungsglaube	193
16.02.	Warum glaube ich an die Auferstehung des Jesus von Nazareth?	193
	Die Berichte der nachösterlichen Gemeinde	193
	Erkenntnisse aus der Atomphysik	194
	Masseteilchen oder Energiewelle? [050]	195
	Was sagt uns die Psychologie?	195
17.	**... AUFGEFAHREN IN DEN HIMMEL ...**	**197**
17.01.	Was ist Himmel? [100]	197
17.02.	Die neue Erde, der neue Himmel [101]	198
17.03	Die transzendente Wirklichkeit [101]	198
18.	**... ER SITZT ZUR RECHTEN GOTTES, DES ALLMÄCHTIGEN VATERS ...**	**200**
18.01.	Der Mensch, Mitgestalter im Kosmos	200
18.02.	Nicht Mitläufer, Mitgestalter sollen wir sein	201
	Mitgestalter	201
	Nicht Mitläufer	202
	Eigenverantwortung stärken	202
	Die Not des heiligen Geistes [102]	203
	Vielfalt, die Voraussetzung zum Dialog [103]	204
	Die notwendige Bewusstseinsänderung	205
	Den Menschen in die Mitte stellen [006]	206
19.	**... VON DORT WIRD ER KOMMEN ZU RICHTEN DIE LEBENDEN UND DIE TOTEN ...**	**208**
19.01.	Woher wird er kommen?	208
19.02.	Wann wird er Kommen?	208
19.03.	Wie wird er richten?	209
20.	**... ICH GLAUBE AN DEN HELIGEN GEIST ...**	**211**
20.01.	Der Heilige Geist, das Kraftfeld Gottes	211
	Die dritte göttliche Person	211
	Das Kraftfeld Gottes	211
	Die Kraft der Engel	211

20.02.	Der Heilige Geist, ein Querdenker	212
20.03.	Der Heilige Geist ein Auslaufmodell?	214
20.04.	Der Geist weht wo er will	215
21.	**... DIE HELIGE CHRISTLICHE KIRCHE, GEMEINSCHAFT DER HEILIGEN ...**	**216**
21.01.	Was ist Kirche? [097]	216
21.02.	Wozu ist Kirche nötig?	217
21.03.	Was meint „heilig"?	218
21.04.	Die Gemeinschaft der Heilen, der Gesunden	219
	Gemeinschaftsbildung ist eine schwierige Arbeit	219
	Die „gesunde" Gemeinschaft in Kirche und Wirtschaft	219
	Beraten, nicht verurteilen	220
	Moderator werden	220
22.	**... VERGEBUNG DER SÜNDEN ...**	**222**
22.01.	Was ist Sünde?	222
	Sünde schadet dem Leben	222
	Religionen definieren den Begriff Sünde	222
	Brauchen wir ein Weltethos? [104]	222
	Religionen und Konfessionen haben die Aufgabe zu dienen	223
22.02.	Ist Vergebung möglich? [014], [105], [106],	224
22.03.	Wer ohne Sünde ist werfe den ersten Stein auf sie [012]	225
22.04.	Die Inflation um den Sündenbegriff	226
	Die Kirchengebote	226
	Können wir überhaupt sündigen? [107]	226
	Die Sünde die niemand vergeben kann [107]	228
	Die Erbsünde	228
	Der gegenwärtige Umdenkungsprozess in der Wirtschaft [007]	229
	Eine wichtige Aufgabe für die Gemeinschaft der Glaubenden	230
23.	**... AUFERSTEHUNG DER TOTEN, UND DAS EWIGE LEBEN ...**	**231**
23.01.	Das Christentum ist eine Auferstehungsreligion	231
23.02.	Warum wollen viele Christen nicht nachdenken? [108], [109], [110]	231
23.03	Haben wir den Bezug zum Sinn des Lebens verloren? [111], [112], [006],[113], [114]	233
23.04	Der anstehende Paradigmenwechsel [115]	235
23.05.	Was ich persönlich glaube	236
	Ich denke, also bin ich	236
	Das Leid ist für mich eine Garantie für das ewige Leben	236

		Und was bedeutet Wiedergeburt (Inkarnation)?	237
		Alles Leben will Ewigkeit	238
		Die Materie ist ewig	238
		Das christliche Bild von der Auferstehung	239
		Die neue Erde und der neue Himmel [116]	239

24.   **AMEN**   242

24.01.	Ja, so sei es	242
24.02.	Dein Glaube hat dir geholfen [032]	243
24.03.	Leben Sie wohl	244

25.   **Quellenhinweise**   245

Vorwort

Der Glaube prägt unser Leben

Immer deutlicher erkennt heute die Wissenschaft, insbesondere die Psychologie, wie stark der Glaube unser Leben prägt. Auch im Bereich der Medizin und der Wirtschaft wird die Kraft des Glaubens mehr und mehr gesehen als die entscheidende Triebfeder in der Gestaltung der Wirklichkeit. So erkennen die Mediziner wie stark der Heilungsprozess vom Glauben des Patienten beeinflusst wird. Und im Bereich der Wirtschaft ist zu sagen: Wo wären so manche Arbeitsplätze wenn es nicht Unternehmer gegeben hätte die an die zukünftige Entwicklung der Wirtschaft und ihrer Produkte geglaubt hätten? Wohin würden sich unsere Volkswirtschaften entwickeln wenn es nicht Menschen gäbe die an eine erfolgreiche Zukunft glauben? So ist sicherlich eine kritische Nachfrage nach der Kraft des Glaubens berechtigt.

Frage an Inhalt und Wirkkraft des Glaubens

Zu fragen ist allerdings an was glauben die Menschen in ihrer Überzahl? Wie sieht ihr Gottesbild aus? Ist das Christliche Glaubensbekenntnis noch ein Fundament im Denken der Menschen von dem aus Impulse kommen die unseren Alltag zum Positiven prägen? Ist das christliche Abendland noch fähig einen Glauben zu entwickeln der die Zukunft erfolgreich gestaltet und gleichzeitig auch das Zusammenleben mit anderen Religionen ermöglicht? Diesen Fragen will ich nachgehen und das christliche Glaubensbekenntnis auf seinen Realitätsbezug Artikel für Artikel abtasten. Ich will mich selbst kritisch fragen ob ich persönlich das christliche Glaubenbekenntnis in allen seinen Artikeln aus innerer Überzeugung bekennen kann.

Der Glaube im Blickwinkel von Wirtschaft und Technik

Ich sehe die einzelnen Glaubensartikel allerdings aus meiner ganz persönlichen Perspektive. Es ist dies ein Blickwinkel durch die Brille von Wirtschaft und Technik. Während meines ganzen Berufslebens habe ich als Ingenieur und Controller für Technik und Wirtschaft gearbeitet und habe dabei gleichzeitig versucht meine Grundhaltung nach dem christlichen Glaubensbekenntnis auszurichten. Dieser Versuch hat meinen Glauben geprägt und hat mich auch kritisch werden lassen. Heute verlangt die internationale Normung „ISO 9000 ff" eine neue Mitarbeiterorientierung die Führungskräfte und Mitarbeiter gleichermaßen fordert. Die weltweite Globalisierung des Lebens verlangt von allen Menschen in Zukunft mehr Flexibilität und mehr Eigenverantwortung. Ich frage mich in wieweit die im christlichen Kulturkreis vorhandene Glaubenskraft die hieraus resultierende Bewusstseinsänderung, vom Obrigkeitsdenken zu selbstverantwortlicher Mitarbeit, tragen kann.

Das notwendige Glaubensgespräch

Mit meinen Aufzeichnungen will ich nicht sagen, dass meine Sicht zu den Glaubensartikeln des christlichen Glaubensbekenntnisses die absolut richtige ist. Ich will mit meinen Aufzeichnungen mir selber Klarheit über meinen Glauben verschaffen und ich will mit meiner Familie und mit der Gemeinschaft der Glaubenden über meinen Glauben reden. Meine Erfahrungen im Gespräch mit Menschen und die gegenwärtigen Kirchenaustritte zeigen mir, dass auch die Kirche als Gemeinschaft der Glaubenden ein solches offenes Glaubensgespräch dringend nötig hat. In der Menschenführung bahnt sich heute ein Paradigmenwechsel an.

Rudolf Reichert.

Kritische Fragen

01. Was mich zum Nachdenken brachte

01.01. Die Soziale-Marktwirtschaft im Konjunkturtal

Betriebswirtschaftliche Vorlesungen in Weimar nach der Wende

In den Jahren 1991 bis 1993 waren die Geburtswehen der Deutschen Wiedervereinigung besonders schmerzhaft zu verspüren. Zu dieser Zeit hielt ich in Weimar vor arbeitslosen Ingenieuren betriebswirtschaftliche Vorlesungen zur Themenreihe "Planwirtschaft oder Planung in der Marktwirtschaft". Meine Vorlesungen waren Teil einer Arbeits-Beschaffungs-Maßnahme (ABM) über die den Teilnehmern durch zusätzliche Qualifikation mehr Chancen auf dem Arbeitsmarkt gegeben werden sollte. Die Stimmung der Zuhörer war, wegen der herrschenden Rezession in der Wirtschaft, gedrückt bis hoffnungslos. So versuchte ich in meinen Vorlesungen immer wieder darauf hinzuweisen, dass in der freien Marktwirtschaft Glaubenskraft etwas sehr Entscheidendes ist. Kein Unternehmer wird auch nur einen Arbeitsplatz installieren, wenn er nicht ein sinnvolles Maß an Vertrauen und Glauben an sein Produkt, an den Markt, an die wirtschaftlichen und politischen Rahmenbedingungen entwickeln kann. Dies gilt, so versuchte ich zu argumentieren, auch für den Arbeitnehmer. Auch er muss Vertrauen, d.h. Glaubenskraft zu sich selbst, zu seiner Leistungsfähigkeit, zu seinem wirtschaftlichen Umfeld entwickeln, wenn er auf Dauer Erfolg haben will.

Resignation in der Rezession

Als eines Tages die Hiobsbotschaft kam, dass wieder 2000 Mitarbeiter im nahen Jena entlassen werden sollten, da war die Stimmung auf dem Tiefstpunkt. Ein älterer Zuhörer zeigte seine Hoffnungslosigkeit indem er sagte: "Es ist doch alles umsonst, warum soll ich hier überhaupt noch studieren?". In dieser Situation versuchte ich noch einmal darauf hinzuweisen, dass gerade in solchen

Situationen positive Glaubenskraft unerlässlich ist. In Zeiten des Erfolges ist es einfach, an eine positive Entwicklung zu glauben. Ich sagte meinen Zuhörern, dass für den Einzelnen die Wahrscheinlichkeit eines persönlichen Misserfolges größer wird, wenn er mit negativer Grundstimmung sein Studium hier vornimmt. Im Gegensatz hierzu wird mit Sicherheit die Wahrscheinlichkeit des Erfolges steigen, wenn der Einzelne sein Studium mit einer positiven Grundhaltung absolviert. Ich erinnerte an die ungeheuer große Sozialenergie die 1989 in Leipzig zur Zeit der Montagsdemonstrationen spontan aufbrach und das ganze diktatorische DDR-Regime aus den Angeln hob. Eine solche aus positiver Glaubenskraft geborene Sozialenergie müssen wir nun noch einmal in Ost und West "gemeinsam" entwickeln, um die Überführung der staatlich gelenkten Planwirtschaft in eine freie Marktwirtschaft zu bewerkstelligen.

Soziale Glaubenskraft oder religiöse Glaubenskraft?

Im Verlauf der sich hier anschließenden Diskussion versuchte ich aufzuzeigen, wie die gegenwärtige Situation (um 1992 / 93) aus dem Zusammenbruch der Planwirtschaft der Ostmärkte und der ehemaligen DDR entstanden ist. Ich versuchte aufzuzeigen wie im Rahmen einer freien Sozialen-Marktwirtschaft ein Wirtschaftsaufschwung erzeugt werden kann wenn alle Beteiligten in gemeinsamer Glaubenskraft zielstrebig am Aufschwung mitarbeiten. Und sei es nur über Umschulungsmaßnahmen. In diesem Zusammenhang bemühte ich mich darauf hinzuweisen wie schon in den alten Schriften der Menschheit z.B. in der Bibel, viele ermutigende Bilder über die Kraft des Glaubens aufgezeigt werden. Ich sprach über das Bild von den drei Jünglingen im Feuerofen [001] und versuchte darzustellen, warum diese Bibelstellen nicht als Berichterstattung eines historischen Ereignisses zu verstehen sind, sondern als Bilder jener Glaubenskraft die uns über uns selbst hinaus wachsen lässt und uns sinnbildlich selbst durch Feuerflammen schadlos führt, soweit wir Glaubenskraft in uns aufbauen können. Ein Teilnehmer fragte mich in diesem Zusammenhang: "Wenn Sie hier von Glauben sprechen, meinen Sie dann soziale Glaubenskraft oder religiöse Glaubenskraft"? Meine Antwort war: "Ich meine im Rahmen unserer Gespräche natürlich in erster Linie soziale Glaubenskraft, bin aber davon überzeugt, dass zwischen sozialer Glaubenskraft und religiöser Glaubenskraft kein Unterschied besteht. Seufzend meinte daraufhin ein Zuhörer: "Na ja, davon verstehen wir nichts, wir sind atheistisch erzogen worden".

01.02. Wo kann man Glaubenskraft kaufen?

Kann die christliche Kirche Glaubenskraft geben?

In den nächsten Wochen und Monaten ließ mich die Frage nach der Glaubenskraft nicht mehr in Ruhe. Ich fragte mich ob es sinnvoll sei betriebswirtschaftliche Vorlesungen zu halten wenn es an Glaubenskraft zur Sozialen-Marktwirtschaft fehlt. Obwohl ich in meinen Vorlesungen die Systematik der Sozialen-Marktwirtschaft darstellte und viele Beispiele positiven Denkens eingebaut hatte, fragte ich mich doch immer wieder, wo könnte ich positive Glaubenskraft gleichsam "kaufen" um sie meinen Zuhörern mitzubringen. Ich sah auf den Straßen zwischen Weimar und meiner Heimatstadt Schweinfurt viele Lastzüge mit den unterschiedlichsten Gütern fahren und dachte dabei, wenn ich doch nur einige Lastzüge positiver Glaubenskraft für meine Zuhörer erwerben könnte. In meinen Gedanken formte sich schließlich die theoretische Frage: "Wo kann man Glaubenskraft kaufen"? Als diese verrückte Frage in mir auftauchte dachte ich an die christliche Kirche. Ist nicht gerade die Kirche als die "Gemeinschaft der Glaubenden" jenes Unternehmen, das Glaubenskraft produzieren sollte?

Die Kirche ist keine demokratische Institution

Hier fühlte ich plötzlich wie sich in mir viele kritische Fragen formulierten. Die Kirche fand ich damals sehr kraftlos. Daran hat sich bis heute nach meinem Gefühl nichts geändert. Die Gemeinschaft der Glaubenden ist in sich zerstritten. Besonders die katholische Kirche vergeudet zurzeit ihre Kraft mit der Verurteilung und Maßregelung ihrer besten modernen Theologen, jenen Frauen und Männern die aufgrund Ihrer zeitgemäßen Aussagen positive Glaubenskraft entfachen könnten. Die katholische Kirche ist heute, nach meiner persönlichen Erfahrung, leider eine Diktatur die nicht das Beispiel einer freien demokratischen und pluralen Gemeinschaft bieten kann. Sie konnte deshalb besonders jenen Menschen kein Beispiel geben, die aus einer zerbrochenen DDR-Diktatur nun den beschwerlichen Weg in eine freie demokratische Staatsform gehen wollten. Wie kann auch ein diktatorisches System auf den Weg zu einer Demokratie hilfreich sein?!

Eine Predigt welche die soziale Marktwirtschaft diskriminiert

Zudem erlebte ich in dieser Zeit (1992) ganz persönlich die Unfähigkeit der Kirche auf dem Weg zur Sozialen-Marktwirtschaft behilflich zu sein. Da in der damaligen Zeit auch in meiner Heimatstadt Schweinfurt ein Wirtschaftsabschwung mit einhergehender Arbeitslosigkeit sich breit machte, war ein Samstagabendgottesdienst dem Thema Arbeitslosigkeit gewidmet. Zuerst war ich erfreut darüber, dass die Kirche doch auch zu solch einem Thema Stellung nimmt. Dann aber war ich erschüttert über die Aussage der Predigt. In Weimar versuchte ich so gut es ging Hoffnung und Glaubenskraft für die Soziale-Marktwirtschaft zu wecken und zu Hause musste ich einen Pfarrer anhören der alles zerstörte. Die Grundtendenz der Predigt ging in die Richtung: Das Kapital ist schlecht, die Unternehmer sind schlecht und die soziale Marktwirtschaft ist schlecht. Als Laie darf ich mich im Gottesdienst nicht über theologische Themen äußern. Ein Theologe aber darf im Gottesdienst politisch gefärbte, wirtschaftspolitische, betriebswirtschaftliche Thesen aufstellen, obwohl er keine Ahnung von Wirtschaftspolitik und Betriebswirtschaft hat. Ich selbst bin von Beruf Werkzeugmacher, habe nach meiner Lehrzeit ein Ingenieurstudium mit Fachrichtung Maschinenbau absolviert und später noch über ein Abendstudium an der Verwaltungs- und Wirtschaftsakademie mir wirtschaftliche und insbesonders betriebswirtschaftliche Kenntnisse angeeignet, die durch jahrelange praktische Arbeit als Werks-Controller (= betriebswirtschaftlicher Steuermann) noch vertieft wurden. Die besagte Predigt mit wirtschaftspolitischen Aussagen hat mich umso mehr empört, als ich hilflos in der Kirchenbank saß und meine gegenteilige Meinung zu diesem Thema nicht äußern durfte. Welch ein Ärgernis, wenn ein Laie im Gottesdienst aufstehen würde um die Predigt des Pfarrers kritisch zu korrigieren. Ich habe die besagte Predigt dennoch kritisiert, allerdings nach dem Gottesdienst in der Sakristei und, da dieses Gespräch nicht viel brachte, auch in aller Öffentlichkeit über einen Leserbrief in der örtlichen Tageszeitung.

01.03. Welche Glaubenskraft wirkt in Japan?

Die synkretistische Geisteshaltung im Fernen-Osten

Während mich persönlich die Frage nach der Glaubenskraft in unserer Sozialen-Marktwirtschaft weiter beschäftigte, sah ich das Bild der viele Jahre so erfolgreichen Wirtschaftsmacht Japan vor mir. Woher so fragte ich mich und so fragten sich bis heute schon viele, nahmen die Menschen in Japan jene Sozialenergie und Glaubenskraft, die sie befähigte in so kurzer Zeit zur zweitgrößten Wirtschaftsmacht der Welt aufzusteigen und diesen Platz auch zu verteidigen? Ich selbst habe in den sechziger und siebziger Jahren des vergangenen Jahrhunderts den Konkurrenzdruck aus Japan als Leiter der Kostenrechnung und als Werks-Controller in einem Großbetrieb erlebt. Nicht selten hat die Konkurrenz aus Japan zu Preisen angeboten, die unter unseren Selbstkosten lagen. Immer wieder tauchte in diesem Zusammenhang die Feststellung auf, dass die Erfolge in Japan, neben den verschiedensten Gründen, vor allem auch einen kulturell, religiösen Hintergrund haben. Es wurde festgestellt, dass die Kultur in Japan hauptsächlich von den beiden Religionen Buddhismus und Schintoismus beeinflusst wird, zu denen noch Einflüsse aus dem Konfuzianismus, dem Taoismus, dem Hinduismus und weiteren kleinen Volksreligionen kommen. Allerdings, so sagen Kenner, und dies scheint mir sehr wichtig zu wissen, die Religionen in Japan leben nicht nebeneinander sondern auf der Basis einer synkretistischen (verschmelzenden) Geisteshaltung des Fernen-Ostens [002]. Über diese verschmelzende Geisteshaltung sind sie mehr oder weniger stark miteinander verwoben und vereint. Es scheint in Japan die Abgrenzung zwischen den Religionen und Konfessionen lange nicht so hart wie in Europa zu sein. Mir scheint in Japan im kulturell religiösen Bereich mehr Pluralität, mehr Vielfalt und damit auch mehr Toleranz und Demokratie gewachsen zu sein als in unserer westlichen Welt. Schon aufgrund dieser Tatsache vermute ich eine größere Gemeinschaft der Glaubenden unter dem einfachen Volk als bei uns.

Glaubensgemeinschaft in der japanischen Wirtschaft

Peter Engel schreibt in seinem Buch "Japanische Organisationsprinzipien", Zitat: ... *Wie man sieht besteht damit ein fundamentaler Unterschied zwischen der Einstellung des Japaners und des Europäers zu der Firma in welcher er jeweils arbeitet. Dieser Einstellungsunterschied gilt für alle Ebenen des Managements bis hinunter zum Linienarbeiter. Gleiches trifft auch für die Gesellschaft zu. Der Japaner betrachtet sich als Mitglied einer großen unteilbaren Familie* (Glaubensgemeinschaft) *von welcher er abhängt. "Arbeit ist Gottesdienst" - dieses Krupp zugeschriebene Wort wird heute noch in Japan gelebt.* Zitatende [003].

Freiheit und Glaube in Japan

Auch die Einstellung zur Freiheit ist in Japan anders geprägt als in Europa. So schreibt Peter Engel im Anschluss an das oben genannte Zitat wie folgt weiter, Zitat: ... *Prädestiniert durch den Glauben und durch Elternhaus und Schule erzogen, trägt der Japaner ganz bewusst zum Wohlstand und Fortschritt seiner Nation bei. In Japan wird Freiheit ausschließlich als Einsicht in die Notwendigkeit, nämlich mehr zu arbeiten, bessere Qualität zu produzieren, unentgeltlich Überstunden zu machen und nicht zu streiken, gesehen. In Europa dagegen ist die Bindung an die Gesellschaft durch verschiedene Umstände gelockert. Freiheit wird viel weniger als „Verpflichtung zu etwas", sondern eher als „Entpflichtung von etwas" gesehen. Freiheit in Europa heißt, von Zwängen und Kontrollen befreit zu sein.* Zitatende [003].

Die Krise in Japan, neue Glaubenskraft wird nötig

Am 17.Januar 1995 allerdings erschütterte Japan eine schlimme Erdbebenkatastrophe. Es scheint so als habe diese Naturkatastrophe auch das angeschlagene Wirtschaftssystem Japans erschüttert. In „Das Beste" bringt Reader's Digest 1998 einen Beitrag von Edith Terry mit der Überschrift: „Wirtschaftsmacht Japan – Das

Wunder ist vorbei". In diesem Bericht wird gesagt, Zitat: *Das enge Zusammenspiel zwischen Wirtschaft, Politik und Behörden hat Japan groß gemacht. Doch was früher ein Erfolgsrezept war ist zum Filz verkommen.* Zitatende [004]. Es wird in dem erwähnten Bericht gesprochen von der Notwendigkeit einer Deregulierung, es wird von staatlicher Inkompetenz gesprochen, der Verbraucher, der Kunde soll wieder mehr in den Vordergrund gestellt werden, mehr Flexibilität wird verlangt und mehr Freiheit für das freie Spiel der Marktkräfte. Es wird berichtet, Zitat: *Am Ende des 20.Jahrhunderts kämpft Japan mit Problemen denen sich ältere Industriegesellschaften in Europa und Amerika schon viel eher stellen mussten: dem Rückgang der Produktivität, geringeren Wachstum und sozialen Missständen.* Zitatende [004]. Nun ist der einzelne Mitbürger auch in Japan wieder neu gefordert Glaubenskraft zu entwickeln. Es wird sich zeigen wie die Glaubenskraft der fernöstlichen Religionen zum Wachstum und „Werden" der Persönlichkeit des Einzelnen beiträgt und damit wieder zum Aufschwung führt.

01.04. Wirkt christliche Glaubenskraft bis in unsere Wirtschaft?

Kann die Kirche als Diktatur Glaubenskraft vermitteln?

Meine Frau Lieselotte hat mich zu meinen Vorlesungen in Weimar oft begleitet und so haben wir gemeinsam, über die Glaubenskraft, die unser Leben und unsere Wirtschaft so nötig haben, nachgedacht. Wir haben uns die Frage gestellt: Wie weit unterstützt in Europa christliche Glaubenskraft unser Leben und unsere Wirtschaft? Ist christliche Glaubenskraft in Europa nur auf den sonntäglichen Gottesdienst beschränkt, oder prägt diese Glaubenskraft auch unser Leben im Alltag? Diese Fragen beschäftigen uns heute noch, und sie beschäftigen uns auch deshalb so stark, weil wir beide viele Jahre unseres Lebens ehrenamtlich in der katholischen Kirche gearbeitet haben. Wir sind inzwischen seit über 50 Jahren verheiratet. Schon vor unserer Ehe haben wir im Bund der deutschen katholischen Jugend für die Kirche gearbeitet. Im Verlauf dieser Arbeit haben wir uns schätzen und lieben gelernt. Später im weiteren Verlauf unseres Lebens haben wir weiterhin ehrenamtlich für die Kirche gearbeitet in der Erwachsenenarbeit, als Sammler für die Caritas, in der Ökumene, als Kirchengemeinderat und vieles mehr. Im Verlauf dieser jahrelangen Mitarbeit haben wir immer mehr und immer schmerzlicher viele Mängel an der Organisation "Kirche" feststellen müssen. Vor allem aber wurde uns immer deutlicher bewusst, dass die katholische Kirche in ihrer heutigen Organisationsform eine unerbittliche Diktatur ist, die nicht mehr in das Umfeld einer demokratischen Lebensform passt. Darin liegt unserem Gefühl nach der tiefste Grund des gegenwärtigen Zerfalls im Glauben, und die Unfähigkeit als "Gemeinschaft der Glaubenden" aufzutreten und Glaubenskraft zu vermitteln. Wir haben viel über diese Fragen miteinander gesprochen, uns gefragt wie stark unser eigener persönlicher Glaube ist und ob wir noch Glieder dieser zerfallenden Organisation Kirche bleiben können.

Die Wirtschaft stellt seelsorgähnliche Forderungen

Wird christliche Kultur und christlicher Glaube die Kraft haben den Menschen in Europa zu helfen die anstehenden zukünftigen Probleme zu bewältigen? In diesem Zusammenhang denke ich oft an ein Gespräch, das ich in den siebziger Jahren im Rahmen eines Management-Trainingsseminars erlebte. Der Vortragende hatte während des Seminartages wertvolle Hinweise auf die Menschenführung im Unternehmen gegeben. Es waren Richtlinien die darauf hinausliefen, den Menschen im Unternehmen als das wichtigste Kapital anzusehen. Er verlangte, dass das Gewinnziel der Sorge um den Menschen untergeordnet werde. Sein Credo lautete: Der Gewinn entsteht automatisch, wenn die erste Sorge den Mitarbeitern und Kunden (Kunden sind auch Menschen) gilt. Diese, den Menschen im Unternehmen betreffende Gedanken, hätten auch von einem Seel- Sorger aus den Reihen der Kirche stammen können.

Das Christentum und die fernöstlichen Religionen

Als wir am Abend dieses Seminartages bei einem Bier im kleinen Kreis zusammen saßen, kam das Gespräch wegen des "religiösen" Hintergrundes dieser "menschenfreundlichen" Forderungen auf das Thema "Religion". Der Seminarleiter vertrat dabei die These:

Das Christentum wird in Zukunft an der Kraft östlicher Religionen scheitern und absterben. Begründet wurde diese These mit der Feststellung, dass die großen fernöstlichen Religionen (vor allem der Buddhismus) weniger negativen Ballast als das Christentum mit sich herumtragen (in Form von Religionskriegen, Kreuzzügen, Hexenverfolgung, gewaltsame Missionierungen, Machtgier, diktatorisches Papsttum etc.), und gleichzeitig einen größeren Absolutheitsanspruch an den Menschen stellen. Ich habe damals besonders der letzten Aussage dieser These widersprochen mit dem Hinweis, dass auch das Christentum den ganzen Menschen fordere z.B. mit der Aussage, Zitat: *"Für das Reich Gottes ist niemand brauchbar, der die Hand an den Pflug legt und zurückschaut"* Zitatende [005]. Es wurde mir damals entgegengehalten, dass die Praxis im Christentum gerade den Ganzheitsanspruch nicht mit Übungen begleite wie dies in den fernöstlichen Religionen (z.B. Zen-Meditation etc.) praktiziert wird. Die Christlichen Kirchen, und hier denke ich insbesondere an die katholische Kirche, stehen heute dem Selbst sehr unsicher gegenüber. Selbstverleugnung ja, diese wird begrüßt, Selbsterfahrung und Selbstbewusstsein aber, diese werden sehr kritisch beargwöhnt. Des Weiteren wurde mir vorgehalten, dass der Buddhismus keine Religionskriege und keine Missionskriege kennt wie sie das Christentum geführt hat. Ich konnte diese Argumente nicht entkräften. Umso mehr habe ich mich gefragt, ob wir Christen uns nicht viel radikaler dem zuwenden müssen was dieser Mann aus Nazareth wirklich gesagt und gelebt hat.

Die zukünftigen Forderungen aus der Normenfamilie ISO 9000 ff

Während das Christentum die Kraft des Geistes aus dem Kosmos, die Kraft des heiligen Geistes, nach meinem Gefühl vernachlässigt hat, ist in unserer Wirtschaft weltweit eine neue Bewegung entstanden. Die weltweite Globalisierung der Wirtschaft erzwingt ein sinnvolles Zusammenspiel der Unternehmen. Einheitliche Qualitätsstandards werden nötig. Im Rahmen dieser neuen Bewegung wird die Wertigkeit des Menschen plötzlich wieder neu entdeckt. Der Mensch, ob Kunde oder Mitarbeiter, wird als Humankapital neu entdeckt. Man erkennt, dass die Kraft des Geistes ein wesentlich höherer Faktor zur Stärkung der Produktivität ist als die überwiegend körperlichen Fertigkeiten die am Fließband erforderlich waren. Angestoßen durch dieses Erkennen wurde weltweit eine Qualitätsnormung erstellt. Die internationale Normenfamilie der „ISO 9000 ff" will diese Forderung gewährleisten. Man spricht in der praktischen Umsetzung vom TQM, dem „Total Quality Management" [006]. Im Rahmen der Realisierung dieser Normung wird jedoch sichtbar, dass sich in Zukunft ein Paradigmenwechsel in der Menschenführung anbahnt. Der Mensch rückt in den Mittelpunkt. Kundenorientierung und Mitarbeiterorientierung gewinnen neben der Prozessorientierung an Gewicht. Der Mitarbeiter soll sich vom Befehlsempfänger, vom Obrigkeitsdenker, zum Mitdenker entwickeln. Dieser Wandel aber verlangt sowohl von den Führungskräften als auch von den Mitarbeitern einen Bewusstseinswandel. Die Führungskräfte haben in Zukunft nicht mehr in erster Linie Befehle zu erteilen wie im alten tayloristischen Akkordlohnsystem. Die Führungskraft der Zukunft muss mehr moderieren als befehlen. Im Gegensatz dazu wird vom Mitarbeiter verlangt sich zum Mitdenker zu wandeln. Dies aber ist schwer, denn bisher wurde der Mitarbeiter überwiegend als Maschinenbediener, als Diener der Maschine, gesehen. Dieser Wandel erfordert jedoch wesentlich mehr Eigenverantwortung als bisher. Hier beginnt der Paradigmenwechsel sowohl in der Unternehmensführung als auch in der Menschenführung. Für die Praktische Umsetzung der ISO 9000er Normen bietet z.B. der WEKA-Verlag für Unternehmen mehrere Handbücher mit fortschreitenden Ergänzungslieferungen. So wird die Umsetzung dieser Normung in die Tagesarbeit unter anderem behandelt in den Werken „TQM" (Total Quality Management) [006] und „QM" (Qualitätsmanagement) [007]. In der Praxis habe ich allerdings erlebt wie nach Einführung des TQM als Führungsgrundlage im nachfolgenden Alltag die Führungskräfte das Befehlen langfristig doch nicht loslassen konnten, und die Mitarbeiter sich von der geforderten selbstverantwortlichen Arbeitsweise überfordert fühlten und sich deshalb doch wieder nach einer Führung per Befehl sehnten. Hier stellt sich die Frage in wieweit die im christlichen Kulturkreis fehlende Demokratie in Glaubensfragen die Mentalität der Menschen so stark behindert, dass sie nicht ohne Schwierigkeiten zu dem anstehenden Paradigmenwechsel in der Menschenführung fähig sind.

01.05. Meine persönliche Suche nach realer Glaubenskraft

Die Suche nach Glaubenskraft in der freien Wirtschaft

Die oben aufgeworfenen Fragen haben mich angetrieben meine Gedanken nieder zu schreiben. Ich wollte mir selbst klar werden ob das christliche Umfeld in Europa auch im Alltag noch jene Glaubenskraft entfalten kann die unsere freie Soziale-Marktwirtschaft in naher Zukunft so dringend nötig hat, damit die anstehenden schwierigen Umwandlungen zum Wohle der Menschen bewältigt werden können. Diese anstehenden Veränderungen beziehen sich allerdings nicht nur auf die Wiedervereinigung Deutschlands, sie umfassen auch die in manchen Teilen der Welt drohende Bevölkerungsexplosion ebenso wie die gegenläufige Entwicklung der Alterspyramide in unserem Land. Sie umfassen die zunehmende Umweltverschmutzung, die steigende Gewaltbereitschaft und Kriegsbereitschaft, den radikalen Terrorismus, den (notwendigen) Abfluss von Arbeitsplätzen in Niedriglohnländer mit der hierdurch drohenden Gefahr von Arbeitslosigkeit, die sich vertiefende Kluft zwischen arm und reich, die um sich greifende Globalisierung der Märkte, um nur einige wichtige Fakten aufzuzeigen die unser Leben und unsere freie Wirtschaft weltweit verändern, bedrohen aber auch bereichern können.

Führt das christliche Glaubensbekenntnis zu dieser Glaubenskraft?

Ich will mich selbst kritisch fragen ob das christliche Glaubensbekenntnis ein sinnvolles Fundament bietet für jene Glaubenskraft, die ein freies Wirtschaftssystem benötigt, um Wohlstand für möglichst viele Menschen zu erarbeiten. Ich will zu diesem Zweck das christliche Glaubensbekenntnis Artikel für Artikel durchsprechen und prüfen. Ich will nach der „Glaubenskraft aus dem christlichen Umfeld" fragen. Hierbei muss allerdings auch gefragt werden: Was meint der einzelne Artikel im Geiste Jesu gelesen und was hat die Praxis der "Organisation Kirche" daraus gemacht? Ich persönlich bin überzeugt davon, dass das Christentum der Welt auch in Zukunft noch sehr wertvolle Impulse geben kann, allerdings nicht selbstherrlich, sondern in Ehrfurcht vor den anderen großen Weltreligionen und vor allem auch in Ehrfurcht vor der Meinung und den Gefühlen der einzelnen Menschen, in Ehrfurcht vor dem Wehen des Geistes Gottes im einzelnen Mitbürger. Die Zeit des selbstherrlichen Machtanspruches einer alleinseligmachenden Kirche ist vorbei. Wenn ich im folgenden meinen persönlichen Glauben prüfe und darstelle, dann prüfe ich diesen Glauben bewusst am Leben im Alltag, insbesonders an jener Glaubenskraft, die von einem Menschen gefordert wird der voll im Wirtschaftsleben einer freien Sozialen-Marktwirtschaft lebt und arbeitet.

Ich will eine Diskussion über die Glaubenskraft anstoßen

Ich will mit meinen kritischen Äußerungen niemanden Schaden zufügen, weder der Kirche noch den Gewerkschaften noch den Unternehmern oder den Politikern. Im Gegenteil, ich will Diskussionen anstoßen, und durch offene, und natürlich auch kritische, Äußerungen Fehlentwicklungen aufzeigen und abwenden helfen. Natürlich beurteile ich die Dinge und Glaubenssätze aus meiner ganz persönlichen Sicht. Ich will keine Facharbeit über Theologie oder Betriebswirtschaft oder Volkswirtschaft schreiben obwohl ich mich natürlich über theologische Fragen äußere und auch über die Mechanismen in einer sozialen Marktwirtschaft reden muss. Was ich will ist, die Glaubenskraft untersuchen die in einer freien Wirtschaft den Menschen zugemutet wird, und ob das christliche Glaubensbekenntnis eine solche Glaubenskraft erzeugen kann. Gleichzeitig will ich auch mich selbst fragen wie viel Glaubenskraft ich selbst täglich lebe und weitergebe. In meiner Jugend hat mir die Kirche oft gesagt ich solle mein Leben an diesem Jesus von Nazaret ausrichten, ich solle Ihm nachfolgen. In meiner jugendlichen Begeisterung versuchte ich dies auch. Im Verlauf der Jahre habe ich dann allerdings mit Erschrecken festgestellt: „Dieser Jesus von Nazareth war ein leidenschaftlicher Revolutionär, der das Judentum der damaligen Zeit reformieren wollte". Im Umgang mit diesem Revolutionär bin ich nun auch ein Rebell geworden allerdings ein sehr kleiner gemessen an IHM.

Das notwendige permanente Gespräch über den Glauben

So schreibe ich meine Gedanken nieder um in erster Linie mir selbst Klarheit über meinen persönlichen Glauben zu verschaffen. Zum zweiten will ich meine Gedanken über den Glauben systematisch ordnen um in meiner Familie, mit meiner Frau, mit meinen Kindern, Schwiegerkindern und Enkeln über die Kraft des Glaubens besser reden zu können. Ich strebe an diese Niederschrift auch als Buch zu veröffentlichen. So grüße ich alle Leserinnen und Leser und lade sie zu einem Gedankenaustausch ein. Wie weit Sie, sehr verehrte Leserin, sehr geehrter Leser, meiner Überzeugung zustimmen können wird sich im Verlauf der Lektüre dieses Buches sicher feststellen lassen. Bitte sehen Sie meine Gedanken nicht als fertige Dogmen sondern als Diskussionsbeitrag. Nach meinem Gefühl können wir der Wahrheit nur im gemeinsamen, ehrlichen und geduldigen Gespräch Schritt für Schritt näherkommen, in einem permanenten Gespräch, das letztlich immer unvollkommen bleiben wird und sicherlich bis an das Ende der Zeit reichen wird. Ich lade Sie zu einem Gedankenaustausch ein.

Noch vieles hätte ich euch zu sagen;
aber Ihr könnt es jetzt noch nicht tragen.
Wenn jener aber kommt, der Geist der Wahrheit,
wird er euch zur vollen Wahrheit führen.

[Die Bibel / NT / Joh. 16. 12-13]

02. Das christliche Glaubensbekenntnis

**Ich
glaube
an Gott,
den Vater,
den allmächtigen,
den Schöpfer des Himmels und der Erde.**

**Und an Jesus Christus,
seinen eingeborenen Sohn,
unsern Herrn,
empfangen durch den Heiligen Geist,
geboren von der Jungfrau Maria,**

**gelitten unter Pontius Pilatus,
gekreuzigt, gestorben und begraben,**

**hinabgestiegen in das Reich des Todes,
am dritten Tage auferstanden von den Toten,
aufgefahren in den Himmel;
er sitzt zur Rechten Gottes, des allmächtigen Vaters;
von dort wird er kommen,
zu richten die Lebenden und die Toten.**

**Ich glaube an den Heiligen Geist,
die heilige christliche Kirche,
Gemeinschaft der Heiligen,**

**Vergebung der Sünden,
Auferstehung der Toten und das ewige Leben.**

Amen.

03. ICH ... ... glaube

03.01. Die unabhängige Persönlichkeit als Vorraussetzung

Wahrer Glaube ist nicht fremdgesteuert

Das christliche Glaubensbekenntnis beginnt mit dem Wörtchen „ICH". Ein sehr kleines aber doch so entscheidendes Wort. Da ist ein Mensch, eine Persönlichkeit die ihren eigenen persönlichen Glauben bezeugt. Würde diese bekennende Persönlichkeit nur etwas nachplappern was sie auswendig gelernt hat, dann wäre dies kein Glaubensbekenntnis. Es wäre auch kein Glaubensbekenntnis wenn die Aussage aufgrund einer Außensteuerung zustande gekommen wäre. Unter Außensteuerung meine ich den Druck einer öffentlichen Meinung oder den Druck den eine Diktatur auf Menschen ausübt. Mit anderen Worten, ein wirkliches Bekenntnis zu einem Glauben ist nur dann gegeben wenn ein Mensch sich in voller Freiheit, ohne jede Fremdsteuerung, entscheiden und äußern kann und dies auch will. Glaube, wie ich ihn meine, ist eine tiefe innere Überzeugung. Ein solcher Glaube muss aus der Tiefe des Herzens kommen, er kann nicht von außen aufgesetzt sein.

Meine Zweifel an der Freiheit in der Welt des Glaubens heute.

Hier aber beginnt schon meine Kritik. Ich frage mich ob alle Christen die heute das Glaubensbekenntnis sprechen auch zutiefst in ihrem Herzen überzeugt sind von den Aussagen die sie dabei machen. Wie oft habe ich schon erlebt wie Menschen die als Christen ihre Kirchensteuer zahlen z.B. nicht an die Auferstehung der Toten glauben, ein verzerrtes Gottesbild in sich tragen oder mit dem Bild der Jungfrauengeburt nichts anfangen können. Wie viele Christen erfüllen die Kirchengebote nur aus Tradition oder weil sie in Höllenpredigten von der Grausamkeit ewiger Verdammnis hörten?

Die Geburt Gottes im Menschen

Fundament des Glaubens ist jedoch in meinen Augen die Entscheidung einer freien Person, das ICH, die Persönlichkeit des jeweils glaubenden Menschen. Dieses ICH, diese Persönlichkeit aber ist wie ein Stern in der Unendlichkeit des Universums. Eine Welt für sich. Dieses ICH ist das Wertvollste was ein Mensch besitzt. Es ist der Sitz der Seele, die Wohnung des Geistes, der Ort wo Gott Mensch werden will. Zitat: *Wird Christus tausendmal zu Bethlehem geboren und nicht in Dir: Du bleibst doch ewiglich verloren.* Zitatende [008] Dieser von Angelus Silesius geprägte Ausspruch will aussagen wie wichtig dieses „Werden", diese Evolution, diese Geburt Gottes im Menschen ist.

Echter Glaube braucht Selbsterkenntnis und das Zwiegespräch mit Gott

Unter den vielen Menschen die schon auf Erden lebten, die heute noch leben und die in Zukunft noch leben werden, gibt es keinen Menschen der einem anderen genau gleich ist. Jeder einzelne Mensch ist eine einmalige, eigenständige Persönlichkeit mit einer ganz speziellen Veranlagung, körperlichen, geistigen Beschaffenheit und kulturellen Prägung. Auf dem Fundament dieser Einmaligkeit gründet der Glaube. Es ist deshalb äußerst wichtig, dass ein Mensch der Glaubenskraft in sich zur Entfaltung bringen möchte zuerst einmal zu sich selbst kommt, in sich selbst hinein horcht, sich selbst erst einmal kennen lernt. Ein Mensch der wirklich real glauben will muss bereit sein mit IHM dem unendlichen Gott in ein Zwiegespräch zu treten. In diesem Gespräch aber sollten alle Wünsche und Sehnsüchte, alle Neigungen und Talente, alle Stärken und Schwächen angesprochen werden.

03.02. Das verdächtige Selbstbewusstsein

Die Kirche steht dem Selbst argwöhnisch gegenüber

Wenn nun die christlichen Kirchen den Menschen zum Glauben führen wollen, was sie immer betonen und was auch ihre Aufgabe ist, so müssten sie eigentlich in erster Linie dafür sorgen, dass die Menschen zuerst einmal zu sich selber geführt werden. Gerade hier aber beginnt schon wieder das Versagen der katholischen Kirche. Ich selbst habe es erlebt wie ein Exerzitienmeister auf einer Wochenendtagung lautstark verkündet hat: Alles was mit „Selbst" anfängt ist schlecht. Also Selbst-Erfahrung, Selbst-Erkenntnis, Selbst-Bewusstsein, Selbst-Vertrauen, Selbst-Verwirklichung, Selbst-Liebe, Selbst-Sicherheit. Leider habe ich damals nicht daran gedacht die Frage zu stellen wie das denn um die Selbst-Verleugnung steht, diese Selbstverleugnung wird doch in frommen Kreisen sehr gerne gefordert. Es wird in diesen Kreisen sehr gerne das Schriftwort zitiert, Zitat: *Dann sprach Jesus zu seinen Jüngern: Wer mir nachfolgen will der verleugne sich selbst, nehme sein Kreuz auf sich und folge mir.* Zitatende [009].

Das Selbst stärken statt wegwerfen

In Wahrheit ist an dieser Stelle aber doch nicht gemeint, dass der Mensch der Jesus nachfolgen will sein Selbst „verleugnen" also abstreiten, ablegen, vernichten soll. Nein! Im Gegenteil!! Es geht darum das verkrampfte, egozentrische Selbst los zu lassen um das wahre Selbst zu befreien. Wer zu dieser Schriftstelle nur die nächsten drei Sätze liest, der wird sogleich erkennen, dass es hier eigentlich um eine Selbst-Erfahrung, um eine Selbst-Erhöhung, um eine Selbst-Werdung, um eine überaus starke Selbst-Verwirklichung geht und nicht um ein Wegwerfen des eigenen Lebens. Die drei nächsten Sätze lauten, Zitat: *Denn wer sein Leben erhalten will der wird es verlieren, wer aber sein Leben meinetwegen verliert, der wird es erhalten. Was nützt es dem Menschen wenn er die ganze Welt gewänne, dabei aber doch sein Leben verlieren würde. Oder was möchte auch einer geben als Kaufpreis für sein Leben?* Zitatende [010]. Es geht also nicht darum sein Selbst und sein Leben wegzuwerfen, sondern es einzusetzen und zu vervollkommnen. Menschen die nie etwas riskieren, die immer nur ängstlich bewahren (bewahren wir doch was wir haben) die werden ihr Leben verlieren. Solche Menschen werden nicht loslassen können, wenn es darum geht auch einmal Altes los zu lassen um Neues zu lernen. Dieser Jesus von Nazareth aber ist an dieser Stelle wie ein Unternehmer der um Mitarbeiter wirbt, um Mitarbeiter die mit Ihm ihr

Leben teilen und mit Ihm neue Werte schaffen, und so ihr Leben und das Leben ihrer Mitbürger bereichern. Das Selbst darf nicht vernichtet werden, es muss transformiert, erweitert, d.h. in die Transzendenz hinein geführt werden.

03.03. Galilei lässt grüßen

Die Kirche lehnt Einheit in der Vielfalt ab

Hier meine ich ist die Stelle an der die katholische Kirche heute einen falschen Weg geht. Sie versucht alle Glieder Ihrer Glaubensgemeinschaft zu uniformieren, gleichzuschalten. Sie will Einheit über Gleichmacherei erreichen. Die katholische Kirche ist heute nicht bereit die Freiheit des heiligen Geistes zu akzeptieren. Sie will keine Einheit in der Vielfalt, lieber versucht sie es mit Gehirnwäsche. Unterschiedliche Glaubensaussagen dürfen nicht nebeneinander existieren. Die katholische Kirche maßt sich heute noch an das unendliche, ewige, kosmische Bewusstsein, den Vater, und dessen Wollen absolut sicher und in Einzelheiten zu kennen. Dabei haben wir gar nicht die Sprache und die Worte um das auszudrücken was IHN beschreiben könnte. Was auch immer die Theologen in ihrer Forschungsarbeit erkennen, nur was die römische Glaubenskongregation für richtig hält darf ungestraft veröffentlicht werden. Diese traurige Wahrheit wurde im Sommer 1998 mit der päpstlichen Enzyklika „Fides et Ratio" [011], Glaube und Vernunft, veröffentlicht. In dieser Enzyklika wird zwar sehr richtig betont, dass wissenschaftliche Arbeit immer auch offen sein muss für die Transzendenz die uns umgibt. Es wird auch auf das Zusammenspiel von Philosophie und Theologie hingewiesen, und auch auf die notwendige Freiheit der Forschung in beiden Disziplinen. Aber es wird dann doch (unter Absatz 55) verlangt, dass alle Forschung nicht nur von der Schrift und der Überlieferung ausgehen kann sondern auch vom Lehramt der Kirche gedeckt sein muss. Dieses Lehramt aber hat im Verlauf der vergangen Jahrhunderte schon sehr viele menschliche Schwächen gezeigt und deshalb sehe ich in diesem Zusammenhang eine Einschränkung der Forschung. Galilei lässt grüßen! Erst vor einigen Jahren hat die Kirche offiziell den Forscher Galilei rehabilitiert. Warum stellt sie sich nun schon wieder gegen die Forschung? Warum werden Gedanken zur Schöpfungstheologie und zur pluralistischen Theologie sofort auf das Schärfste bekämpft? Warum kann man denn nicht eine Vielfalt im Denken zulassen? Warum kann man nicht auf jenen Mann aus Nazareth hören der da sagte: *„Lasst beides wachsen bis zur Ernte"*? [012] Hat die Institution Kirche denn wirklich nichts dazugelernt? In meinen Augen ist die katholische Kirche als Institution leider zu einer unerbittlichen Diktatur verkommen, die keine Einheit in der Vielfalt der Glaubensüberzeugungen zulassen kann. Sie versucht vielmehr das Denken der Menschen, die Gott eben nicht als Einheitsware sondern in so mannigfaltiger Vielfalt erschaffen hat, zu vereinheitlichen. Dies ist auch das Hindernis in der Ökumene wo eine Gemeinsamkeit in der Mahlfeier (Eucharistie und Abendmahl) heute nicht möglich ist. Aber nicht nur die katholische Kirche denkt so eng, auch in anderen christlichen Konfessionen habe ich schon viel enges, fundamentalistisches Denken erlebt.

Die Verurteilung des Forschers Galilei

Nach meinem Gefühl stehen wir heute wieder an einem Wendepunkt wie zur Zeit des Galilei Galileo jenem Forscher der als Mathematiker, Physiker und Philosoph gelebt und gearbeitet hat. Geboren am 15.02.1564 in Pisa, gestorben am 08.01.1642 in der Verbannung in seinem Landhaus zu Arcetri. Was hatte Galilei verbrochen? Warum wurde er von der Kirche gemaßregelt und verbannt? Er hatte aufgrund seiner Forschungen erkannt, dass das von Kopernikus entwickelte heliozentrische Weltbild eine Neuinterpretation der damals gebräuchlichen Bibelauslegung erforderte. Nach dem damaligen kirchlichen Verständnis war die Erde der Mittelpunkt des Alls. Jener Planet, jene Erdscheibe auf der Gott Mensch geworden ist, nur dieser Planet konnte nach dem damaligen Verständnis der Kirche der Mittelpunkt des gesamten Alls sein um den sich alles dreht. Das heliozentrische Weltbild aber sah die Sonne als den Mittelpunkt des Alls und die Erde als Planet der um die Sonne kreist. Heute wissen wir, dass auch unser Sonnensystem nur ein Kleiner Teil der Galaxie „Milchstraße" ist. Die Forschung stößt heute schon an die Grenzen des bisher bekannten Weltalls und stellt fest, dass es vermutlich unendlich viele Alls im gesamten unendlichen Universum gibt.

Die Sünde wider den Heiligen-Geist

In diesem Zusammenhang muss ich immer an das Wort in der Bibel denken, wo Jesus in seinen Abschiedsreden sagt, Zitat: *Noch vieles hätte ich euch zu sagen, doch ihr könnt es jetzt noch nicht tragen. Wenn jener aber kommt, der Geist der Wahrheit, wird er euch zur vollen Wahrheit führen.* Zitatende [013]. Warum tötet die Kirche den Heiligen Geist? Warum tat sie es vor Jahrhunderten, warum tut sie es heute noch? Die Bibel sagt im neuen Testament, Zitat: *"Wer ein Wort sagt gegen den Menschensohn, dem wird vergeben werden; doch wer ein Wort sagt gegen den Heiligen Geist, dem wird nicht vergeben werden, in dieser Welt nicht und in der kommenden nicht"* Zitatende [014]. Warum ist die Kirche so unbelehrbar? Warum tötet sie den Heiligen Geist der sowohl aus der Forschung als auch aus dem ICH der einzelnen Glieder des Volkes Gottes und auch aus den Aussagen anderer Religionen sprechen kann?

03.04. Das unmündige Volk Gottes

Die Aufteilung in Kleriker und Laien

Ich selbst bin nach kirchlicher Definition ein Laie. Einer der nichts weiß, der nicht mitreden kann und nicht mitreden darf. Wenn ich mich hier dennoch zu theologischen Fragen äußere, dann nicht weil ich Theologie studiert habe, sondern weil ich in den mehr als 70 Jahren meines bisherigen Lebens, seit meiner Kindheit, mich bemüht habe nach dem christlichen Glaubensbekenntnis zu leben, weil ich mich bemüht habe das was die Kirche lehrt ins praktische Leben zu übertragen. In all den Jahren meines Lebens habe ich mich bemüht die Zeichen der Zeit und die Erkenntnisse der Wissenschaftler zu verstehen und an diesen Einsichten zu wachsen. Die Kirche aber zerteilt das Volk Gottes in Kleriker und Laien. Als ob ein Leben nach dem Glaubensbekenntnis nicht auch ein Studium wäre!

Die Bildsprache der Bibel

Zur Zeit des Galilei musste die Kirche ihr Weltbild ändern. Sie muss es heute wieder! Die Bibel lebt aus einer Bildsprache. Sie muss das Unendliche, das Ewige, das Unaussprechliche, das sie aussagen will in Bildern sagen. Unsere Sprache reicht dazu nicht aus. Diese Bilder aber müssen im Licht der Erkenntnisse heutiger Forschung interpretiert werden. Die Kirche jedoch tötet den Heiligen-Geist der heute aus den Wissenschaftlern und aus der Meinung des Volkes Gottes spricht. Was die Kirche nicht wahr haben will das darf nicht wahr sein. Wie zu Zeiten des Galilei oder des Darwin (1809 – 1882)!

Die Kirche als letzte Diktatur inmitten einer demokratischen Weltordnung.

Die verantwortlichen Führungskräfte der katholischen Kirche, die zölibatären Männer, merken nicht wie die letzten Diktaturen im Leben der Völker zerbrechen und die Kirche alleine, inmitten einer demokratischen Weltordnung noch als letzte Diktatur dasteht. Eine Diktatur die, bis in die persönlichen Beziehungen der Menschen zu Gott, hineinreden will. Wo ist da die Ehrfurcht vor dem Wehen des Heiligen Geistes?

03.05. Die Freiheit der Christen

Realer Glaube braucht Freiheit im Denken

Es geht mir um die Freiheit des einzelnen Christen. Ein Glaubensbekenntnis kann nur ein Mensch abgeben der frei ist. Menschen die unter Androhung ewiger Höllenstrafen leben, können keinen freien persönlichen Glauben leben und diesen Glauben schon gar nicht in Freiheit weiter entwickeln. Gefangene, uninformierte Menschen können nicht die Stimme des Heiligen Geistes hören nach dem Schriftwort, Zitat: *Wenn jener aber kommt, der Geist der Wahrheit, der wird euch in alle Wahrheit einführen.* Zitatende [013].

Der Weg in die Eigenverantwortung

Ich selbst habe diese Unfreiheit, diese Gefangenschaft in einer diktatorischen Kirche durchlebt. Zusammen mit meiner Frau habe ich versucht dieser Kirche zu dienen. Wir wollten beide in dieser Kirche und mit dieser Kirche wachsen. Heute noch sind wir überzeugt von der Notwendigkeit einer Gemeinschaft der Glaubenden. Wie sehr so eine Glaubensgemeinschaft auch unser Wirtschaftsleben prägen kann haben wir erfahren und schon ausgesagt. Wir sind deshalb auch schon im Jahre 1958 zu jener Gemeinschaft der „action 365" gestoßen die, von jenem bekannten Jesuiten „Pater Leppich" gegründet, sich sehr für die Ökumene der christlichen Kirchen eingesetzt hat. Unser Weg in dieser christlichen Gemeinschaft ist im Folgenden beschrieben. Ich will mit der Darstellung dieses Weges aufzeigen wie wir beide, meine Frau und ich aus der Kirche hinausgewachsen sind und heute am Rande dieser Gemeinschaft stehen der wir eigentlich dienen wollten. Wir wollen diesen Weg skizzieren weil wir auch heute noch zutiefst davon überzeugt sind, dass wir alle eine Gemeinschaft der Glaubenden dringend nötig haben. Aus Anlass des 40 jährigen Bestehens der Gemeinschaft „action 365" habe ich im Jahre 1998 diesen folgenden kurzen Abriss unseres Lebens beschrieben. Ein Weg der inzwischen schon auf weit über 50 Jahre Weggemeinschaft mit der Kirche zurückblicken kann.

03.06. Unser Weg über die letzten fünfzig Jahre

Seit dem Jahre 1958 waren wir mit der action 365 verbunden. Wenn wir im Jahre 1998 kurz innehalten und zurückschauen, dann fühlen wir uns wie Bergwanderer die eine lange Zeit Schritt für Schritt gemeinsam vorangeschritten sind und nun, wenn sie sich umdrehen und ins Tal zurückschauen, doch freudig feststellen können, dass sie von dem erreichten Standpunkt aus sehr weit ins Land hineinsehen können. So manche Dinge die früher sehr groß schienen sind von hier aus klein geworden und andere wiederum, die wir früher vom Tal aus fast nicht wahrgenommen haben, sind heute greifbar nahe und wesentlich größer und wichtiger als früher. Aber alle diese Dinge die sich von dem neuen Standpunkt aus darbieten sind Stufen des Weges den wir gegangen sind. Über diese Stufen sind wir nicht nur hinweggegangen, diese Stufen haben uns auch geprägt. Im Folgenden will ich diese Stufen ansprechen und mich fragen wie sie uns geprägt haben und wie die Gemeinschaft der action 365 hierbei mitgewirkt hat.

03.07. Die Treue zur Kirche

In den fünfziger Jahren als unser gemeinsames Leben und auch unsere Gemeinsamkeit mit der action 365 begann, stand die Treue zur Kirche im Vordergrund. Wir suchten nach dem Krieg (1945) und dem tiefen Zusammenbruch aller Ordnung um uns herum nach einer starken und wahrhaftigen Gemeinschaft in deren Schutz wir ein eigenes, gemeinsames Leben wagen wollten. Hier schien uns die Gemeinschaft der Glaubenden der richtige Hort zu sein. Wir waren beide katholisch erzogen und so landeten wir im Schoß der römisch katholischen Kirche. Wir wollten aktive Christen sein, keine Mitläufer, wie sich viele Zeitgenossen damals nannten um ihre Haltung in der unseligen Nazidiktatur zu entschuldigen. In der Jugendarbeit für den Bund der „Deutschen katholischen Jugend" (BDKJ) haben wir uns kennen und lieben gelernt. Im Jahre 1954 haben wir geheiratet und schon 1958 fanden wir zur action 365. Die Ökumene war uns ein wichtiges Anliegen. Schon damals fühlten wir, allerdings nur sehr undeutlich und schwach, wie sehr die Organisation „Kirche" reformbedürftig war. So hofften wir zu dieser Reform etwas beitragen zu können und wir hofften dies auch über die Gemeinschaft der action 365 tun zu können.

03.08. Familie, Kinder, Beruf, Konzil.

Die sechziger Jahre waren für uns Jahre des Aufbauens. Unsere Familie vergrößerte sich. Drei Kinder brauchten Raum zum Leben. So machten wir Schulden, kauften ein Reihenhaus und versuchten unsere drei Kinder nach christlichen Grundsätzen zu erziehen. Es war eine schöne Zeit. Aber sie war auch randvoll mit Aufbauarbeit. Wir merkten nicht wie auch unsere Kinder uns erzogen, oder vielleicht umerzogen!? Der Beruf verlangte sein Recht. Es gab viel

Neues zu lernen. Wir stellten fest, dass das Leben ein immerwährender Lernprozess ist. Voll Freude sahen wir, wie auch die Kirche diesen Lernprozess im Konzil (1962) aufgriff und zu realisieren suchte. In dieser Zeit waren wir sehr froh, in der Gemeinschaft der action 365 Gleichgesinnte zu finden die ebenso wie wir mit Leidenschaft die Gemeinsamkeit in den christlichen Konfessionen suchten. Wo hätten wir über unseren Glauben und über unsere Sehnsucht nach Ökumene reden können, wo hätten wir aktiv für die Ökumene arbeiten können, wenn nicht in den gemeinsamen Aktionen und im Kreis unseres Teams der action 365? Die action 365 war uns in dieser Zeit Heimat, die uns bestärkte auch in der Kirche mit zu arbeiten wie z.B. bei Haussammlungen für die Caritas, Verteilung des Pfarrbriefes oder in der Mitarbeit als Kirchengemeinderat.

03.09. Sturm kommt auf.

Die siebziger Jahre begannen verhältnismäßig friedlich. Außer neuer Verantwortung im Beruf mit wachsender Belastung verlief unser Familienleben in friedlichen Bahnen. Die Gemeinschaft der action 365 war uns so wichtig geworden, dass ich der Bitte unserer Freunde folgte und das Amt des Stadtsprechers übernahm. Aus diesem Amt heraus fühlte ich mich auch für die anderen Teams der Stadt verantwortlich. Wir gaben Hilfestellung wo nötig, übernahmen selbst ein Team, teilten ein Team, gründeten neue Teams und freuten uns alle am gemeinsamen Wachstum. Dann kamen die ersten Auseinandersetzungen. Toleranz in politischen Fragen ist schwer, besonders wenn man mit Leidenschaft für eine Sache ringt. Hier aber liegt auch die Wurzel des Fundamentalismus. Urplötzlich musste ich sehen wie sich die Teams der Stadt misstrauisch gegenüber standen. Warum fällt uns Christen die Toleranz so schwer? Ihr toleriert euch noch zu tote, warf man uns vor. Trotz dieser Auseinandersetzung baten mich unsere Freunde das Amt des Regionalsprechers zu übernehmen. Ich habe zugestimmt und habe versucht Toleranz und Gemeinsamkeit in der gesamten Region zu pflegen. Wiederum haben wir versucht ein neues Team zu gründen, was zum Anfang auch gelang. Dann aber traf uns eine Krankheit. Das schreckliche Wort „unheilbar" stand im Raum. Wir hatten Angst. Aber wir haben auch gelernt unseren Glauben ernst zu nehmen. Obwohl es nicht bei dieser einen Krankheit blieb haben wir erfahren dürfen wie richtige Glaubenskraft trägt und heilt. In dieser Zeit waren uns die Freunde der action 365 eine große Hilfe. Aber auch ein evangelischer Pastor, den wir in dieser Zeit über einen Gebetskreis kennen lernten, gab uns sehr viel. Als Antwort auf die Krankheit haben wir begonnen ein neues Haus zu bauen dessen Raumangebot den Heilungsprozess unterstützen konnte. Gleichzeitig wuchsen auch unsere Kinder in die Zeit der Pubertät hinein und brachten unsere Familie auf Touren. Beruflich machte sich die weltweit beginnende Globalisierung der Wirtschaft bemerkbar. Die Industrie musste rationalisieren und damit auch Mitarbeiter abbauen. Als Führungskraft im Mittleren Management hatte ich plötzlich viele Probleme um die Ohren. Der Sturm war perfekt.

03.10. Der kritische Gastarbeiter.

Die achtziger Jahre brachten pünktlich zum 1.Januar eine Trennung. Ich musste im Zweigwerk eines Weltkonzerns arbeiten das in Norddeutschland lag. Dies bedeutete Trennung von der Familie. Ich fühlte mich wie ein Gastarbeiter. Beruflich brachte mir diese neue Arbeit viel Selbständigkeit und Erfahrung. An eine Mitarbeit in der action 365 war zu dieser Zeit allerdings nicht mehr zu denken. Bald führte mich meine Berufsarbeit bis nach Singapur und in immer andere Bereiche des Weltkonzerns in dem ich gearbeitet habe. Zu Hause revoltierten drei pubertierende Kinder. Meine Frau hatte in dieser Zeit eine große Last zu tragen. Ich selbst sammelte in dieser bewegten Epoche sehr viele Erfahrungen, beruflich und menschlich. Immer wenn uns Zeit für eine Gemeinsamkeit blieb haben wir über diese Erfahrungen gesprochen. Wir sind in dieser Zeit kritischer geworden. Kritisch auch gegenüber unseren Freunden aus der action 365. Bewahren wir doch was wir haben, so sagten uns schon in den siebziger Jahren oft unsere Freunde aus der action 365. Dieses Bewahren ist manchmal schon richtig, wer aber nur noch bewahrt, der wird zum Mitläufer. *„Wer Hand an den Pflug legt und zurückschaut ist meiner nicht wert"*, sagte Jesus [005]. So haben wir uns kritisch geäußert, worauf wir plötzlich immer weniger Freunde fanden. Es ist uns heute noch unverständlich, dass in einer Stadt in der es einen guten Gebetskreis gibt der von einem evangelischen Pastor geleitet wird, ausgerechnet katholische Leute aus der action 365 sich dort **nicht** einbringen, sondern einen eigenen „katholischen" Gebetskreis organisieren. Warum kann man nicht auch im Gebet Ökumene leben? Oder, ein anderes Team bestehend aus katholischen Christen erhielt die Anfrage von einer evangelischen Frau: Darf ich zu euch kommen? Schmerzlich mussten wir damals erleben wie die Katholiken plötzlich voller Angst waren in ihrem Glauben unsicher zu werden wenn diese evangelische Frau einbezogen wird. Wir waren enttäuscht. Obwohl diese Dinge schon in den siebziger Jahren ihren Ursprung hatten formte sich jetzt in den achtziger Jahren in uns eine starke kritische Seite. Wir sahen wie eine Reform mit zuviel Nachsicht im Sande verläuft. Auch in der gesamten katholischen Kirche wurde plötzlich dieses „Bewahren des Alten" sehr groß geschrieben. Es wurde und wird heute noch versucht hinter das Konzil zurück zu gehen. Sind wir nicht mehr tolerant? So fragten wir uns! Nein, wir sind auch heute noch tolerant, aber wir wollen auch unsere Meinung sagen. Wir lassen jeden leben so wie er ist und leben will. Allerdings wollen auch wir so sein wie wir es für richtig halten. So haben wir inzwischen viele Freunde verloren. Zum Ende der achtziger Jahre war auch meine Gesundheit angeschlagen und so trat ich Mitte 1989 in den vorgezogenen Ruhestand.

03.11. Die innere Revolution

Unser Kontakt zu fortschrittlich denkenden Menschen über Bücher

Die neunziger Jahre brachten uns eine schöne, friedvolle Zeit. Gesundheitlich geht es uns beiden wieder viel besser. Wir haben wieder Zeit für uns selber. Die Zahl unserer Freunde ist zwar klein geworden, auch aus der Gemeinschaft der action 365 sind wir Ende der 90er Jahre ausgeschieden. Wir sind jetzt zwar einsamer geworden aber wir haben Zeit zum Lesen und zum Gespräch miteinander. So gesehen haben wir auch neue Freunde gefunden, nämlich in den Autoren der Bücher die wir lesen und gemeinsam diskutieren. Diese neuen Freunde sind zwar fern, aber ihre Gedanken sind uns doch sehr nahe. Die Bücher die uns interessieren teilen sich in zwei große Themengruppen. In die Themen Betriebswirtschaft und Theologie. Es ist für mich interessant zu sehen wie in der Betriebswirtschaft plötzlich Gedanken zur Menschenführung aufbrechen die eigentlich von Seiten der Kirche kommen müssten. Es ist schon verrückt wenn ausgerechnet aus der Betriebswirtschaft die Forderung nach „Management by love" kommt. Führen durch Liebe! (von Gerd Gerken, ECON-Verlag [015]). Und die Theologie? Wir haben nie oberflächlich gelebt, und so fragen wir auch heute noch nach dem Grund unseres Glaubens. Dieses Fragen hat uns zu Autoren geführt wie: Hans Küng, Eugen Drewermann, Herbert Haag, Heinrich Fries, Heinz Zahrnt, Matthew Fox, Tissa Balasurya, Eugen Biser, Willigis Jäger und viele mehr.

Sündenfall-Erlösungs-Theologie oder Schöpfungstheologie?

Unser Fragen nach dem richtigen Gottesbild wird in mancher neuen Veröffentlichung bestätigt. Über die Sündenfall-Erlösungstheologie zeichnet die Kirche heute noch das Bild eines zornig und rachsüchtig gewordenen Gottvaters der nur über den Sühnetod, über das Selbstopfer seines Sohnes umgestimmt werden konnte. Im Gegensatz hierzu stehen die Gedanken der Schöpfungstheologie. Hier aber tut sich ein Abgrund auf. Ein Abgrund zwischen dem Zurück zum „Bewahren wir was wir haben" und zum Neuaufbruch in die Zukunft. Ein Umdenken ist nötig wie zu Zeiten des Galilei. Für uns ist die Zeit der Ökumene der Konfessionen vorbei. Wer diese Ökumene heute noch nicht begriffen hat, wird sie nie mehr begreifen. Wir brauchen Einheit in der Vielfalt. Dies aber kann die „Institution" der Katholischen Kirche derzeit nicht zulassen. Was nun neu auf uns zukommt ist die Ökumene der Religionen. Auch hier darf nichts verwischt werden. Aber die Zeiten der alleinseligmachenden Kirche sind vorbei. Der Geist Gottes weht wo er will. Ich habe das persönlich in Singapur erlebt. Im ehrlich, offenen Gespräch mit den Weltreligionen hätte das Christentum einen sehr großen Schatz einzubringen. Aber nicht in Überheblichkeit, sondern in Demut und Achtung vor den Traditionen der anderen Weltreligionen. Prof. Hans Küng fordert zu Recht eine Diskussion über ein gemeinsames „Weltethos".

Die Gängelung in Gottesdienst und Predigt

Für uns ist in den neunziger Jahren sehr schmerzhaft klar geworden, dass die Organisation der katholischen Kirche eine unselige Diktatur ist. Glaubensformulierungen die aus eigenständigem Erleben resultieren darf man nicht äußern, nur was durch die Zensur des Lehramtes ging darf geglaubt werden. Wie ist da eine Entwicklung möglich die vom gesamten Volk getragen wird? Ich kann zurzeit keine Predigt mehr hören, denn entweder wird auf mich eingeredet bestimmte Glaubensformen zu beherzigen oder es werden parteipolitische Thesen aufgestellt wie: Das Kapital ist schlecht, die Unternehmer sind schlecht, die Soziale-Marktwirtschaft ist schlecht. Nun bin ich aber durch meine Ausbildung und frühere Berufsarbeit zutiefst davon überzeugt, dass die Soziale Marktwirtschaft uns allen einen großen Wohlstand gebracht hat, und die harten Maßnahmen der Regierung in den Jahren 1994-1998, und auch heute noch, der einzig richtige Weg war und ist um die soziale Komponente dieser freien Marktwirtschaft zu erhalten. Ich kann deshalb nicht mehr Predigten über mich ergehen lassen. Ich will das Gespräch! Leider musste ich feststellen, dass die meisten katholischen Pfarrer die ich kenne nicht fähig sind Gespräche zu führen. Viele von ihnen können nicht auf einen anderen und dessen Meinung hören und mit ihm ehrlich diskutieren, sie können nur auf einer Einbahnstraße „predigen". So hat sich, ohne dass wir das wollten, in uns eine Revolution entwickelt.

03.12. Wie soll es weitergehen?

Sind wir schon Mitläufer geworden?

Was werden uns die zweitausender Jahre bringen? Wir stehen heute am Rande jener Kirche der wir helfen wollten und der wir treu bleiben wollten. Wir fragen uns wie lange wir noch „Mitläufer" sein dürfen die ihre Kirchensteuer zahlen, obwohl wir davon überzeugt sind, dass diese Kirche heute nach unserer Meinung einen falschen Weg geht?

Der Papst sollte loslassen können und Moderator werden

In einer Diskussion um die Ökumene hörten wir schon vor vielen Jahren einen evangelischen Christen sagen: „Wir beneiden euch Katholiken um das Petrusamt, wir bräuchten das auch, allerdings bereinigt um den Personenkult den ihr treibt". Ich meine auch, das Petrusamt ist gut, aber der Papst darf nicht Diktator sein. Er muss **„Moderator"** werden. Er hat die Aufgabe die Vielfalt der Meinungen zu erfassen, dafür zu sorgen, dass keine Meinung unterdrückt wird. Er muss die Grundströmungen in der Meinungsvielfalt sichtbar machen, die Theologie auffordern Stellung zu nehmen und das Ergebnis dem Volk Gottes zur Diskussion stellen. Die Einheit liegt in der Vielfalt! Vierzig Jahre reden über die Ökumene ist genug! In der freien Wirtschaft verlangt man vom Unternehmer, dass er seine Ängste loslässt und seinen Mitarbeitern mehr Vertrauen schenkt. Nehmen wir ein Familienunternehmen als Beispiel. Da hat ein Unternehmer schon seit Jahrzehnten sein Eigentum, seine Lebenszeit und seine ganze Energie in sein aufstrebendes Unternehmen gesteckt. Und jetzt soll er mehr und mehr seine Mitarbeiter in die Verantwort mit einbinden? Er soll jetzt als Moderator mit seinen Mitarbeitern gemeinsam das Unternehmen führen? Warum geht die Kirche nicht mit leuchtendem Beispiel voraus?

Wir suchen Gleichgesinnte im konstruktiven Ungehorsam

Wir brauchen in den kommenden zweitausender Jahren einen konstruktiven Ungehorsam. Wir müssen vom Reden zum Handeln übergehen. Wenn ich sage „wir", dann meine ich das Volk Gottes. Und die Ökumene der Religionen? Sie ist überfällig wenn wir den Frieden wollen. Ob in Jugoslawien, in Algerien, im Kosovo, in Palästina, im Irak oder in Nordirland, wenn wir der Welt den Frieden erhalten wollen müssen wir für die Ökumene der Weltreligionen etwas tun. Jener Jesus von Nazareth war ein unbequemer und stürmischer Revolutionär. Leider wird er heute sehr oft dargestellt als der süßliche Gute- Hirte der einige „Sansor"-Schäfchen weidet. Wir suchen Gleichgesinnte die wie ER den konstruktiven Ungehorsam wollen und auch den Weg der Ökumene in die Weltreligionen suchen. Ob wir noch einmal solche Weggefährten finden?

03.13. Ist das alles wirklich wahr was wir glaubten?

Wir fragen nach dem realen, alltagsfähigen Glauben

Soweit unser Leben in der Vergangenheit. Heute geht es uns um die Frage: Können wir das christliche Glaubensbekenntnis in allen seinen Glaubenssätzen voll bejahen? Meine Mutter war eine fromme christliche Frau. Sie hat ihren christlichen Glauben gelebt. Als sie über 80 Jahre alt, krank wurde, hat sie, kurz vor ihrem Tod, eines Tages meine Frau gefragt: „Meinst du das alles was wir geglaubt haben ist wirklich wahr?" Wir wollen nicht warten mit dieser Frage bis kurz vor unserem Tod. Wir fragen uns schon heute. Wir fragen nach dem realen Glauben den wir im Alltag praktizieren können und der auch unsere Wirtschaft prägen kann. Mit dieser Niederschrift über unseren Glauben habe ich schon begonnen diese Frage zu untersuchen. Und wie sichtbar wird, fordert schon das erste Wort im Glaubensbekenntnis, nämlich das „ICH" ein Umdenken.

Das ICH ist Grundlage des Glaubens und der Nächstenliebe

Das Wachstum im ICH, so meinen wir, ist eine unerlässliche Voraussetzung zu einem realistischen, starken und gesunden Glauben. Dieses ICH ist aber auch unabdingbar notwendig um das Hauptgebot der Liebe welches das Christentum fordert erfüllen zu können, nämlich das Gebot, Zitat: *„Du sollst den Herrn deinen Gott lieben, aus deinem ganzen Herzen, aus deiner ganzen Seele, aus deinem ganzen Gemüte. Dies ist das erste Gebot. Ein anderes ist aber diesem gleich: Du sollst deinen Nächsten lieben wie dich selbst."* Zitatende [016]. Wie kann ein Mensch Gott lieben, wie kann er seinen Nächsten lieben, wie kann er überhaupt lieben und glauben, wenn er sich selbst, sein eigenes ICH nicht kennt und nicht liebt?

03.14. Das selbstbewusste ICH, die Vorbedingung zum Glauben

Die fünf Wachstumsschritte zur Einheit im Glauben und im Wirtschaften

Dieses ICH ist für die ganze Kirche und auch für unser gesamtes Wirtschaftsleben von großer Bedeutung, denn nur selbstbewusste Menschen können Freiheit gewähren und in Freiheit miteinander zusammen leben. Wie schon erwähnt, haben wir, meine Frau und ich, 40 Jahre lang für die Ökumene der christlichen Kirchen gearbeitet. Vieles wurde dabei erreicht, aber die Einheit der christlichen Kirchen ist noch lange nicht vollzogen. Diese Einheit kann auch auf den heute eingeschlagenen Weg nie erreicht werden. Die Einheit der christlichen Kirchen ist nach meinem Gefühl nur erreichbar, wenn die Mehrheit der Christen sich aufmacht und einen Weg geht der über die Selbstwerdung der einzelnen **Persönlichkeit,** in die **Freiheit** aller Beteiligten führt, von dort aus dann die **Vielfalt** der Meinungen und Glaubensformen zulassen kann, und letztendlich über eine **Kooperation** in Ehrfurcht vor der Freiheit des Einzelnen, zur wahren „**Einheit**" in der Vielfalt kommt. Wenn wir in Kirche oder Wirtschaft zu einer Einheit kommen wollen dann müssen wir im dritten Jahrtausend, in den kommenden 2000er Jahren, auf der Basis dieser fünf Wachstumsschritte vorgehen.

Total Quality Management und das Loslassen im Wirtschaftsleben

Wie schon angedeutet wird in der Betriebswirtschaft zurzeit sehr viel über (Total Quality Management) geredet [006]. Man will über ein totales Streben nach Qualität in allen Bereichen des Unternehmens trotz turbulenter Marktentwicklungen die Existenz der Unternehmen und der Arbeitsplätze nachhaltig absichern. Die Grundsätze des TQM gehen zurück auf die ISO Norm, ISO 9000 ff. Dieses TQM aber fordert neben einer strikten Kundenorientierung, einer klaren Prozessorientierung vor allem eine starke Mitarbeiterorientierung. Der Mitarbeiter rückt in den Vordergrund, er soll nicht mehr nur Maschinenbediener (Diener der Maschine) sein, er soll an seinem Arbeitsplatz eigenverantwortlich mitreden, mit denken, mit steuern können. Vom Unternehmer und den Führungskräften im Unternehmen wird verlangt den Mitarbeiter zu fördern, ihm zu helfen seine Stärken zu entdecken und ihm Freiräume zu schaffen in denen er mit Lust seine Stärken einbringen kann. Dies alles ist sehr gut. Nur scheitert die Praxis immer dann, wenn Führungskräfte nicht loslassen können und die Mitarbeiter keine Verantwortung für eigenständiges Verhalten übernehmen wollen. Wie man sieht kommt die Praxis auch hier solange nicht vorwärts, solange eine entsprechende Persönlichkeitsbildung die brachliegenden Kräfte nicht belebt. Auch in der Betriebswirtschaft müssen wir in Zukunft den Führungskräften und den Mitarbeitern dazu verhelfen sich selbst entfalten zu können, ihre **Persönlichkeit** zu stärken, **freiheitsfähig** zu werden und über die **Vielfalt** der eigenständigen Persönlichkeiten durch **Kooperation** in Freiheit zu einer sinnvollen **Einheit** zum Wohle des Unternehmens zu kommen. Dazu wird Schulung nötig. Fortschrittlich geführte Unternehmen haben mit dieser neuen Menschenführung schon begonnen. Es werden Schulungen angeboten die den Menschen auch in seiner Persönlichkeitsstruktur fördern. So werden z.B. gruppendynamische Seminare und auch Schulungen in Meditation angeboten um gemeinsam die Aufgaben der Zukunft angehen zu können. Das christliche Glaubensbekenntnis beginnt mit den Worten: „ICH" glaube. Um die Forderungen der Zukunft bewältigen zu können muss die zukünftige Menschenführung mehr und mehr dazu übergehen dieses ICH zu befreien.

04. ... GLAUBE ...

04.01. „Glaube" was ist das?

Glauben was heißt das?

Sehr oft hörte ich schon die abwertende Definition: „Glauben heißt nichts wissen!". Ist das wirklich so? Jeder Unternehmer der erfolgreich sein will muss an sein Werk, an sein Produkt, glauben. Es ist richtig, er weiß nicht im Vorhinein ob sein Unternehmen, ob sein Produkt am Markt ankommt und erfolgreich sein wird. Er geht ein Wagnis ein. Es bleibt trotz aller Marktforschung und Vorausberechnung ein Restrisiko. Aber wo wären alle Unternehmen, wo wäre unsere Soziale-Marktwirtschaft und die vielen Arbeitsplätze in unserem Land, wenn es nicht Unternehmer gegeben hätte, die schon vor Jahren an ihr Produkt geglaubt haben und die ersten Arbeitsplätze mit der Gründung ihres Unternehmens geschaffen hätten? Jeder Mensch steht zwischen den Folgenden zwei Tatsachen: Tatsache Nr. 1: Niemand kann Beweisen, dass es einen Gott gibt. Aber es gibt da noch die Tatsache Nr. 2: Niemand kann beweisen dass es „keinen" Gott gibt. Zwischen diesen beiden Fakten steht der Mensch mit Leib und Seele, mit Geist und Gefühl. Jeder Mensch glaubt. Auch jener der da „glaubt" es gäbe keinen Gott. Er kann seinen Glauben auch nicht beweisen. Ein bewiesener Glaube ist kein Glaube. Glauben kann man nicht beweisen, wohl aber begründen.

Der Glaube prägt die Zukunft

Gerade heute (2001) rufen die Gewerkschaften nach neuen Arbeitsplätzen, viele Menschen, die Parteien und auch die Kirchen stimmen in diesen Ruf mit ein. Die bedrückend hohe Arbeitslosigkeit soll beseitigt werden. Wo aber so frage ich mich ist die notwendige Glaubensgemeinschaft, die sowohl für Unternehmer als auch für Arbeitnehmer ein Klima des Vertrauens schafft? Wo sind jene Mitarbeiter die zusammen mit einem Unternehmer das Wagnis eingehen ein neues Produkt zu erstellen und neue Technologien zu akzeptieren? Wo sind die Mitarbeiter die Ihr Leben hingeben um es zu gewinnen? Um über sich selbst hinaus zu wachsen? Das erste was heute unsere Gewerkschaften lautstark fordern ist Sicherheit. Der Unternehmer soll Mitarbeiter einstellen, nur in Zeiten der Not darf er sie nicht mehr ausstellen, lieber soll das ganze Unternehmen sterben. Sehr bezeichnend ist für mich auch das Beispiel Transrapid. In dieser neuen Technologie einer Magnetschwebebahn ist Deutschland führend. Viele Arbeitsplätze könnten mit dieser neuen Technologie geschaffen werden. Dennoch lehnte die Politik in den 90er Jahren den Bau der ersten Bahnstrecke in Deutschland ab. Man war nicht risikofreudig. Ähnlich geht es mit der Gentechnologie, mit der Biotechnologie, mit der Weiterentwicklung der Kernspaltung, mit dem Bau einer Wiederaufbereitungsanlage abgebrannter Kernbrennstäbe, mit dem Bau von Autobahnen etc.. Jeder fordert aber niemand sorgt sich um ein Vertrauen förderndes Klima. Niemand fragt sich wie man eine Gemeinschaft der Glaubenden gründen und erweitern könnte. Im Gegenteil, viele schüren Angst, die Angst vor dem Restrisiko wird somit plötzlich größer wie die Angst vor dem Hauptrisiko und selbst neue sichere Technologien werden nicht mehr akzeptiert weil sich eine undefinierbare Angst lähmend über alle legt. Auch die Unternehmer treiben zu wenig Aufklärungsarbeit. Und unsere Gewerkschaften? Statt vertrauensbildende Maßnahmen zu realisieren schüren unsere Gewerkschaften oftmals Neid und Hass gegen die Unternehmer und manche Pfarrer bilden sich ein sie wären „modern" wenn sie in das gleiche Horn stoßen.

Wahrer Glaube lässt sich nicht ideologisieren

Damit wir uns nicht falsch verstehen, ich will nicht den leichtfertigen Gebrauch von Technik beschönigen und auch nicht dem überflüssigen Bau von Straßen und Autobahnen das Wort reden, nein, ich will, dass wir miteinander reden ohne uns ideologisieren zu lassen. Ein Flächenverbrauch wie ich ihn erlebt habe der nach dem Bau der Autobahn entstand weil jede Gemeinde entlang der Autobahn möglichst schnell möglichst viele Industriegebiete und neue Wohngebiete erschließen wollte, dieser Flächenverbrauch war mindest genau so gefährlich für die Landschaft wie der Flächenverbrauch für die Autobahn. Gegen diesen sekundären Flächenfraß aber hat niemand mehr protestiert.

Vertrauen schaffen

Glaubenskraft die in die Zukunft reicht können wir nur entwickeln, wenn wir ein Klima des Vertrauens schaffen, wenn wir eine Gemeinschaft der Glaubenden werden. Dies gilt auch im alltäglichen Wirtschaftsleben. Nicht nur im Raum der Kirchen, aber dort gilt es auch. Nur wenn wir die Vielfalt im Denken aushalten können werden wir zur Einheit im Handeln kommen. Dies ist zwar ein sehr mühsamer Weg aber er ist notwendig. Er ist erforderlich um die Not zu wenden. Dazu gehört das Loslassen. Es ist sehr schmerzlich die eigene Idee los zu lassen zu Gunsten der Idee eines andern. Dieser Schmerz kann gemildert werden wenn es ein Klima des Vertrauens gibt. Wenn jene Partei deren Idee abgelehnt wurde darauf vertrauen kann, dass ihre Idee nicht zerstört wird sondern im lebendigen, konstruktiven Streit der Meinungen lebendig bleiben darf. Realer Glaube muss auch immer bereit sein Vertrauen zu schaffen. Das ist sehr mühsam. Deshalb flüchten so viele in kleinere und größere Diktaturen.

04.02. Den Glauben begründen

Ein realistisch denkender Mensch wird nicht kritiklos glauben. Auch ein kluger Unternehmer wird nicht blindlings glauben. Er wird Marktforschung betreiben bevor er beginnt Maschinen zu kaufen um ein neues Produkt zu erstellen. Er wird also nicht ohne ein bestimmtes Maß an Wissen beginnen. So auch der Mensch der Glaubenskraft in sich aufbauen will. Zugegeben, man kann den Gegenstand des Glaubens nicht beweisen. Ein bewiesener Glaube ist kein Glaube. Ich kann meinen Glauben nicht beweisen, aber ich kann ihn **begründen**, so wie ein Unternehmer aufgrund seiner Marktforschung seine Entscheidungen nicht absolut sicher beweisen, wohl aber begründen kann. Der erste Schritt zu einem realen Glauben heißt also: Ich muss meinen Glauben mit Fakten begründen. Also lasst uns Fakten sammeln. Lasst uns fragen wie man Glaubenskraft begründen kann, im persönlichen Leben und im alltäglichen Wirtschaftsleben.

04.03. Die Glaubensformel

Glaube besteht aus Vertrauen, Verstand und Liebe

Wie kann man Glauben definieren? Glaube ist in erster Linie Vertrauen. Wohl jenen Menschen die in ihrer Erziehung schon in frühester Jugend durch liebevolle Zuwendung ein gesundes Urvertrauen in sich entwickeln konnten. Sie werden sich leichter jener Schöpferkraft aus dem Kosmos anvertrauen können, sie werden sicher wagemutiger als andere auch einmal ein kalkuliertes Risiko eingehen, einen Aufbruch in Neuland wagen. Menschen mit einem starken Urvertrauen werden auch Misserfolge überwinden und dennoch wieder neu anfangen können. Allerdings, Vertrauen alleine ist noch kein Glaube. Viele fromme Menschen meinen Glauben sei blindes Vertrauen. Dem ist nicht so. Gott gab uns Menschen auch den Verstand. So wie ein Unternehmer plant und seinen Zukunfts-Schritt mit Fakten untermauert, so muss jeder Glaube, auch der Glaube an Gott mit Fakten begründet werden die der Verstand geprüft hat. Aber auch Verstand und Vertrauen alleine ergeben noch nicht einen wahren Glauben. Das Beispiel jener unseligen Nazidiktatur zeigt uns, wie der Diktator Adolf Hitler einen sehr starken Glauben an den sogenannten Endsieg entwickelt und verkündet hat. Dem Glauben dieses Mannes fehlte jedoch ein entscheidender Faktor. Es fehlte der Faktor Liebe. Wahrer Glaube entsteht aus dem Zusammenspiel von Vertrauen, Verstand und Liebe.

Die mathematische Form der Glaubensformel

Als Ingenieur wurde ich darin ausgebildet meine Pläne und Konstruktionen über Formeln physikalisch, mathematisch zu berechnen und zu begründen. So bin ich versucht auch meinen Glauben über eine Formel in einer mathematischen Sprache zu fassen und zu beschreiben.

Ich meine als Formel ausgedrückt könnte man sagen:

$$\text{Glaube} = \frac{\text{Vertrauen} \times \text{Verstand} \times \text{Liebe}}{\text{innere Widerstände} + \text{äußere Widerstände}}$$

Diskussion der Glaubensformel

Als erstes wird an dieser Formel auffallen, dass unter dem Bruchstrich die inneren und äußeren Widerstände stehen. Hier sind insbesonders jene Ängste gemeint die aus der inneren Veranlagung des Menschen kommen oder aufgrund von negativen äußeren Ereignissen uns unsicher werden lassen. Die Glaubenskraft wird also geringer wenn die Widerstände und Ängste größer werden. Aber noch eine Sache ist an dieser Formel wichtig. Die grundlegenden Faktoren Vertrauen, Verstand und Liebe sind nicht mit einem Pluszeichen, sondern mit einem Multiplikationszeichen miteinander verbunden. Dies besagt: Wenn einer der drei Faktoren Null wird, dann ist der gesamte Glaube gleich Null. Fehlt also z.B. der Faktor Liebe, dann ist das gesamte Ergebnis gleich Null. Dies meint, wenn ein Mensch ein Ziel anstrebt und meint mit einem starken Glauben könnte er dieses Ziel verwirklichen aber dabei die Liebe zur Kreatur, zum Mitmenschen und zur Umwelt vergisst, der wird auf Dauer keinen Erfolg haben, mag sein Verstand und sein Vertrauen noch so groß sein. Ein solches Ergebnis ist nicht das Ergebnis eines gläubigen Menschen, sondern das Ergebnis eines Fanatikers. Natürlich geschieht das gleiche wenn zum Beispiel mit viel Liebe und großem Vertrauen aber ohne Verstand geplant wird. Und wenn das Vertrauen fehlt? Mit Verstand und Liebe allein, ohne den Faktor Vertrauen, kann keine Glaubenskraft entstehen.

04.04. Glaubenskraft in der Sozialen-Marktwirtschaft

Der Glaube ist weder sozialpolitisch noch religiös

Wie in der Einleitung schon angesprochenen, wurde mir während meiner Vorlesungen über betriebswirtschaftliche Themen die Frage gestellt: "Wenn Sie hier von Glauben sprechen, meinen Sie das dann sozialpolitisch oder religiös? Meine Antwort war: "Ich meine hier im Rahmen unserer Gespräche natürlich in erster Linie soziale Glaubenskraft, bin aber davon überzeugt, dass zwischen sozialer Glaubenskraft und religiöser Glaubenskraft kein Unterschied besteht". Nach der Vorlesung fragte ich mich, war diese Antwort richtig?

Glaube ich nur am Sonntag?

Ich dachte an ein Erlebnis aus dem Jahre 1970. Ich war damals zur Vertiefung meiner englischen Sprachkenntnisse zu einem Englisch-Intensivkurs in Luton nahe London. Unser Seminarleiter gab uns die Aufgabe einen Tag lang alleine durch London zu bummeln und hierbei möglichst viele Leute über ein bestimmtes Thema zu befragen. Mein selbst gewähltes Thema hieß: Ist Kirche notwendig? Ja oder nein? Bis auf einen Gastarbeiter aus Italien meinten alle Personen die ich ansprach im Grunde, ja! Sie meinten im wesentlichen, Kirche sei notwendig um das Zusammenleben der Menschen zu sichern, zu fördern und zu pflegen. Jener Gastarbeiter aber aus Italien, er war übrigens der einzige Katholik unter den von mir angesprochenen Personen, er sagte: Die Kirche ist notwendig, ja, aber nur am Sonntag, am Werktag sollte sie uns in Ruhe lassen. Er trennte also den Glauben in Sonntag und Werktag. Muss ich nicht auch trennen, so fragte ich mich, zwischen sozialpolitischer Glaubenskraft die im Wirtschaftsleben gefordert ist und religiöser Glaubenskraft die für das Privatleben gilt? Ich meine nein! Ich meine, Glaube ist etwas was den ganzen Menschen in seiner Grundeinstellung betrifft.

An was glaube ich?

Natürlich kann auch ein Mensch nur an die Macht des Geldes glauben. Sein Gott ist Geld, Macht und materieller Reichtum. Dies wäre nach meiner Meinung auch ein religiöser Glaube, denn seine Religion ist eben der Glaube an die Macht der materiellen Dinge. Fragt sich nur ob ein solcher Glaube auf Dauer lebensfähig ist. Die Glaubensformel kann darüber einiges aussagen. Ist aber ein Mensch überzeugt von der Kraft des Geistes Gottes, des Geistes aus dem Kosmos, so wird er alle Entwicklung um sich herum getragen wissen von einer Schöpfungskraft die von jenem Urgeist ausgeht der Leben, Sein und Werden im Schöpfungsakt gegeben hat und heute noch permanent gibt. Deshalb meine ich gibt es zwischen sozialpolitischem Glauben und religiösem Glauben keinen Unterschied.

Wirkt christlicher Glaube noch in unserem Alltag?

Nun ist Europa im Gegensatz zu anderen Kulturen, z.B. den alt ehrwürdigen asiatischen Kulturen, geprägt von der Kultur des aus der jüdischen Tradition entstandenen Christentums. Europa lebt heute noch aus dem kulturellen Erbe der letzten 2000 Jahre. Auch wenn ernst zu nehmende Stimmen sagen das Christentum in Europa ist schon tot, der Anteil praktizierender Christen sei äußerst gering. Trotzdem meine ich, dass der überwiegende Teil der Menschen in Europa heute noch geprägt ist von dem christlichen Umfeld das aus den letzten 2000 Jahren stammt. Die Frage ist nur: "Wird dieser christliche Glaube heute noch so praktiziert, dass er die Kraft hat unser gesamtes Leben und somit auch unsere Wirtschaft so zu bereichern, dass sich unsere Zukunft zum Segen für alle, ja für die ganze Welt entwickeln wird"? Ich will im Folgenden mich selbst und meine Zeitgenossen fragen wie mein, wie unser, Glaube aussieht. Und ich will untersuchen wo und wie unser Glaube, im persönlichen Leben wie im Wirtschaftsleben, gefordert ist.

04.05. Die Lenkung der Wirtschaft

Die geforderte Glaubenskraft ist je Wirtschaftssystem unterschiedlich groß.

Entsprechend dem Wirtschaftssystem das ein Land praktiziert, wird dem einzelnen Bürger im wirtschaftlichen Alltag mehr oder weniger persönliche Glaubenskraft und Eigeninitiative abverlangt, egal ob Arbeitgeber oder Arbeitnehmer. Warum das so ist wird deutlich, wenn wir die Systematik der unterschiedlichen Wirtschaftssysteme im Folgenden kurz skizzieren:

Die möglichen Wirtschaftssysteme

Die in einer Volkswirtschaft möglichen Wirtschaftssysteme arbeiten nach unterschiedlichen Organisationsprinzipien. Im Wesentlichen unterscheidet man hier sechs Arten von Wirtschaftssystemen. Diese Systeme unterscheiden sich voneinander in der Art der Behandlung von Eigentum und der Lenkung wirtschaftlicher Vorgänge. Die bekanntesten und sich zugleich extrem gegenüberstehenden Wirtschaftssysteme sind die "Marktwirtschaft" und die "Staatliche Zentral-Verwaltungs-Wirtschaft". Letztere wird häufig einfach "Planwirtschaft" genannt. Nun wird aber in einer freien Marktwirtschaft mit Sicherheit noch viel mehr geplant als in einer sogenannten Planwirtschaft. Der gewaltige Unterschied zwischen beiden Systemen liegt darin, dass in einer freien Marktwirtschaft viele Unternehmer ihre eigenen Pläne (taktische Planung, strategische Planung) erstellen, und wo nötig dem Markt flexibel anpassen (operative Planung). Wir werden über diese verschiedenen Arten von Planung noch sprechen. Die freie Marktwirtschaft plant also von unten, vom einzelnen Unternehmen aus. In einer Planwirtschaft wird dagegen von staatlichen Stellen, also von oben nach unten geplant. Es ist einleuchtend, dass im Normalfall ein freies System erfolgreicher sein wird, weil viele, einzelne Menschen dahinter stehen, die zudem noch ihr Eigentum und ihre Arbeitsplätze gefährden wenn sie unrealistisch oder unflexibel planen. In den Jahren 1990 und 1991, nach dem Zusammenbruch des alten DDR-Regimes, wurde äußerst krass deutlich in welchen wirtschaftlichen Ruin eine solche starre, staatlich gelenkte, bürokratisierte Planwirtschaft führen kann. Es wurde auch deutlich wie in einem solchen System die Arbeitskraft des einzelnen Arbeitnehmers zerstört und vergeudet wird, weil sein Tun (langfristig gesehen) keine oder nur eine schlechte Rendite bringt, weder für ihn selbst noch für die Allgemeinheit.

Das Wirtschaftssystem „Soziale Marktwirtschaft"

Das gegenwärtig in der Bundesrepublik Deutschland praktizierte Wirtschaftssystem ist eine **Soziale**-Marktwirtschaft. Dieses Wirtschaftssystem steht voll auf dem Grundsatz der Freiheit. Der Unternehmer hat volles Verfügungsrecht über sein Eigentum und volle Freiheit in seiner Planung. Allerdings wird er durch entsprechende Rahmengesetze gezwungen eine gewisse soziale Vorsorge für seine Mitarbeiter und die Allgemeinheit zu treffen. Diese Rahmengesetze sind z.B. Das Betriebsverfassungsgesetz, das Lohnfortzahlungsgesetz bei Krankheit, die gesetzlichen Urlaubsregelungen, die Verpflichtung zur Zahlung der gesetzlichen Sozialversicherungsbeiträge, die Jugendschutzbestimmungen, die Körperschaftssteuergesetze, die Gewerbesteuerbestimmungen und vieles mehr.

Das Wirtschaftssystem „Kapitalistische Marktwirtschaft"

Eine systemreine Marktwirtschaft (die „Kapitalistische" - Marktwirtschaft) bürdet dem Unternehmer nur die KAPITAL -Verantwortung auf. SOZIAL -Verantwortung hat er in diesem Wirtschaftssystem nicht zu tragen, die Entwicklung von Angebot und Nachfrage wird, auch auf dem Arbeitsmarkt, nur über den Preis gesteuert. Oberflächlich betrachtet sieht es so aus als wäre im Gegensatz dazu die „Soziale" - Marktwirtschaft keine "freie" Marktwirtschaft mehr, weil sie durch entsprechende Rahmengesetze die Freiheit der Unternehmer einengt. Dies ist aber nur bei oberflächlicher Betrachtung so. In einer systemreinen Marktwirtschaft, wo der Unternehmer nur die Kapitalverantwortung zu tragen hat, wird sehr schnell der Arbeitnehmer unfrei weil er in diesem System der Schwächere ist. Zur Zeit der Industrialisierung wurde dies überdeutlich. Damals hat sich, der zu Recht so verurteilte KAPITALISMUS herausgebildet, der einen Marx und einen Engels auf den Plan gerufen hat. Mit Recht haben damals Marx und Engels die Unterdrückung der Arbeiterklasse angeprangert die aus einer skrupellosen Ausbeutung der Arbeitnehmer entstand. Ausnahmen gab es damals unter den Unternehmern sicher auch. Hätten damals mehr Unternehmer nach dem jüdisch-christlichen Gebot der Liebe gehandelt „ ... *liebe deinen Nächsten wie dich selbst"* [016], dann wären die Leiden der Arbeiter nicht so zahlreich gewesen. Es hat also schon zur damaligen Zeit an christlicher Glaubenskraft gefehlt. Nur wer genügend Kapital hatte der hatte die Macht. Die Persönlichkeit des arbeitenden Menschen war damals rechtlich nicht abgesichert und die Kirche, die Gemeinschaft der Glaubenden, hat auch nicht viel bewirkt. Sie hat sich zwar bemüht soziale Not zu lindern, aber sie hatte nicht die Glaubens-Kraft und deshalb auch nicht die Visionen die notwendig gewesen wären um die Grundstrukturen des Unrechtes zu ändern. Sicher gab es Kirchenmänner die gegen das Unrecht ihre Stimme erhoben haben. Wilhelm Emanuel Ketteler der Bischof von Mainz zum Beispiel, oder Adolf Kolping, oder Papst Leo der 13. mit seiner Enzyklika zur sozialen Frage, oder Papst Pius der Elfte mit seinem Rundschreiben "Über die gesellschaftliche Ordnung" (Quadragesimo anno) und viele mehr. Sicher gab es damals auch wohlhabende Menschen die mit den Armen geteilt haben, aber es fehlte dem Christentum, es fehlte den christlichen Laien "die kritische Masse" an visionärer Glaubenskraft, die in der Lage gewesen wäre die wirtschaftspolitische Situation grundlegend zu verändern.

Die staatlich gelenkte Planwirtschaft

Während im Christentum diese visionäre Glaubenskraft fehlte, haben Marx und Engels sich dem Atheismus zugewandt und ein neues Wirtschaftssystem geformt. Es entstand die Staatliche Zentral-Verwaltungs-Wirtschaft. In diesem Wirtschaftssystem gibt es kein Eigentum und vor allem kein Privateigentum am Produktivkapital. Der Staat (das Volk) ist Eigentümer des Produktivkapitals. In diesem System gibt es keine Unternehmer mehr, denn auch die Verantwortung für die Planung wird dem Staat übertragen. So entstand jene Planwirtschaft deren unrühmliches Ende wir 1990/91 in und um Deutschland erlebt haben. Es zeigte sich, dass die "Staatliche Zentral-Verwaltungs-Wirtschaft" dazu neigt einen unheilvollen Staats-Kapitalismus zu entwickeln der die persönliche Freiheit und vor allem die Arbeitskraft des einzelnen Menschen durch ein hohes Maß an Unproduktivität zerstört. Dabei ist die Grundidee zur Planwirtschaft doch sehr ideal. Das Volk sollte Besitzer des Produktivkapitals sein und gleichzeitig die Wirtschaft auch steuern. Kommunismus und Christentum sind sich hier eigentlich sehr nahe. Denn auch das Christentum will, dass möglichst alle Menschen wie Brüder sind und miteinander teilen. Warum hat diese im Grunde so gut gemeinte Idee nicht funktioniert? Hier meine ich haben beide Systeme einen grundlegenden Fehler begangen.

Christentum und Kommunismus haben sich geirrt

Das Christentum hat in den vergangen Jahrhunderten eine Grundhaltung der Weltverneinung entwickelt. Das Jenseits wurde in den Vordergrund gestellt und das Leben, die Selbstverwirklichung, der Erfolg, die Freude in dieser Welt für weniger wichtig erachtet, wenn nicht gar verachtet. Marx und Engels haben dieses Pendel sodann in die entgegengesetzte Richtung zum extremen Ausschlag gebracht. Sie wollten in einer Welt ohne Gott, in einer Welt ohne Hoffnung auf ein Weiterleben nach dem Tode, das vollkommene Paradies schaffen. Das Arbeiter- und Bauern- Paradies.

Beide Seiten haben die drei Forderungen der Evolution missachtet

Beide Extrempositionen haben das Grundgesetz der Naturgesetze missachtet. Das Gesetz der Evolution! Die gesamte Natur steht unter dem Gesetz des Werdens, d.h. unter dem Gesetz der Evolution. Die ganze Schöpfung, alle Lebewesen und auch die Menschen tragen in sich dieses Gesetz. Die Natur und die Menschen sollen sich nach dem Willen des Schöpfers entwickeln, sie sollen teilnehmen, mitwirken am gesamten Schöpfungswerk. Jede Generation hat den Auftrag und die Chance in Freiheit einen Schritt zur gesamten Entwicklung d.h. zur Evolution beizutragen. Aus diesem Grunde zerstört und tötet die Natur Leben von Generation zu Generation und streut gleichzeitig Samen in verschwenderischer Fülle für eine neue Geburt. Sie will so das "Werden" erzeugen, sie will Mutationen erzeugen, sie will Evolution bewirken Kraft des ihr von Gott eingegebenen Gesetzes. Ich meine, den Vätern der Planwirtschaft ist das gleiche passiert, was dem Christentum zur Zeit der Industrialisierung zugestoßen ist. Beide sind gescheitert an ihren Extrempositionen. Denkt man darüber nach, so kann man doch nur zu dem Schluss kommen, dass ein sinnvolles Wirtschaftssystem vor allem das Naturgesetz der Evolution beachten muss und damit folgende Fakten ganz besonders gut abzusichern hat:

A) Evolution in Freiheit.

Die Entwicklung, die Evolution des einzelnen Menschen in Freiheit ist ein unantastbares Gut. Dieses Gut muss gesichert werden. Dies setzt voraus, dass in Freiheit persönliche Eigentumsbildung (Privatkapital) und auch Eigentumsbildung am Produktivkapital (Maschinen, Fabrikanlagen etc.) möglich sein muss. Die Eigeninitiative des Einzelnen wird so gefördert, seine Ideen, Träume, Visionen, ja seine ganze persönliche Glaubenskraft wird gefordert und in das Wirtschaftsgeschehen zum Wohle aller mit einbezogen.

B) Mitverantwortung

Die Garantie der Freiheit verlangt aber auch von jedem Einzelnen ein hohes Maß an Mitverantwortung. Der Einzelne muss wissen, dass er Glied einer großen Gemeinschaft ist und dieser Gemeinschaft gegenüber auch Verpflichtungen hat. Verantwortungsloses Handeln wird mit dem Verlust von Eigentum und Arbeitsplatz bestraft.

C) Zusammenarbeit

Arbeitgeber und Arbeitnehmer müssen verantwortungsvoll zusammenarbeiten. Die Arbeitgeber haben neben der Kapitalverantwortung auch eine soziale Verantwortung (Fürsorgepflicht) für ihre Mitarbeiter und das soziale Umfeld des Unternehmens. Die Arbeitnehmer haben im Rahmen ihrer Aufgaben im Unternehmen eine Gehorsamspflicht, eine Loyalitätspflicht.

Wie groß muss die Freiheit in einem guten Wirtschaftssystem sein?

Die oben genannten Fakten A bis C sind durch gesetzliche Rahmenbedingungen abzusichern. Die Soziale Marktwirtschaft versucht diese gesetzlichen Voraussetzungen zu schaffen. Sie steht also zwischen dem Idealtyp einer reinen Marktwirtschaft und der staatlich gelenkten Zentral-Verwaltungs-Wirtschaft. Sie hat von allen angrenzenden Wirtschaftssystemen etwas in sich. In der Politik findet gegenwärtig das System der Sozialen-Marktwirtschaft auch einigermaßen Anerkennung. Worüber sich die Parteien im letzten streiten ist die Frage wie groß die Freiheit und wie groß die staatliche Lenkung sein sollte und wie die Weiterentwicklung der Sozialen- Marktwirtschaft aussehen soll. An dieser Stelle beginnt ein Glaubenskrieg.

Mehr Lenkung oder mehr Freiheit?

Die einen glauben mehr an die Kraft der Lenkung, sie wollen die Soziale-Marktwirtschaft in eine mehr "sozialistische" Marktwirtschaft umformen mit einer stärkeren Lenkung von oben (z.B. Investitionslenkung) und einer höheren sozialen Absicherung durch entsprechend mehr Gesetzgebung. Dies würde bedeuten, dass unsere Wirtschaft an Freiheit für den Einzelnen verliert und mehr in Richtung "Lenkungs-Wirtschaft" oder "Staats-Kapitalismus" oder "Gebundene -Wirtschaft" oder "Konkurrenz-Sozialismus" oder wieder zu einer "Staatlichen Zentral-Verwaltungs-Wirtschaft" tendiert. Die anderen glauben mehr an die Kraft der Freiheit, sie wollen weniger Einengung durch härtere soziale Rahmengesetze, sie wollen das freie Spiel der Marktkräfte möglichst wenig behindern, sie wollen möglichst wenig hemmende Verwaltung, möglichst wenig Bürokratismus, wenig Subventionen in das Wirtschaftsleben einfließen lassen. Dem Bürger, ob Arbeitnehmer oder Arbeitgeber, wird zugemutet, dass er zusätzlich zu den gesetzlichen sozialen Sicherungen sich selbst wo nötig auch noch persönlich aus eigener Initiative absichert. Der Einzelne muss mehr Verantwortung für sich selbst übernehmen. Damit wird dem einzelnen Mitbürger aber auch mehr Risikofreude und somit auch mehr Glaubenskraft zugemutet.

Viele Menschen wählen statt der Eigenverantwortung die Diktatur

Ich bin sicher, dass beide Seiten das höchst mögliche Maß an Wohlstand und Sicherheit für alle erreichen wollen. Viele Menschen aber wollen eine größere Eigenverantwortung nicht tragen, sie wollen kein Wagnis auf sich nehmen, auch dann nicht wenn dieses Wagnis durch sinnvolle Eigenvorsorge gemildert werden kann. Sie wollen eine möglichst komplette Absicherung in allen Lebenslagen durch den Staat. Sie merken dabei oftmals nicht, dass sie sich selbst ihrer Freiheit berauben. Sie merken nicht wie sie sich selbst den Weg zu mehr Selbstverwirklichung zu mehr persönlicher Evolution und zum "Werden" der eigenen Persönlichkeit verbauen. Dieses Phänomen ist weltweit zu beobachten. Es äußert sich in einem Zustrom zum Fundamentalismus und zu fundamentalistischen religiösen und politischen Sekten. Dort gibt es strenge Gesetze. Wer diese Gesetze beachtet ist relativ stark abgesichert, er braucht fast kein persönliches Wagnis einzugehen, er braucht keinen persönlichen Glauben zu entwickeln. Diese Haltung ist allerdings uralt. Schon die Bibel berichtet davon. Als die Israeliten durch Moses aus der Ägyptischen Gefangenschaft geführt wurden, waren sie im ersten Augenblick froh und glücklich. Als es dann jedoch galt die Last der Wüstenwanderung zu bestehen, da murrten sie gegen Moses und Aron und sagten, Zitat: *"Wären wir doch durch die Hand Jahwes in Ägypten gestorben, als wir vor Fleischtöpfen saßen und uns satt aßen am Brot. Doch ihr habt uns in diese Wüste geführt, um diese ganze Gemeinde vor Hunger sterben zu lassen"* Zitatende [017].

Zurück zur Diktatur oder vorwärts in die Freiheit?

An diese uralte Menschheitserfahrung dachte ich, als ich in den Jahren 1992/93 mit arbeitslosen Ingenieuren, Frauen und Männern in Weimar, diskutierte. Unter dem Schock der Entlassungswellen in Weimar, Erfurt und Jena sagten einige: In der alten DDR waren wir zwar nicht frei und wir hatten auch keinen großen Wohlstand, aber wir hatten doch eine einigermaßen gesicherte Existenz. Nicht alle haben so gedacht. Aber ich konnte jene die so dachten verstehen. Auch ich war ein Jahr lang arbeitslos und musste meinen Arbeitsplatz frühzeitig an jüngere Mitarbeiter abgeben weil ich gesundheitlich dem Stress nicht mehr so widerstehen konnte wie in jungen Jahren. Dennoch spüre ich in mir den Drang zur Freiheit und zum Werden. Aus diesem Grunde würde ich mich immer wieder, hätte ich die Wahl, für die freie Soziale-Marktwirtschaft entscheiden.

Ein Wandel bahnt sich an

So ergibt sich schon aufgrund der Wahl und Ausgestaltung eines Wirtschaftssystems eine Forderung nach persönlicher Glaubenskraft im Menschen. Ich persönlich habe das Gefühl, dass unsere christlichen Kirchen heute noch viel zu stark von Fundamentalismus und Diktatur geprägt sind und somit nicht in der Lage sind als Glaubensgemeinschaft Menschen zu helfen die den beschwerlichen Weg, den Exodus, aus einer Diktatur in eine frei Demokratie und in eine freie Soziale-Marktwirtschaft gehen wollen. Aber nicht nur die christlichen Kirchen sind heute unfähig den Weg in die Freiheit zu weisen. Auch unsere Gewerkschaften haben noch viel zu viel Klassenkampf in ihrem Denken. Sie sehen sehr oft im Unternehmer nur den Gegner, den Ausbeuter und den Unterdrücker. Aufgrund dieses globalen Feindbildes übersehen sie die Gefahren die den Arbeitnehmern heute in Deutschland durch die weltweite Verflechtung unserer Wirtschaft drohen und sind deshalb auch nicht in der Lage eine hohe Streitkultur zum Wohle aller zu entwickeln. Sie reduzieren heute oftmals ihren Führungsanspruch im Wirtschaftsgeschehen auf ein primitives "Herausholen" an möglichst hohen Löhnen und Lohnnebenleistungen ohne Rücksicht auf die sinkende Wettbewerbskraft unserer Produkte im Ausland. Und die Unternehmer? In Management-Trainingskursen habe ich sehr viel positive, den einzelnen Menschen schützende und fördernde Thesen gehört. Aber in Notsituationen, wo es um die Existenz des Unternehmens ging, habe ich auch sehr viel brutale, und gegen die Existenz und die Interessen des einzelnen Mitarbeiters gehende, rücksichtslose Härte erlebt. Es ist heute in Kreisen der Betriebswirtschaft bekannt, dass diese Art von Menschenführung nicht richtig ist. Bücher, wie z.B. das Buch von Thomas J.Peters und Robert H.Watermann Jun. "Auf der Suche nach Spitzenleistungen" [018] zeigen auf, wie notwendig und wie gewinnbringend die Rücksichtnahme auf den Menschen im Unternehmen ist. Allerdings ist auch hier zu spüren wie stark es von der persönlichen Glaubenskraft des Unternehmers abhängig ist ob er sich den modernen, menschlichen Führungsmethoden gegenüber aufschließt oder sich lieber zu diktatorischen Führungsstilen entscheidet. Diktatorische Führungsstile aber erzeugen Klassenkampf und sind nicht geeignet unsere Soziale-Marktwirtschaft in die 2000er Jahre hinein zu führen. "Evolution statt Kampf", nennen auch Wolfgang Hinz und Josef Pichelbauer ihr Buch über: "Das Erfolgsprinzip im Führungsprozess" [019]. Auch Professor Dr. Konrad Mellerowicz sprach schon 1975 in seinem Buch "Sozialorientierte Unternehmensführung" [020] den Wandel an, der sich in der Betriebswirtschaft vollziehen muss zum Wohle der Arbeitnehmer aber auch der Unternehmer. Dieser Wandel aber fordert alle heraus nicht nur die Unternehmer, sondern in gleicher Weise auch die Arbeitnehmer. Uns allen wird in Zukunft mehr Glaubenskraft, mehr Eigenverantwortung und mehr geistige Beweglichkeit abverlangt werden. Am weitesten aber wagt sich der Zukunftsforscher Gerd Gerken vor. Er schreibt in seinem Buch "Management by love" von der Liebe die das Zusammenwirken aller Menschen in zukunftsfähigen Unternehmen prägen muss [015]. Er schreibt praktisch von der Steigerung der Produktivität als Ergebnis praktizierter Liebe. Sein Grundgedanke ist: „Mehr Erfolg durch Menschlichkeit".

Ist Führen durch Liebe im Wirtschaftsleben möglich?

Können wir das tägliche Wirtschaftsgeschehen wirklich durch Liebe lenken? Können wir in unseren Betrieben wirklich die Produktivität durch praktizierte Liebe steigern? Ist das nicht eine verrückte Vision? Ich meine ja, es ist eine ver- rückte, eine vom heutigen Normalmaß ab- gerückte Vision. Wer daran glauben will muss schon einen starken Glauben haben. Unsere freie Soziale-Marktwirtschaft allerdings bietet einen idealen Rahmen für die Verwirklichung dieser verrückten Vision. Sie hat durch die sozialen Rahmengesetze schon einige Krücken zurecht gestellt, die im Anfangsstadium helfen müssen. Ich persönlich meine, diese Vision muss uns gelingen. Sollte sie nicht gelingen, wird nach meinem Gefühl die Menschheit den Kampf ums Überleben verlieren. Auch dieses Gefühl ließ mich aufbrechen und der Frage nach der im Wirtschaftsleben nötigen Glaubenskraft nachgehen.

04.06. Ich traue der Sozialen-Marktwirtschaft.

Vertrauen, der wichtige Faktor in der Glaubensformel

Trauen setzt Vertrauen voraus und Vertrauen ist ein wichtiger Faktor in der Glaubenformel. Glaube ich an die Zuverlässigkeit meiner Partner? Einen realen Glauben muss man begründen können. Nicht beweisen!! Ein Glaube den man beweisen kann ist kein Glaube mehr! Wir haben darüber schon gesprochen. Wenn ich sage ich glaube an Gott, so kann ich die Existenz Gottes nicht beweisen. aber ich kann sehr wohl **begründen** warum ich an einen Gott glaube. Über den Glauben an Gott, wie ihn das Christentum formuliert, werden wir noch reden. Hier will ich zuerst einmal mein Vertrauen und somit meinen Glauben an die Soziale-Marktwirtschaft begründen. Die Grundkräfte der Sozialen-Marktwirtschaft, nämlich das Vertrauen auf die menschlichen und geistigen Kräfte im Wirtschaftsgeschehen sind vom Verhalten der Mehrzahl der Menschen abhängig und daher nicht im Voraus beweisbar. Sie sind aber doch begründbar. Hierzu folgendes Beispiel:

Das Vertrauen in die geistige Grundlage der menschlichen Kräfte

Professor Ludwig Erhard hat 1948 die Soziale-Marktwirtschaft eingeführt. Nach der Tragödie des Mitteldeutschen Aufstandes vom Juni 1953 hat er in einem Tagesbericht (Bulletin vom 12.09.1953) über die notwendigen wirtschaftspolitischen Schritte anlässlich einer möglichen deutschen Wiedervereinigung folgende Gedanken geäußert, (Zitat): *"Bei der Beurteilung der sich aus der Aufgabe (Wiedervereinigung Deutschlands) ergebenden Situation drängt sich geradezu ein Vergleich mit den Problemen auf, die im Jahre 1948 mit der Währungsreform und der gleichzeitigen wirtschaftspolitischen Umschaltung von der Plan- und Zwangswirtschaft zur Marktwirtschaft zu lösen waren. Gerade ich weiß ein Lied davon zu singen, wie man mir damals mit Hilfe von Statistiken und graphischen Darstellungen, Rohstoffbilanzen, Produkti-*

ons- und Verbrauchszahlen, Außenhandelszahlen u.a.m. scheinbar schlüssig und rational die Unmöglichkeit der Aufhebung der Bewirtschaftung, der Rationierung und der Preisbindung beweisen wollte. Von der Schau der Planwirtschaft aus waren diese Zahlen und die darauf gestützten Prognosen zweifellos nicht zu widerlegen; angreifbar war allein die geistige Grundlage dieser Konzeption, die den gesellschafts-wirtschaftlichen Prozess lediglich als das Ergebnis oder eigentlich nur als Addition von wirtschaftlichen Zahlen und materiellen Fakten begriff, ohne die hinter dem Geschehen wirksamen menschlichen Kräfte einzubeziehen." (Zitatende) [021] .

Die Kraft der Freiheit

Wie wir heute wissen war das Vertrauen auf die im wirtschaftlichen Geschehen wirksamen menschlichen und geistigen Kräfte richtig. Die ganze Welt sprach damals vom deutschen Wirtschaftswunder und bis heute hat diese Wirtschaftspolitik uns soviel Wohlstand gebracht, dass inzwischen viele Menschen versuchen nach Deutschland einzureisen um hier materielle Sicherheit und Wohlstand zu erlangen. So glaube ich auch heute noch an die Soziale-Marktwirtschaft, weil ich an die Kraft der FREIHEIT glaube. Jeder gesunde Mensch will frei sein. Er will seine Fähigkeiten, seine besonderen Stärken, seine persönlichen Neigungen, sein Träume und Visionen leben und wo immer nur möglich auch verwirklichen.

Die Kraft der Selbstverwirklichung

Zudem glaube ich an die Kraft der SELBSTVERWIRKLICHUNG eigenverantwortlicher Persönlichkeiten. Sicher gibt es auch Wirtschaftsverbrecher unter den Menschen. Die Jahre nach der Wiedervereinigung ab 1990 haben uns gezeigt, wie sehr die Umstellung der Wirtschaft von der zerbrochenen Planwirtschaft auf die freie Soziale-Marktwirtschaft von einzelnen gewissenlosen Elementen missbraucht wurde. Dennoch bin ich davon überzeugt, dass doch die Mehrheit der Menschen in Deutschland noch aufrichtig und ehrlich leben will. Es wird wieder einen Konjunkturaufschwung in der Wirtschaft geben trotz aller politischen Fehlsteuerungen in unserer Volkswirtschaft. Die ungeheuerlich große Leistung unserer Volkswirtschaft nach der Wende (1990 bis 1995) wurde viel zu sehr missachtet oder totgeredet. Wir haben eine bankrotte Planwirtschaft in unsere Soziale Marktwirtschaft integriert ohne den einzelnen Mitbürger zu sehr zu belasten. Natürlich gab es einzelne Härten aber insgesamt ist die Aktion gelungen. Während wir in Deutschland nach der Wiedervereinigung noch jammerten, sprach man in den umliegenden Nationen schon vorsichtig von einem zweiten deutschen Wirtschaftswunder. Dieser Aufschwung konnte nur eingeleitet werden und er kann nur vollendet werden, weil es eben doch noch genügend Menschen gibt, die als Unternehmer und auch als Arbeitnehmer mit Zuversicht, mit Ausdauer und auch mit Freude an die Arbeit gehen und dabei versuchen sich selbst zu verwirklichen.

Die Kraft der Selbstentfaltung

Als Kind habe ich gerne Abenteuergeschichten und Berichte gelesen die von besonderen Ereignissen sprachen die hohen Mut verlangten. So kann ich mich heute noch an einen Bericht erinnern der davon sprach, wie von einem sinkenden Schiff bei stürmischer See Schiffbrüchige zu retten waren. Wegen der aufgewühlten See konnte man die in Seenot geratenen Menschen nur mit einem kleinen Rettungsboot holen. Der für diese Aktion zuständige Bootsführer musste sich entscheiden zwischen einem Rettungsboot mit Motorantrieb und einem mit Muskelkraft angetriebenen Ruderboot, das von der Antriebskraft dem Motorboot gleichkam. Für dieses Boot bestand die große Gefahr, dass es beim Anlegen an die Bordwand des sinkenden Schiffes durch die stürmenden Wellen zerschellte, wenn nicht im richtigen Augenblick mit äußerster Kraft gegen die Kraft der Wellen gesteuert würde. Es wurde berichtet, dass sich der Bootsführer für das mit menschlicher Muskelkraft betriebene Boot entschied. Diese Entscheidung wurde wie folgt begründet: Ein Motorboot kann im Augenblick größter Gefahr auch nicht mehr als seine installierte Motorleistung abgeben. Ein mit menschlicher Muskelkraft angetriebenes Boot aber kann in einer Notsituation mehr Kräfte entwickeln als im Normalfall, weil Menschen im Ausnahmezustand auch über sich selbst hinauswachsen können. So meine ich ist es auch mit der sozialen Marktwirtschaft. Wirtschaftssysteme in denen persönliche Freiheit und persönliches Eigentum eingeschränkt sind oder gar fehlen, werden in Zeiten der Not niemals jene Kraft der Selbstverwirklichung und Selbsterhaltung aufbringen die den Menschen über sich selbst hinauswachsen lassen.

Die Befreiung der individuellen Kräfte

So kann ich nur noch einmal wiederholen. Ich glaube an die Soziale Marktwirtschaft, weil ich an die Kraft der Selbstverwirklichung eigenverantwortlicher Menschen glaube. Prof. Dr. Konrad Mellerowicz schreibt schon in den siebziger Jahren in seinem Buch "Sozialorientierte Unternehmensführung", Zitat: *"Die Marktwirtschaft erreicht die hohe Leistung durch die Befreiung der individuellen Kräfte, zunächst bei den Unternehmern, dann aber auch, und dies in zunehmenden Maße, bei den Mitarbeitern, denen durch einen neuzeitlichen Führungsstil alle Möglichkeiten zur Entfaltung der Persönlichkeit und zur Selbstverwirklichung in der Betriebsleistung, überdies mehr Bürgerrechte im Betrieb gegeben werden. Wo jeder sein Bestes, unter möglichst voller Ausnutzung seiner Fähigkeiten gibt, muss das Gesamtprodukt ein Optimum ergeben, zum Vorteil der Gesamtheit.* Zitatende [022].

Die Kraft des Geistes

Das Fundament meines Glaubens aber ist der Glaube an die Kraft des GEISTES aus dem Kosmos. Der Mensch als Krone der Schöpfung besitzt die Gabe des Geistes. Es ist die Kraft jenes Geistes der den Menschen über das Tier hinaushebt, ihm Verstand, Gefühl und Liebesfähigkeit gibt, aber ihn auch in die Evolution, d.h. zum Werden drängt. Je mehr der einzelne Mensch in Freiheit innerhalb eines Wirtschaftssystems arbeiten kann, umso mehr wird dieses System auch von jenem Geist aus dem Kosmos durchflutet sein. Aufgrund der Mitwirkung dieses Geistes wird ein freies Wirtschaftssystem all jenen mehr oder weniger gelenkten Systemen immer überlegen sein. Ich glaube an die Kraft der EVOLUTION. An die Kraft des Werdens, die der Natur als Gesetz eingeprägt ist. Dieses Wachstum, dieses Reifen und Werden wird auch in der Bibel im Gleichnis von den Talenten gefordert [023]. Ein Wirtschaftssystem das frei und beweglich genug ist um die für die Kraft des Werdens permanent nötigen Wandlungen zulässt, wird nach meiner Überzeugung langfristig das bessere System sein.

04.07. Der Glaube als Energie zwischen den Produktionsfaktoren

Was ist ein Betrieb?

Reale Glaubenskraft, so meine ich, entsteht nicht im leeren Raum, sondern aufgrund solider Fakten. Zu diesen Fakten gehören im Bereich der Wirtschaft die Produktionsfaktoren. Wer sich in Fragen des Wirtschaftens hineindenken will, ob in Fragen der gesamten Volkswirtschaft oder in die speziellen betriebswirtschaftlichen Fragen eines Betriebes, der wird früher oder später mit den Produktionsfaktoren konfrontiert. Im Allgemeinen wird der Begriff "Betrieb" mit seinen Produktionsfaktoren wie folgt definiert: Ein BETRIEB ist eine planvoll organisierte Wirtschaftseinheit zur Herstellung von Sachgütern oder Dienstleistungen. Zu diesem Zweck kombiniert der Betrieb die Produktionsfaktoren WERKSTOFFE, ARBEIT und BETRIEBSMITTEL an ausgewählten Standorten unter Beachtung des Wirtschaftlichkeitsprinzips [024].

Das Wirtschaftlichkeitsprinzip und die Produktionsfaktoren

Das Wirtschaftlichkeitsprinzip sagt: Ein Betrieb muss mit den geringsten Mitteln sein Ziel ereichen oder mit den vorhandenen Mitteln das größt mögliche Ergebnis erwirtschaften. Um dies zu erreichen muss er die Produktionsfaktoren sinnvoll einsetzen. Die drei ursprünglichen Produktionsfaktoren sind hierbei: BODEN (Werkstoffe, Rohstoffe), ARBEIT (die Arbeitskraft der Mitarbeiter) und KAPITAL (Betriebsmittel, Finanzmittel). Es ist einfach sich einen landwirtschaftlichen Betrieb vorzustellen, wo der BODEN bestellt wird durch die ARBEIT der dort angestellten Mitarbeiter unter Einsatz moderner landwirtschaftlicher Geräte, hinter denen das eingesetzte KAPITAL dieses Betriebes steht. Nicht so deutlich sieht man dagegen den Produktionsfaktor BODEN, wenn man an einen hochtechnisierten Betrieb denkt. Zum Beispiel an eine Werkzeugmaschinenfabrik oder an einen Chemiebetrieb. Hier stehen hinter dem Produktionsfaktor BODEN vor allem die Werkstoffe und Rohstoffe die im Betrieb verarbeitet werden. Alle Werkstoffe die wir in unseren Betrieben verarbeiten kommen letztendlich als Rohstoffe aus der UMWELT, dem BODEN, der LUFT, dem WASSER. Wie in der Definition des Begriffes "Betrieb" schon ausgedrückt, müssen diese Produktionsfaktoren in der Praxis auch planvoll organisiert und kombiniert d.h. miteinander verbunden, verknüpft werden. Daraus ist abzuleiten, dass für den Betrieb ein vierter enorm wichtiger Produktionsfaktor zu sehen ist, nämlich die ORGANISATION. Boden, Arbeit und Kapital müssen durch eine sinnvolle PLANUNG und STEUERUNG gut aufeinander abgestimmt und vor Verschwendung geschützt werden. Ohne eine gute PLANUNG und STEUERUNG ist keine sinnvolle Wirtschaftlichkeit zu erreichen.

Der Produktionsfaktor Wissen

In neuerer Zeit spricht man mehr und mehr auch vom Produktionsfaktor WISSEN. Immer mehr wird deutlich, dass in dem komplizierten Arbeitsprozess und Wettbewerbsprozess eines modernen Industriebetriebes mit seinen hochtechnisierten Anlagen und seiner weltweiten Vernetzung der Faktor WISSEN eine wesentliche Rolle spielt. Ein Unternehmen dessen Mitarbeiter in einem hohen Maße an einschlägigem Wissen verfügen wird dem Wettbewerb weit kraftvoller gegenüberstehen als ein Unternehmen mit Mitarbeitern die weniger Fachwissen mitbringen und in Leistung umsetzen können. Dieses Wissen bezieht sich sowohl auf die Kenntnisse der Handhabung moderner hochtechnischer Maschinen, Anlagen und Technologien, als auch auf das Wissen um die Entwicklung und die Psychologie des Marktes und der eigenen Mitarbeiter. Der vierte Produktionsfaktor ORGANISATION mit seiner Aufgabe der Planung und Steuerung verliert an Kraft ohne den Faktor WISSEN.

Der Produktionsfaktor Zuversicht (Vertrauen und Glaube)

In den letzten Jahren ist nun zunehmend noch ein weiterer Produktionsfaktor sichtbar geworden. Der Produktionsfaktor ZUVERSICHT. Diesen Faktor müssen wir etwas näher betrachten. Kein verantwortungsbewusster Unternehmer wird auch nur einen einzigen Arbeitsplatz schaffen, wenn er nicht ein Mindestmaß an realer Hoffnung in eine gute Marktentwicklung für sein Produkt haben kann. Er muss dem wirtschaftlichen und politischen Umfeld ein bestimmtes Maß an Vertrauen (= Glauben) schenken können. Durch die zunehmende weltweite Verflechtung unserer Märkte und die zunehmende Geschwindigkeit technischer Entwicklungen, gepaart mit dem immer rasanter werdenden Bevölkerungswachstum in den Schwellenländern, werden die Märkte immer turbulenter. Gerd Gerken schreibt in seinem Buch "Manager... die Helden des Chaos [025] Zitat: *"Das eigentlich Neue in der Zeit ab 2000 wird damit die permanente Instabilität sein"* Zitatende. Wenn aber die Märkte instabiler und turbulenter werden, dann müssen auch die im Wirtschaftsprozess stehenden Menschen beweglicher und anpassungsfähiger werden. Gerade im Ringen um den Aufbau neuer Arbeitsplätze müssen deshalb Arbeitgeber und auch Arbeitnehmer zu mehr Flexibilität bereit sein. Und noch ein Weiteres kommt hinzu: Weil die Entwicklung turbulenter, chaotischer werden wird, muss auch die Wirtschaft vom starren Planungsdenken Abschied nehmen. Hiermit will ich nicht sagen, dass wir die Unternehmens-Planung mit ihrer "taktischen" Planung, "strategischen" Planung und "operativen" Planung nicht mehr brauchen, nein, wir müssen diese Planungen nur noch flexibler halten als bisher. Planung wird durch Abweichungen erst schön! Vor allem aber muss in Zukunft gelten: Visionen dürfen durch Pläne nicht zerstört werden. Die Wirtschaft der Zukunft braucht Manager und Mitarbeiter die bereit sind in Visionen zu denken. Dies alles ist aber nur möglich im Schutze des Produktionsfaktors ZUVERSICHT.

Loslassen und Verantwortung übernehmen im Feld des Glaubens

Im Ringen um die Bekämpfung der Arbeitslosigkeit wird heute zuweilen sehr lautstark, die Forderung nach visionärem Management laut. Allerdings gilt auch: Neue Arbeitsplätze können in Europa zukünftig im Wesentlichen nur durch neue Produkte und neue Technologien geschaffen werden. Aber wenn es um die praktische Zulassung und Verwirklichung von Visionen geht, dann sind plötzlich viele dagegen, Manager aber auch Mitarbeiter (siehe

Transrapid). Sie alle wollen, dann wenn es ernst wird, plötzlich wieder den alten soliden Plan und ein möglichst hierarchisches Führungsprinzip. Visionäres Führen und Arbeiten aber verlangt das "Loslassen". Unternehmer müssen bereit sein Führungsverantwortung abzugeben an ihre Mitarbeiter. Die Gesamtverantwortung bleibt ihnen immer noch. Sie müssen bereit sein dieses Loslassen, Zulassen, Fließen lassen auch zu praktizieren. Und die Mitarbeiter müssen bereit sein Verantwortung zu übernehmen und ihre eigenen Visionen einzubringen. Spätestens hier aber wird wieder das Wesen des Glaubens berührt. Gerd Gerken [026] schreibt in seinem Buch "Die Trends für das Jahr 2000, Zitat: *"Szenarien und insbesonders Visionen gehören zu der Substanz der unsichtbaren Dinge. Und hier ist das Feld des Glaubens aufgerufen. Und das ist auch ein Gebiet, das man lieber privatisieren möchte und das man vom rationalem Business gerne abtrennen möchte"* Zitatende. Die Bibel kleidet diese Forderung nach dem Loslassen in folgende Worte, Zitat: *"Wenn einer mir nachfolgen will, so lasse er sich selbst los, nehme die Mühen seiner Herausforderung auf sich und folge mir nach, denn wer sein Leben retten* (nicht loslassen) *will, der wird es verlieren. Wer aber sein Leben verliert* (loslässt) *um meinetwillen und um der Heilsbotschaft willen, der wird es* (finden) *retten."* Zitatende [027].

Arbeitsplätze schaffen verlangt Glaubenskraft

Ein Unternehmer, der sein Leben, seinen Besitz, sein Eigenkapital, seine Ängste loslässt (den Einsatz wagt) der kann Arbeitsplätze schaffen und hierbei sich und anderen Existenz, Lebensunterhalt und Wohlstand bringen. Natürlich muss dieser Einsatz mit Sinn und Verstand geplant und kalkuliert werden. Aber dennoch wird er immer auch ein Wagnis bleiben. Der Produktionsfaktor ZUVERSICHT setzt Glaubenskraft voraus. Besonders in unruhigen und turbulenten Zeiten und in Zeiten eines Wirtschaftsabschwunges. Es ist leicht Glaubenskraft zu haben in einer Phase des Wirtschaftsaufschwunges. Wo aber und wie kann man Glaubenskraft in einer unruhigen, turbulenten und destabilen Situation erlangen? Wie wollen wir Arbeitsplätze zur Beseitigung von Arbeitslosigkeit, gerade in den Talsohlen der Konjunktur, neu gründen, wenn der Produktionsfaktor Zuversicht fehlt? Wie müssen wir in der

Wirtschaft und in den Unternehmen steuern und lenken um Zuversicht (Vertrauen und Hoffnung) in möglichst vielen Menschen zu wecken? Diese Zuversicht kommt nicht von alleine. Der Produktionsfaktor ZUVERSICHT muss erarbeitet werden. Sowohl in volkswirtschaftlicher als auch in betriebswirtschaftlicher Hinsicht. Es muss möglichst viel Wissen an die im Wirtschaftsprozess stehenden Menschen herangetragen werden, Wissen um fachliche Dinge, Wissen um wirtschaftliche Zusammenhänge und Wissen um ethische und sittliche Verantwortung des Einzelnen für sich und seine Umgebung. Hier wären auch die Kirchen gefordert.

Die unruhige Zukunft verlangt Glaubenskraft

Ich bin nicht von allen Prognosen und Meinungen überzeugt die Gerd Gerken und Michael-A.Konitzer die beiden Zukunftsforscher in ihrem Buch "Trends 2015" beschreiben obwohl viele ihrer Aussagen sicherlich richtig sind. Sehr interessant finde ich jedoch in diesem Buch die Beschreibung des "New Edge" (nicht New Age), des neuen Wendepunktes, der "Bruchkante" (Edge = Bruchkante, Scheidepunkt, Wendepunkt) über die, die Menschen hinaus wollen und müssen, um in der kommenden turbulenten Zeit, der Zeit der schnellen Trends, glücklich leben zu können. Viele ältere Menschen bedauern heute die Schnelllebigkeit der Zeit, die schnellen Trendwechsel. Im Gegensatz zu vielen jungen Leuten denen diese schnellen Veränderungen Spaß machen. Um den Begriff "New Edge" zu erläutern zitieren Gerd Gerken und Michael- A.Konitzer den chilenischen Biologen und Nobelpreisträger Humberto Maturana. Sie sagen, Zitat: *Maturana hat den Prozess der Entstehung von Trends mit folgendem Bild illustriert: "Ein Mann steht am Rand einer Klippe und wagt den Schritt über den Klippenrand (über die Bruchkante), obwohl die Klippe steil abfällt und unter ihm das Nichts ist. Aber jedesmal wächst in dem Augenblick, da er den Fuß ins Nichts setzt, die Klippe unter seinem Fuß nach - und er hat wieder festen Boden unter den Füßen. Und so geht es weiter". Ein raffiniertes Bild! Durch das Gehen ins Nichts entsteht etwas, worauf man gehen kann. Es entsteht weil daran <u>geglaubt</u> wird. So entsteht Evolution: Man muss den Weg gehen, damit der Weg überhaupt erst Wirklichkeit wird. Hier bekommt der Spruch "der Weg ist das Ziel" eine neue Bedeutung.* Zitatende [028]. Mit diesem Zitat möchte ich die in Zukunft so gewichtige Bedeutung des Produktionsfaktors "ZUVERSICHT" (Vertrauen, Hoffnung, Glaube) unterstreichen. Und ich möchte noch hinzufügen, dass nach meinem christlichen Verständnis auch die Bibel solche Bilder des Glaubens kennt. Zum Beispiel das Bild von Christus der über das Wasser des Sees schreitet und Petrus der dies auch versucht, aber an seinem schwachen Glauben scheitert [029]. Oder die Aussage die Christus von sich selbst macht: Ich bin der Weg ... [030]. Die Zukunft verlangt im täglichen Leben, so meine ich, von uns allen viel mehr Glaubenskraft als uns bisher abverlangt wurde.

04.08. Zuversicht durch Gemeinsamkeit.

Die nötigen Schulungsmaßnahmen

Um ZUVERSICHT und damit Glaubenskraft zu säen und zu wecken bedarf es vieler Schulungsmaßnahmen. In einem Unternehmen z.B. müssen Führungskräfte und Mitarbeiter überzeugt sein von dem Sinn und der Tragkraft der Unternehmensphilosophie. Dies gilt auch für die Volkswirtschaft. Die Menschen müssen die Systematik der Wirtschaft (z.B. der Sozialen-Marktwirtschaft) verstehen lernen. Nur dann werden sie an diese auch glauben können. Natürlich gilt das auch für das christliche Glaubensbekenntnis. Die Menschen müssen verstehen was dieses Bekenntnis meint. Deshalb finde ich es gemeingefährlich und unverantwortlich wenn z.B. in einer Predigt, wie schon erwähnt, während eines Gottesdienstes schlagwortartig behauptet wird "die Soziale-Marktwirtschaft" ist schlecht. Nicht die Soziale-Marktwirtschaft ist schlecht sondern manche Menschen verstehen dieses Wirtschaftssystem nicht weil sie nicht geschult sind. Einige werden es allerdings auch aus ideologischen Glaubensgründen ablehnen.

Die Unternehmer unser wichtigstes Kapital

Oswald von Nell Breuning, der Nestor der katholischen Soziallehre, ein Jesuit, er soll einmal gesagt haben: "Wenn es den Unternehmer nicht gäbe, müssten wir ihn heute noch erfinden". Eine freie Wirtschaft braucht Unternehmer, Menschen die bereit sind unternehmerisches Wagnis auf sich zu nehmen. Dafür muss man sie aber auch belohnen. Man darf sie nicht verachten und hassen, oder zum Buhmann der Nation machen, der angeblich an jedem Wirtschaftsabschwung schuld ist. Im Zeitalter der Mitbestimmung (Betriebsverfassungsgesetz) müssen jedoch auch die Arbeitnehmer bereit sein verantwortungsbewusst mitzudenken und die Gewerkschaften müssen ihre veraltete Grundhaltung des Klassenkampfes ablegen. Gerade im Handwerk und in Klein- und Mittelbetrieben gibt es viele Unternehmer die Jahre lang hart am Rande der Gewinnzone arbeiten. Aber auch Großbetriebe stehen von Zeit zu Zeit vor Strukturänderungen die sie an den Rand der Wirtschaftlichkeit bringen. Ich ärgere mich alle Jahre wieder wenn in pauschalen Tarifverhandlungen überhöhte Lohnforderungen gestellt werden die dann schwächeren Unternehmen zum Ruin werden und damit Arbeitsplätze vernichten oder das Abwandern der Arbeitsplätze in Niedriglohnländer beschleunigen. Warum sucht man hier nicht Einheit in der Vielfalt? Vor allem aber finde ich die hässlichen Klassenkampf- und Streikparolen der Gewerkschaften mit einer Pauschalverurteilung aller Unternehmer überflüssig, das Klima vergiftend und gemeingefährlich. In die Betriebswirtschaft dringt heute immer mehr die Erkenntnis nach guter verantwortungsbewusster Menschenführung ein, mit der Losung: "Der Mitarbeiter unser wichtigstes Kapital". Oder, ich erinnere an das Buch des Zukunftsforschers Gerd Gerken mit dem Titel "Management by love" (Führen durch Liebe). Von den Unternehmern verlangt man zu Recht eine solche Einstellung. Warum aber dringen solche Forderungen nicht bis zu den Gewerkschaften vor? Warum wird von den Gewerkschaften nicht verlangt in ihrem Denken auch die Substanz der Unternehmen zu bewahren z.B. mit dem Gedanken: "Die Unternehmer unser wichtigstes Kapital"?

Die Verantwortung der Gewerkschaften

Damit wir uns nicht missverstehen. In einer Sozialen-Marktwirtschaft sind Gewerkschaften absolut notwendig. Sie sind ein Teil des Systems. Aber wir brauchen verantwortungsbewusste Gewerkschafter. Frauen und Männer die ihre Forderungen auch vor dem Hintergrund betriebswirtschaftlicher und volkswirtschaftlicher Auswirkungen sehen. Das Streikrecht darf nicht angetastet werden, aber vor einem Streik, vor den hässlichen Streikparolen und den oft sinnlosen Warnstreiks die oftmals nur dem Prestige der Gewerkschaftsfunktionäre dienen, sollte eine wirkungsvollere Verhandlungsphase sichergestellt werden. Auch müssten unsere Gewerkschaften parteipolitisch strikt neutral sein. Es sollte Gewerkschaftsfunktionären verboten werden gleichzeitig sowohl für eine politische Partei und für die Gewerkschaft aktiv tätig zu sein. Auch ist es nicht richtig, dass für eine Uhrabstimmung nur die Stimmen der gewerkschaftlich organisierten Mitarbeiter gelten. Ein Unternehmen ist ein lebendiger Organismus. Und in einer so wichtigen Frage wie Streik müssen alle Mitarbeiter im Unternehmen gefragt werden. Gewerkschaften müssen die Interessen der Arbeitnehmer vertreten ohne parteipolitische Bindung aber wohl mit betriebswirtschaftlich, volkswirtschaftlicher Verantwortung. Dann werden sie sicher auch wieder mehr Mitglieder bekommen. ZUVERSICHT kann nur dann entstehen wenn sich alle auf die Arbeit der Tarifparteien verlassen können. Das Gleiche gilt für die Kirche. Ich kann nur dann zuversichtlich in der Gemeinschaft der Glaubenden leben, wenn ich sicher bin nicht parteipolitisch missbraucht und nicht manipuliert zu werden.

04.09. Zuversicht durch Wissen.

Ehrliche Streitkultur statt Halbwahrheiten (ein Beispiel)

Demokratie verlangt Diskussion und Auseinandersetzung. Dies aber kann die Diktatur Kirche in ihren eigenen Reihen und internen Angelegenheiten nicht zulassen. Aber auch unsere politischen Parteien und die Tarifpartner versuchen oft mit Halbwahrheiten den Bürger zu täuschen. Wie kann da Zuversicht und Glaubenskraft wachsen? Ein unrühmliches Beispiel sind, wie schon gesagt, die jährlichen Drohgebärden zwischen Unternehmer und Gewerkschaften wenn es um Tarifverhandlungen geht. So ist bei Lohnforderungen z.B. ein gern benutztes Argument der Gewerkschaften die Behauptung, dass hohe Lohnforderungen die Wirtschaft ankurbeln und für steigende Beschäftigung sorgen. Dies ist jedoch so eine typische Halbwahrheit. Die wirtschaftlichen Systemzusammenhänge sind in Wirklichkeit äußerst kompliziert und vielschichtig.

Richtige Lohnforderungen

Betrachtet man nur einseitig die Vorgänge im Inland, dann wird durch „richtige" Lohnsteigerungen (bei ungesättigten Inlandsmarkt!) eine positive Entwicklung angestoßen. Es entwickelt sich über eine richtige Inlandskaufkraft aufgrund konstanter Nachfrage eine richtige Konjunktur, Preise und Geldwert bleiben stabil, die Auslastung ist richtig da ausreichende Kapazität vorhanden ist, damit entwickelt sich auch die Fixkostendeckung richtig, die Kapazitätserweiterungen halten sich in Grenzen, die Beschäftigung bleibt normal, die Mitarbeiter erhalten einen gerechten Anteil von der erwirtschafteten Produktivitätssteigerung.

Zu geringe Lohnforderungen

Werden in den Tarifverhandlungen (bei ungesättigten Inlandsmarkt) „zu geringe" Lohnforderungen realisiert, dann wird die Kaufkraft nicht genügend vermehrt, über die dadurch entstehende Gefahr sinkender Nachfrage kann die Konjunktur lahmen und über nachlassende Auslastung kann eine Abwärtsspirale mit Entlassungen und Firmenzusammenbrüchen entstehen.

Zu hohe Lohnforderungen

„Zu hohe" Lohnforderungen bringen zwar (bei ungesättigten Inlandsmarkt!) steigende Nachfrage mit steigender Beschäftigung, bringen aber auch wegen einer überhöhten Inlandskaufkraft und einer zu hohen Inlandsnachfrage eine Überhitzung der Konjunktur (soweit diese nicht durch Investitionen kurzfristig erhöht werden kann) mit steigenden Preisen, sinkendem Geldwert, d.h. es wird Inflation erzeugt. So zerstört die Gewerkschaft den Geldwert der Löhne und die Spareinlagen ihrer eigenen Klienten nämlich die der Arbeitnehmer.

Das gleiche Beispiel mit Blick auf den Export

Da wir nun aber ein Exportland sind, hat unser Beispiel noch eine zweite Seite, nämlich die zum Ausland. Deutschland ist heute einsame Weltspitze im Stundenlohn mit Lohnnebenkosten (Arbeitskosten). Das Lohngefälle zum Ausland ist sehr hoch. Um im Preiskampf auf dem Weltmarkt mithalten zu können muss durch starke Rationalisierung dafür gesorgt werden, dass die Lohnstückkosten entsprechend niedriger werden. Diese Rationalisierungen aber vernichten Arbeitsplätze im Inland. Zudem entsteht die Situation, dass sich in manchen Fällen eine Rationalisierung im Inland nicht mehr lohnt, weil besonders bei lohnintensiven Produkten eine Verlagerung der gesamten Fertigung ins Ausland rentabler wird. So verlieren wir Arbeitsplätze. Es ist nicht richtig wenn wir durch rücksichtslose Lohnforderungen ganze Branchen zerbrechen lassen (wie in der Vergangenheit z.B.: Textilindustrie, Glashütten, Fotoindustrie etc.). Hier ist allerdings auch unsere Verantwortung für die Schwellenländer deutlich zu machen. Bei richtiger Lohnpolitik ist eine sinnvolle, einigermaßen kalkulierbare Abwanderung von Arbeitsplätzen bei gleichzeitigen Neugründungen über neue Produkte, neue Dienstleistungen und über neue verbesserte Qualitätsstandards machbar.

Zuversicht und Glaubenskraft werden durch Halbwahrheiten zerstört

An dieser Stelle wird die große Verantwortung deutlich welche die Tarifparteien (Gewerkschaften und Unternehmer) für alle haben. Nach meinem Gefühl stellen sich derzeit die Tarifparteien alle Jahre wieder ziemlich dumm an (Unternehmer wie auch Gewerkschaften!) Ihre Streitkultur ist schlecht, so schlecht wie die Ergebnisse ihrer Verhandlungen, die in den letzten Jahren zu starken Arbeitsplatzverlusten geführt haben und zum Teil die Basis der gegenwärtig hohen Arbeitslosenquote sind. Durch diese Fehler und die Verbreitung von Halbwahrheiten werden ZUVERSICHT und GLAUBENSKRAFT bei Arbeitnehmern und Arbeitgebern und in weiten Teilen der Bevölkerung zerstört. Aber nicht nur überzogene Lohnforderungen schwächen unsere Wirtschaft. Auch die unflexiblen globalen, starren Manteltarifverträge sind für einzelne Betriebe tödlich. Warum werden die Mitarbeiter der einzelnen Betriebe nicht mit in den Diskussionsprozess eingeschaltet? Warum werden die Tarifverträge nicht so flexibel gestaltet, dass schwächere Betriebe besonders im Handwerk sich entsprechend eingliedern können? Natürlich nur nach Absprache mit ihrem Betriebsrat. In meinen Augen sind auch unsere Gewerkschaften oftmals genau so absolutistisch wie die christliche Kirche. Eine Einheit in der Vielfalt können sie nicht ertragen.

Schulung kann Zuversicht und Glaubenskraft stärken

ZUVERSICHT, Hoffnung und aufbauende GLAUBENSKRAFT kann in einem Wirtschaftsraum erzeugt werden wenn man den Produktionsfaktor Wissen unter die Menschen bringt, wenn es gelingt möglichst vielen Menschen ein solches Maß an Wissen zu vermitteln, dass sie Halbwahrheiten in der Argumentation erkennen. Wir haben schon davon gesprochen, dass in den kommenden 2000er Jahren die Menschenführung über die Stufen „Persönlichkeitsbildung, Freiheit, Vielfalt, Kooperation, Einheit" gehen muss. Organisationen die nicht freiheitsfähig sind, werden diesen Weg nicht gehen können. Heute ist es leider oftmals noch so, dass die Kirchen die Menschen mit Höllenpredigten binden wollen, die Gewerkschaften wollen ihre Gefolgschaft durch Klassenkampfparolen binden und die Unternehmer treiben die Menschen gerne mittels ihrer Kapitalkraft in die Abhängigkeit.

Einheit in der Vielfalt wäre nötig

Die Natur zeigt uns wie Einheit in der Vielfalt aussieht. Wollen wir Zuversicht und Einheit in unserer Wirtschaft und in unserem kulturellen Leben wieder fördern, dann müssen wir die Einheit in der Vielfalt wollen. Wie aber hilft die Kirche hier? Leider hilft sie nicht. Wie viele Sonntagspredigten sind nichts anderes als ein Einschwören auf einen linientreuen Glauben, auf eine Einheitsausrichtung der Seelen. Genau so wie die Gewerkschaften ihre Leute nicht aufklären sondern einschwören auf ihre Ziele. Aufklären ist ihnen zu mühsam. Zuversicht und Glaubenskraft aber entstehen nur dann wenn alle Beteiligten im Wirtschaftsleben das Gefühl haben können, dass durch sachbezogene Argumente der rechte Weg gefunden wird.

04.10. Zuversicht und Glaubenskraft durch Maßhalten.

Die Gefahr der Maßlosigkeit

Wir haben schon darüber gesprochen, dass Deutschland heute weltweit führend ist bezüglich der Höhe der Arbeitskosten (Lohn+Lohnnebenkosten) je Stunde. Es besteht ein sehr großes Gefälle zwischen den Arbeitskosten in Deutschland und den Arbeitskosten anderer Länder. Aber Deutschland lebt nicht für sich alleine, sondern im Verbund der Weltwirtschaft. Zudem sind wir ein Exportland d.h. wir müssen einen Großteil unseres Geldes durch den Verkauf von Gütern und Leistungen an das Ausland verdienen. Wenn diese Exportgüter durch hohe Löhne zu teuer werden, dann können wir uns auf dem Weltmarkt nicht mehr gegen die Konkurrenz behaupten. Wir müssen dann entweder aufgeben, d.h. den Betrieb schließen, oder ins Ausland verlagern, oder im Inland stark rationalisieren, was Arbeitsplatzabbau zur Folge hat. Professor Ehrhard, der Schöpfer der freien Sozialen-Marktwirtschaft hat oft vom "Maßhalten" gesprochen. Er hat in einer Rede am 28.August 1948 gesagt, Zitat: *"Diese Freiheit (die wir mit der wirtschaftspolitischen Wende zur freien Sozialen-Marktwirtschaft erhalten haben) bedeutet nicht Freibeutertum, und sie bedeutet nicht Verantwortungslosigkeit, sondern verpflichtende Hingabe an das Ganze"*, Zitatende [031]. Dieser Appell geht auch heute noch an alle. An die Unternehmer aber auch an die Gewerkschaften und an alle Menschen die am Wirtschaftsleben beteiligt sind. Statistiken aus dem Jahre 1992 und 2001 zeigen, dass Deutschland mit den Lohnnebenkosten (Urlaub, Feiertage, Sozialversicherung, Krankenversicherung etc.) an der Weltspitze liegt. Daran hat sich bis heute nicht viel verändert. Wenn wir den Bogen überspannen, zerstören wir unseren Wohlstand.

Die Probleme werden oftmals ideologisiert

Es war für mich unverständlich wie die IG-Metall in den entscheidenden Jahren nach der Wiedervereinigung, in 1991 und 1992, Lohnerhöhungen um 19% (10+9) fordern konnte. Dem Bundeskanzler Helmut Kohl hat man damals eine "Steuerlüge" vorgeworfen, weil er in 1990 noch meinte ohne Steuererhöhungen und ohne Solidaritätsbeitrag die Wirtschaft der neuen Bundesländer in die bestehende Soziale-Marktwirtschaft integrieren zu können. Der Zusammenbruch der Planwirtschaft im gesamten Ostblock ließ jedoch unerwartet viele Aufträge aus dem Ostblock wegbrechen, so dass die fehlenden Staatseinnahmen nicht mehr aus dem Aufkommen einer halbwegs gut florierenden Wirtschaft gedeckt werden konnten, sondern durch Steuern und Abgaben erspart werden mussten. Wenn das eine "Lüge" gewesen sein soll, dann frage ich mich was das für eine Lüge war als die IG-Metall den Arbeitnehmern weismachte in den Jahren 1991 und 1992 könnte man 10% und 9% Lohnerhöhung bei gleichzeitiger Arbeitszeitverkürzung herausholen, obwohl damals schon das Wegbrechen der Ostmärkte sichtbar war.

Zuversicht, Vertrauen, Glauben stärken durch Maßhalten

Wenn wir unseren Wohlstand erhalten wollen, dann müssen wir wieder eine vernünftige Glaubensgemeinschaft werden, die durch verantwortungsbewusste Streitgespräche zu "richtigen" Tarifergebnissen in allen Branchen kommen. Vor allem aber kann man nicht gleichzeitig Lohnerhöhungen und auch noch Arbeitszeitverkürzungen haben. Zur Einführung der Pflegeversicherung hat die Regierung die gegenüber dem Weltmarkt überhöhten Arbeitskosten gesehen und deshalb die Kompensation des Arbeitgeberbeitrages über die Streichung eines Feiertages gefordert. Hier haben dann auch die Kirchen, besonders die katholische Kirche, eine sehr schlechte Figur gemacht. In dieser Situation haben sie nicht "das Ganze" gesehen sondern nur auf ihre Rechte gepocht, wie dies auch die Gewerkschaften taten bezüglich der Streichung eines Urlaubstages. Zuversicht kann in unserer Wirtschaft aber nur dann gedeihen, wenn wir alle wieder zum Maßhalten bereit sind. Zuversicht, Vertrauen, **Glaube** kann in einer Gemeinschaft nur wachsen wenn alle bereit sind sinnvoll Maß zu halten.

05.   ... AN GOTT ...

05.01. Wo ist mein Ziel, wer ist mein Gott?

Ich glaube an Gott. Wir können nicht an Gott glauben wenn wir ihn nicht kennen. Wer also ist Gott? In der Tat, die Menschen haben viele Götter. Sie glauben an die Macht, an den Reichtum, an das Geld, an die Technik, an die Natur, an militärische Überlegenheit und vieles mehr. Die Menschen machen sich ihre Götter selber. Wer aber ist nun wirklich der wahre Gott? Für mich ist Gott das unendliche Bewusstsein, der ewige unendliche Geist aus dem Kosmos, aus IHM und seinem Wollen ist alles was lebt und existiert geworden. Wir haben doch nur zwei Möglichkeiten, entweder ist alles was wir sind und wahrnehmen können ein völlig verrückter Zufall in der Unendlichkeit des Kosmos, oder es ist mitten im Chaos des kosmischen Geschehens das sinnvolle Wirken einer Geisteskraft die nicht nur die materiellen Dinge sondern auch Liebe, Anmut, Schönheit, Freude, Lust und Jubel will. Mein Ziel, das Ziel meines Lebens ist deshalb dieses unendliche Bewusstsein, diesen Geist aus dem Kosmos kennen zu lernen, ihm nahe zu kommen und in IHN hineinzuwachsen bis zu jenem Übergang den die Menschen Tod nennen. Für mich ist dies aber kein Tod, kein Sterben sondern ein Übergang zu IHM den ich ein Leben lang suchte. Das Ziel meines Lebens ist ER, das unendliche Sein.

05.02. Der dynamische Gott, der lebendige Gott.

Unser Gottesbild ist menschlich und daher unvollkommen

Jener unendliche Geist aus dem Kosmos aber wird von der Kirche oft als der Ewige, Unabänderliche dargestellt. ER aber ist der dynamische, der lebendige Gott, und wir können IHN von unserem jeweiligen Standpunkt aus nur unvollkommen erkennen. Wir können Kraft unseres endlichen Geistes nur ein unvollkommenes Bild von IHM dem Unendlichen in uns haben. Es wird oft vergessen, dass sein Bild in uns menschlich bruchstückhaft ist und deshalb einer immerwährenden Korrektur bedarf, entsprechend dem

Wachstum unseres Geistes. Es wird von Seiten der Kirche oftmals ein menschlich statisches Gottesbild entworfen. Diese Statik prägt den Glauben vieler Christen. Der Geist ihres Gottesbildes wandelt sich nicht und sie selbst verändern sich nicht. Sie treten nicht ein in das „Werden" des Lebens, sie freuen sich nicht am Wandel, am Wachstum, an der Veränderung. Im Gegenteil sie stehen jeder Veränderung, jeder neuen Erkenntnis, jeder Evolution misstrauisch gegenüber.

Der schnelle Wandel

Im Fall Galilei hat die Kirche deutlich demonstriert wie man irren kann wenn man sein Gottesbild nicht verändern will, obwohl aktuelle Erkenntnisse dies fordern. Diese Haltung aber führt nach meinem Gespür zu einem lebensbedrohenden Fundamentalismus. Man hält sich am Buchstaben fest und walzt alles nieder was sich diesem Buchstabenglauben entgegen stellt. Eine solche Geisteshaltung ist aber kein Glaube, weil die drei Hauptfaktoren der Glaubensformel, über die wir schon sprachen, nicht vollständig ausgeprägt sind. Es fehlt das Vertrauen auf den lebendigen, dynamischen Gott, es fehlt der Verstand der die Erkenntnisse der Wissenschaft mit berücksichtigt und es fehlt die Liebe zum Leben das nun einmal dynamisch ist, denn alles was lebt das verändert sich weil es wächst. Unser Leben unsere Umwelt, wir selbst, alles um uns herum verändert sich täglich. Menschen die nicht bereit sind dieses Wachstum, diese permanente Veränderung zu begrüßen, werden auf die Dauer nicht lebensfähig bleiben. Besonders in der nahen Zukunft wo der Wandel immer schneller sein wird, werden diese Menschen große Schwierigkeiten haben. Aber auch Unternehmen die den schnellen Wandel nicht begrüßen, sondern ihn nur widerwillig dulden, werden verlieren. So wird auch die Kirche als Organisation und als Gemeinschaft der Glaubenden große Schwierigkeiten bekommen wenn sie nicht die Dynamik des Lebens, die Dynamik des Geistes und der Wissenschaften, die Dynamik Gottes anerkennt.

Die positive Seite des Wandels

Viele Menschen haben noch nicht verstanden, dass dieser schnelle Wandel in Zukunft auch viele positive Möglichkeiten mit sich bringt. Auch die weltweite Globalisierung der Wirtschaft wird durch diesen Wandel erzeugt. So birgt die Aussicht auf schnelle positive Veränderungen doch auch sehr hoffnungsvolle Perspektiven. Vor gut hundert Jahren hat die Menschheit die Sklaverei abgeschafft, vielleicht gelingt es uns in viel kürzerer Zeit als bisher gehofft auch den Krieg abzuschaffen, vielleicht gelingt es uns auch schneller als gedacht die Armut die in vielen Teilen der Welt heute noch besteht zu überwinden. Vielleicht kann die Globalisierung der Märkte schneller als wir dies bisher zu hoffen wagten eine gerechtere Verteilung von Wohlstand bringen. Vielleicht können wir die drohende Umweltzerstörung dank der Technik und der Globalisierung der Märkte viel schneller und besser als bisher erhofft verhindern.

05.03. Unser Gottesbild prägt auch unsere Wirtschaft

Der lebendige, der dynamische Gott

Welches Gottesbild prägt mich? Welches Gottesbild prägt unseren Alltag und unsere Wirtschaft? Ist es das Bild von jenem lebendigen, dynamischen Urgrund allen Seins? Oder habe ich Angst das Alte loszulassen und in unsicheres Neuland zu gehen? Wie prägt das Gottesbild von jenem lebendigen, dynamischen Gott unsere Wirtschaft? Unsere Wirtschaft wird heute geprägt vom Gottesbild der Menschen die in den einzelnen Unternehmen tätig sind. Jedes gesunde, freie Unternehmen ist ein lebendiger Organismus. Auch die Soziale-Marktwirtschaft ist im Gegensatz zu einer Staatlichen-Zentral-Verwaltungswirtschaft ein lebendiger Organismus ohne zu viel Bürokratismus. Sie ist lebendig, weil sie trotz gesetzlicher Rahmenbedingungen Freiheit gewährt.

Das Beispiel des Baumes in der Natur

Die Natur kann uns zeigen wie permanente Veränderung und Glaube an die Zukunft, Erfolg bringt. Da ist das Beispiel des Baumes: Wie ein Baum so holt sich auch die Soziale-Marktwirtschaft und so holt sich jedes Unternehmen aus der Tiefe des BODENS Nahrung und Kraft um aktiv leben zu können. Wie der Baum den Vögeln und vielen anderen Tierarten Nahrung, Arbeit und Existenzraum bietet, so bietet ein Unternehmen den Menschen in seinem sozialen Umfeld ARBEIT und Existenz, und wie die Kraft der starken Äste eines Baumes das Kapital dieses Baumes sind, das die lebensspendende Blätterkrone des Baumes trägt, so trägt das KAPITAL eines Unternehmens dessen Lebensfähigkeit am Markt und im Wettbewerb. Auch der Faktor ORGANISATION ist in einem Baum wieder zu finden. Man denke nur an die vielen Kapillarröhren die Wasser und Nährstoffe aus dem Boden über den Stamm und die Äste bis in die Blätter transportieren. Dieser Transport wird äußerst feinfühlig der Jahreszeit entsprechend gesteuert. Eine ebenso feinfühlige Organisation ist die Umwandlung des Sonnenlichtes in Sauerstoff über die Photolyse durch das Blattgrün. Selbst der Produktionsfaktor WISSEN der für ein Unternehmen so lebenswichtig ist, ist im Organismus eines Baumes vorhanden. Der Baum weiß wann es Zeit ist Knospen zu bilden die Blätter zu entfalten, Früchte anzusetzen oder im Herbst den gesamten Haushalt zu drosseln und vorübergehend ganz einzustellen um den "Konjunkturabschwung" Winter zu überstehen. Wer genau hinschaut, sieht auch den Produktionsfaktor ZUVERSICHT im Leben des Baumes. Denn schon im Herbst, noch vor dem Winter mit seinen eisigen, gefährlichen Frostperioden, bereitet der Baum voll Zuversicht Triebe und Knospen für das kommende Frühjahr. Diese Zuversicht hat sich der Baum im Verlauf einer Jahrtausende langen Zeit eingeprägt. Wir Menschen haben nun noch den Verstand, das Erinnerungsvermögen und die Überlieferung vieler Generationen die vor uns lebten. So sollten wir doch in der Lage sein aus der Entwicklung der Vergangenheit, Kraft des Verstandes, für die Zukunft jene Glaubenskraft zu schöpfen die in Zeiten der Not und des Wirtschaftsabschwunges nötig ist um die ZUVERSICHT zu bewahren.

Eine freie Wirtschaft braucht ein lebendiges Wirtschaftssystem

Eine freie Soziale Marktwirtschaft passt sich permanent den gegebenen Situationen an, weil sie wie jeder lebendige Organismus in einem immerwährenden Wachstumsprozess steht. In meinen Augen ist jede übertriebene Gängelung, jede überzogene Bürokratisierung der freien sozialen Marktwirtschaft ein Freiheitsentzug der sich gegen das göttliche Gesetz des Werdens und der Evolution stellt das der ganzen Natur seit dem Schöpfungsmorgen eingegeben ist. Unsere Soziale Marktwirtschaft braucht Rahmengesetze die den Menschen schützen. Wenn diese Rahmengesetze jedoch zu Bürokratismen ausgeweitet werden kippt die Soziale Marktwirtschaft um in eine gebundene sozialistische Marktwirtschaft. In diesem Falle wäre dann nicht mehr jene Freiheit gewährleistet die ein lebendiger Organismus braucht um leben zu können.

Das Chaos der Märkte verlangt zusätzliche Glaubenskraft

Nun haben wir allerdings vom wachsenden Chaos an den Märkten gesprochen, vom Wachsen der Instabilität und der Turbulenz der Märkte. Dies sind neue Herausforderungen an unsere Glaubenskraft. Auch die gegenwärtig sich entwickelnde Globalisierung der Märkte ist eine solche Herausforderung. Wir alle, unsere Existenz und unser Wohlstand, sind mit der weltwirtschaftlichen Entwicklung eng verbunden. Es wird mit Sicherheit Menschen geben die sich diesen Herausforderungen stellen und die auch Erfolg haben werden. Da die kommenden Herausforderungen neu sein werden, müssen wir auch neue Glaubenskraft einsetzen. Ich meine wir können in Zukunft unsere Glaubenskraft nicht nur auf die Abläufe der Vergangenheit gründen, so wie manche Unternehmen ihre Zukunftsplanungen nur aus der Umsatzentwicklung vergangener Jahre planen. Wir werden uns in Zukunft mehr und mehr auf die Kraft des Geistes aus dem Kosmos stützen müssen der auch im Denken der Mitarbeiter eines jeden Unternehmens zugegen ist. Das Gottesbild das wir in uns tragen, wird unseren Glauben und somit unser Handeln, auch in der Wirtschaft beeinflussen. Wir müssen deshalb unseren Glauben kritisch hinterfragen.

05.04. Dein Glaube hat dir geholfen

Für den Menschen ist sein Gott immer Ziel und Weg. Es fragt sich nur welches Gottesbild der einzelne Mensch in sich trägt. Ist es ein materialistisches Gottesbild, ist es ein Fundamentalistisches Gottesbild oder ist es ein lebendig-dynamisches Gottesbild? Welches Gottesbild auch immer der einzelne Mensch in sich trägt, sein Unterbewusstsein wird automatisch den Weg und das Ziel jenes Gottesbildes ansteuern das er wirklich in seinem Innern trägt. Wenn ein Mensch sagt ich kann nicht mehr glauben weil ich schon so oft enttäuscht wurde, dann forsche ich als erstes nach seinem wahren Gottesbild. Ein Mensch dessen tiefstes Unterbewusstsein nicht durchdrungen ist von der Liebe und Fürsorge des unendlichen Gottesgeistes der den einzelnen Menschen als auch den gesamten Kosmos umschließt, ein solcher Mensch wird zwangsläufig zu negativen Ergebnissen geführt. Nicht von Gott, sondern von seinem fehlgesteuerten Unterbewusstsein wird ein solcher Mensch geführt, aus seinem fehlgesteuerten Unterbewusstsein kommen seine negativen Erfahrungen. Ein im Unterbewusstsein negativ eingestellter Mensch kann sich noch so sehr bemühen um Erfolg, er wird meistens im Misserfolg landen weil er im Grunde genommen nicht an den Erfolg glaubt. Die Bibel berichtet an mehreren Stellen darüber wie Jesus von Nazareth zu den Menschen die er geheilt hat nicht sagte: Ich habe dir geholfen, oder der Vater hat dir geholfen, nein, er sagte, Zitat: „*Dein Glaube hat dir geholfen*" Zitatende [032]. Dein Glaube, dein eigener persönlicher Glaube, der in deinem Unterbewusstsein festgelegt ist, er steuert dich. Deshalb ist es so unendlich wichtig, dass der einzelne Mensch weiß was er glaubt. Dr. Josef Murphy Religionswissenschaftler, Philosoph und Autor hat in vielen Büchern, besonders aber in dem Buch „Die Macht Ihres Unterbewusstseins" [033] über jene Kraft des Glaubens gesprochen die dem menschlichen Unterbewusstsein innewohnt.

05.05. Unser Gottesbild formt unser Lebensziel und unsere Pläne.

Wir alle brauchen den Erfolg

Unser Gottesbild formt unsere Ziele und unsere Wege. Wir alle wollen Erfolg in unserem Leben. Und wir alle brauchen auch den Erfolg, sehr dringend sogar. Wir brauchen den Erfolg um Freiheit, Frieden und Wohlergehen für möglichst viele Menschen auf dieser Erde zu sichern! Jeder Mensch aber wird aufgrund des Gottesbildes das er in sich trägt sein Leben, sein Ziel und seinen Weg gestalten und formen. Es ist deshalb nicht nur für den Einzelnen, sondern für die ganze Menschheitsfamilie wichtig welches Gottesbild die Menschen prägt. Welches Gottesbild im Unterbewusstsein der Menschen eingeprägt ist. Ist es das Bild des unendlichen Geistes, des Urgrundes allen Seins oder ist es ein Götze wie Neid, Hass, Angst oder Machtgier etc. Wir alle brauchen den Erfolg, das richtige Wachstum, die richtige Evolution. Der einzelne Mitarbeiter in einem Unternehmen braucht diesen Erfolg, aber auch das Unternehmen in seiner Gesamtheit, die ganze Wirtschaftsregion, die Volkswirtschaft, die Weltwirtschaft. Alle brauchen den Erfolg.

Die Erfolgsformel

Analog zur Glaubensformel gibt es auch eine Erfolgsformel. Diese Formel ist im Wesentlichen den Seminarunterlagen des Institutes B. Enkelmann entnommen [034]. Sie wurde nur um den Faktor „Glaubenskraft" erweitert. Warum ich diese Erweiterung vorgenommen habe will ich im Folgenden erklären. Die Grundformel besteht ähnlich wie die Glaubensformel aus drei Basisfaktoren. Hier ist als erstes der Faktor ZIEL zu nennen. Menschen die erfolgreich sein wollen brauchen ein Ziel. Wer kein Ziel hat weiß nicht was er will. Er wird zum Spielball seiner Umgebung. Als zweiter Faktor ist die KRAFT zu nennen, körperliche und geistige Kraft, die aufzubringen ist um das Ziel anzustreben. Der dritte Faktor steht für die ZEIT, die Lebenszeit die eingesetzt werden muss um das angestrebte Ziel zu erlangen. Das Produkt aus diesen drei Faktoren wird wieder, analog zur Glaubensformel, geschwächt durch die inneren und äußeren Widerstände. Nun aber kommt der Faktor GLAUBENSKRAFT noch hinzu. Ich meine der

Erfolg wird geschwächt, wenn ein Mensch mit nur schwacher Glaubenskraft an sein Ziel und seine Kraft glaubt. Man könnte nun sagen eine schwache Glaubenskraft ist in dem Ausdruck „innere Widerstände" enthalten. Ich gebe zu, innere Widerstände entstehen im Wesentlichen aufgrund fehlender oder schwacher Glaubenskraft. Es handelt sich hier um Ängste, Selbstzweifel, Minderwertigkeitskomplexe etc. Dennoch meine ich, dass der Faktor Glaubenskraft als eigenständiger Faktor in die Erfolgsformel eingefügt werden sollte. Denn wenn dieser Faktor gleich Null wird, dann wird mit Sicherheit das Gesamtergebnis gleich Null werden. Wir haben gesehen, Glaubenskraft entsteht im Unterbewusstsein. Dort ist der Atem Gottes im Menschen. Dort ist die Verbindung zum unendlichen kosmischen Bewusstsein. Wenn dort im Unterbewusstsein keine Zuversicht, keine Glaubenskraft erzeugt wird dann mühen sich die Bauleute umsonst, dann wird alle Mühe immer wieder zerbrechen. Deshalb stelle ich die Erfolgsformel in der geschilderten Form zur Diskussion:

$$\text{Erfolg} = \frac{\text{Ziel} \times \text{Kraft} \times \text{Zeit}}{(\text{innere Widerstände} + \text{äußere Widerstände})} \times \text{Glaubenskraft}$$

Erfolg braucht ein Ziel

Wer erfolgreich sein will, muss ein Ziel haben. Er muss für dieses Ziel Kräfte aktivieren. Er muss für dieses Ziel Zeit aufwenden und er muss danach streben die ihn hemmenden Widerstände, innere und äußere Widerstände, zu erkennen und wo immer nur möglich zu reduzieren. Entscheidend ist das Ziel. Wer nicht weiß was er will, wird nie Erfolg haben. Deshalb lasst uns Träume und Wünsche haben. Deshalb lasst uns planen. Der Plan formuliert das Ziel. Der Plan ist der erste Schritt zur Realisierung der Ziele, der Wünsche, der Träume. Das ist auch der Grund weshalb Jesus von Nazareth das Bittgebet so stark betonte. Ein Mensch der bittet formuliert seine Wünsche und seine Sehnsüchte, er hat Pläne. Diese Formulierung der Ziele aber ist die Vorstufe zum Glauben. Wer keine Ziele hat, der kann nicht an Ziele glauben.

Wer plant, beginnt zu glauben

Und hier beginnt es wieder das Feld des Glaubens. Wer plant der hebt den Fuß um einen Schritt weit in eine ungesicherte Zukunft, über eine Bruchkante, hinauszugehen. Wer plant macht sich auf den Weg in die Zukunft. Wer plant beginnt zu glauben und mit diesem Glauben gestaltet er die Zukunft. An dieser Stelle muss ich noch einmal jene Bibelstelle zitieren die mit dem Schreiten über das Wasser des Sees Genezareth ein wunderbares Bild über die Kraft des Glaubens zeichnet. Als Petrus sieht, wie Jesus, jener mit Gott zutiefst verschmolzene Mensch, über das Wasser läuft steigt auch er aus dem Boot und will ihm entgegen eilen. Als er aber auf dem Wasser steht, als er den Schritt in die Zukunft, über die Bruchkante hinaus, getan hatte, da erfasste ihn Angst über diese ungewöhnliche Situation und er beginnt zu sinken [029]. Für mich sind diese Bilder keine historischen Berichte, aber sie sagen etwas aus über die seelischen Erlebnisse welche die Menschen hatten die darüber in ihrer Bildsprache berichten.

Ängste in und um uns

So hat auch die angesprochene Erfolgsformel (ebenso wie die schon besprochene Glaubensformel) deshalb den Faktor Widerstände in sich und zwar auch wieder in doppelter Ausführung. Wer in die Zukunft plant hat es mit inneren und äußeren Widerständen zu tun. Hierbei sind die äußeren Widerstände meist noch am leichtesten zu erkennen. Sie liegen außerhalb der eigenen Person, außerhalb des eigenen Unternehmens im privaten und wirtschaftlichen Umfeld. Die inneren Widerstände aber sind oft verschleiert. Sie kommen oft aus undefinierten Ängsten, oder wenn es ein Unternehmen betrifft, aus dem Zusammenwirken aller Führungskräfte und Mitarbeiter. Sie kommen aus dem menschlichen, aus dem sozialen und aus dem geistigen Bereich. Diese Widerstände lassen sich reduzieren, wenn wir über mehr Wissen auch mehr Zuversicht sowohl im einzelnen Mitarbeiter als auch in der gesamten Volkswirtschaft erzeugen können. Die äußeren Widerstände lassen sich leichter überwinden, wenn die inneren Widerstände möglichst klein sind. Hierin liegt der Grund weswegen erfolgreiche Unternehmen immer auch eine gute Mitarbeiterführung haben. Im persönlichen Bereich gilt daher in erster Linie: Ich muss alle in mir selbst latent vorhandenen Ängste zu erkennen suchen und ein möglichst hohes Maß an Vertrauen zu mir selbst aufbauen. Vertrauen das sich auf die im gesamten Universum wirkende Schöpfungskraft, auf die im Wirtschaftsleben wirkenden sozialen, technischen, ökologischen und politischen Kräfte und auf mein eigenes Selbst stützt. Unter diesen Voraussetzungen kann ich dann beginnen zu planen und zu glauben.

Unser Gottesbild formt auch unsere Ziele

Die Überwindung der inneren Widerstände erfordert schon die ersten Glaubenskräfte. Aber auch die äußeren Widerstände können langfristig nur im Verbund mit der Kraft des Glaubens zurück gedrängt werden. Doch auch die über den Bruchstrich stehenden Grundkräfte des Erfolges werden von der Glaubenskraft gestärkt. So formt eine starke Glaubenskraft und das hinter dieser Glaubenskraft stehende Gottesbild auch die Pläne der Menschen und der Unternehmen.

05.06. Planwirtschaft oder Planung in der Marktwirtschaft.

Erfolg beginnt mit der Planung des Zieles

Unser Gottesbild formt auch unsere Ziele. Blinder Glaube, so meine ich, ist nicht christlich. Gott hat dem Menschen den Verstand geschenkt, er will sicher, dass dieses Geschenk auch benutzt wird. Ob in persönlichen Dingen oder in wirtschaftlichen Entscheidungen, es ist immer unverantwortlich wenn man blind, d.h. ohne auch mit dem Verstand abzuwägen, glaubt und aufgrund eines solchen Glaubens Entscheidungen fällt. So muss jeder Unternehmer und jeder Mensch der in der Wirtschaft tätig ist verantwortungsvoll seinen Verstand gebrauchen. In der Wirtschaftspolitik müssen die wirtschaftlichen Rahmenbedingungen immer wieder neu den aktuellen Gegebenheiten angepasst werden. In den Unternehmen ist dafür die operative Planung zuständig. Entscheidend aber ist, dass die wirtschaftspolitischen Rahmenbedingungen ein individuelles, persönliches Planen und Handeln zulassen. Hier liegt, wie schon erwähnt, der Vorteil einer freien Sozialen-Marktwirtschaft im Gegensatz zu einer starren Planwirtschaft oder einer zu stark gebundenen Marktwirtschaft. Wenn Mitarbeiter, Unternehmer, Gewerkschaften und Politiker verantwortungsvoll gestritten und geplant haben, dann muss entschieden werden. Nach diesen Entscheidungen bleibt noch genügend Unsicherheit um Glaubenskraft zu praktizieren. Aber die notwendige Glaubenskraft meine ich darf nicht erschöpft sein in der Überbrückung von Unsicherheiten die nach den Entscheidungen auftreten. Schon vor und vor allem während der Planungsphase muss Glaubenskraft das Denken der Menschen beflügeln. Eine starke reale Glaubenskraft formt den Plan, den Weg und damit auch die Zukunft. Die Bruchkante, von der wir sprachen, beginnt zu wachsen. Dies gilt sowohl für ein Unternehmen als auch für die ganz persönliche Lebensplanung eines Menschen. Wie aber sieht eine Planung aus, im persönlichen Leben eines Menschen oder in einem Unternehmen, der/das im Umfeld einer Sozialen-Markt- Wirtschaft lebt? Im Allgemeinen wird in den Unternehmen nach den im Folgenden aufgezeigten Schritten geplant:

Schritt 1: Die strategische Planung

Über eine „STRATEGISCHE PLANUNG" formuliert das Unternehmen eine Unternehmensphilosophie, in deren Rahmen ein Grund-Ziel, eine Grundtendenz, festgelegt wird. Diese Planung ist langfristig d.h. sie überblickt einen Zeitraum der sich über mehrere Jahre erstreckt. Das Wichtige an dieser Planung ist jedoch, dass das ins Auge gefasste Ziel einen gemeinsamen Willen und eine gemeinsame Glaubenskraft im Unternehmen erzeugt. Möglichst alle Führungskräfte und nach Möglichkeit auch alle Mitarbeiter sollten dieses gemeinsame Ziel kennen. Nur wenn das WISSEN um dieses gemeinsame Ziel bei möglichst vielen Mitarbeitern bekannt ist und auch angenommen wird, kann über den Produktionsfaktor WISSEN eine gemeinsame Glaubenskraft entstehen die das Unternehmen auf allen Ebenen reaktionsfähig macht. Das Unternehmen muss sagen wie es leben will, was es mit seinen Produkten erreichen will, wie es zu seinen Kunden und zu seinen Mitarbeitern stehen will etc. Das Unternehmen als Gemeinschaft muss seinen Willen formulieren. Es muss sagen: Ich will! Ich will von

A nach B. Der Ausgangspunkt A muss definiert werden und im Zielpunkt B muss das Wollen des Unternehmens (oder das der Einzelpersönlichkeit) klar formuliert werden. Ich denke hier ist zu sagen: Über die strategische Planung werden die Voraussetzungen für die Geburt des Produktionsfaktors "ZUVERSICHT" gelegt. Dies gilt auch für das private, persönliche Leben jedes einzelnen Menschen. Auch er muss in erster Linie wissen was er will. Er muss ein Ziel haben. Wer kein Ziel hat, wer nicht weiß was er will, der wird langfristig keine Zuversicht und damit auch keinen Glauben aufbauen können. Ein Mensch ohne Ziel fängt schon gar nicht erst an seine Umwelt abzutasten und zu fragen wie weit sie seinem Wollen entgegen kommt und wie weit sie dieses Wollen unterstützt trägt und fördert.

Schritt 2: Die taktische Planung

Im zweiten Schritt wird in der Unternehmensplanung eine „TAKTISCHE PLANUNG" vollzogen. Es werden die Mittel ausgewählt und festgelegt mit denen man das angestrebte Ziel erreichen will. Hier beginnen schon die Investitionsrechnungen. Es muss bestimmt werden mit wie viel Kapital man rechnen kann, mit welchen Investitionen man was produzieren will und wie viel Rendite von der einzelnen Investition zu erwarten ist. Wenn der erwartete Umsatz nicht aus eigener Produktion gedeckt werden kann muss entschieden werden wo und wie viel an Produktion von fremden Unternehmen zugekauft werden soll. Jetzt werden Budgets festgelegt, Kalkulationen werden erstellt, Detailpläne werden formuliert und aus dem Ganzen die erreichbare Rendite abgeleitet. In der Taktischen Planung sagt das Unternehmen: Ich werde! ... mit den ausgewählten Mitteln die angestrebten Einzelziele ansteuern! Bezogen auf das private Leben der Einzelpersönlichkeit bedeutet die taktische Planung: Ich habe ein Ziel, ein Lebensziel, ich habe meine gesamte Umwelt abgetastet ob dieses Ziel realistisch ist. Nun wähle ich im Rahmen meiner persönlichen taktischen Lebensplanung die Mittel die mir helfen dieses Ziel zu erreichen. Ich wähle eine entsprechende Ausbildung, ich lerne, ich trainiere, ich übe, ich studiere, ich suche Menschen die mir helfen können, suche Gemeinschaften, Organisationen, Firmen, Unternehmungen, die mir auf dem Weg zu meinem Ziel behilflich sein können.

Schritt 3: Die Prognose

Ist über die strategische Planung die Zielfindung und über die taktische Planung die Mittelauswahl erfolgt, beginnt die aktive Phase. Es wird gearbeitet, produziert und gleichzeitig das Ergebnis beobachtet. Aus den aktuellen Ergebnissen und der absehbaren Weiterentwicklung wird eine „PROGNOSE" erstellt. Meist eine Quartalsprognose. Das Leben ist dynamisch, meine Umwelt ändert sich permanent. Somit muss ich auch in Bezug auf meine persönliche Lebensplanung immer wachsam sein. Die Ausgangspositionen können sich ändern. Es kann anders kommen als ich ursprünglich angenommen habe. Vor diesen Tatsachen darf ich nicht die Augen verschließen.

Schritt 4: Der operative Plan

Aufgrund der Prognose muss reagiert werden. In der Unternehmensplanung wird deshalb aufgrund der Prognose ein „OPERATIVER PLAN" entworfen. Dies kann bedeuten: Die Produktion wird erhöht (Überstunden), konstant beibehalten oder gedrosselt (Kurzarbeit). Eventuell werden zusätzlich Investitionen getätigt um auf das aktuelle Geschehen reagieren zu können. Der Zukauf wird erhöht oder gedrosselt und vieles mehr. Hier ist allerdings eines zu beachten: Der operative Plan muss immer im Rahmen der taktischen Planung bleiben, weil z.B. für eine zusätzliche Investition nur Mittel in der Größenordnung zur Verfügung stehen wie sie in der taktischen Planung vorgesehen sind. Für den einzelnen Menschen bedeutet dies: Er muss beweglich bleiben. Er darf seine Lebensplanung nicht stur verfolgen, er muss sich von den Ereignissen um sich herum tragen und inspirieren lassen. Mit anderen Worten es wird vom Einzelnen Beweglichkeit und Glaubenskraft verlangt. Im Vertrauen auf das unendliche, kosmische Bewusstsein, im Vertrauen auf Gott der auch meine Ziele und meine Sehnsüchte kennt, muss ich meinen Weg wo nötig ändern ohne mein Grundziel aus den Augen zu verlieren.

Schritt 5: Das Ergebnis

Im letzten Schritt wird in der Unternehmensplanung das aktuelle „ERGEBNIS" dargestellt. In diesem Ergebnis kann das Unternehmen nun die Abweichung zwischen taktischer Planung und operativer Planung darstellen. Dieses Ergebnis zeigt wie weit man durch bewusste Steuerung vom ursprünglichen Plan abgewichen ist. Ganz besonders wichtig ist dann aber vor allem die Abweichung zwischen dem IST- Ergebnis und dem operativen Plan. Diese Abweichung zeigt eventuell Fehler auf (z.B. zu hoher Ausschuss) die in Zukunft vermieden werden müssen. Aus diesen Erkenntnissen muss das Unternehmen die nächsten operativen Pläne und vielleicht auch längerfristig sogar den strategischen Plan und den taktischen Plan ändern. Im persönlichen Bereich bedeutet dies: Ich habe mein Ziel erreicht und ich erkenne die Abweichung von dem was ich mir erträumte. Das Leben aber geht weiter. Ich werde von dem erreichten Stand aus wieder weiter planen und leben, denn letzten Endes ist im persönlichen Leben das Ziel gar nicht so ausschlaggebend. Der Weg ist wichtiger. Der Weg ist das Ziel.

Das erreichte Ergebnis beeinflusst die zukünftigen Pläne

Je nach Unternehmensgröße und je nach Typenvielfalt der Produkte wird in der Taktischen-Planung eine große Menge an Datenmaterial verarbeitet. Sicher ist diese Planungsphase das Herzstück der jährlichen Unternehmensplanung mit der Aufbereitung und Abstimmung aller Plandaten bis hin zum Ergebnis-Plan wo die angestrebte Plan-Rendite erreicht werden muss. Wird die Planrendite nicht erreicht, so müssen in einer "Knetphase" die Detailpläne geändert werden bis das angestrebte Plan-Ziel erreicht wird. Diese Phase der Planung wird natürlich stark beeinflusst vom Ergebnis der vergangenen Planperiode. Die Erfahrungen werden in den neuen Plan eingearbeitet. Hier muss allerdings die Frage erlaubt sein: Was nutzen die vielen Zahlen, wenn sie per Befehl festgelegt werden und nicht aufgrund innerer Überzeugung all jener Mitarbeiter getragen werden, die später durch ihren Einsatz diese Sollgrößen ansteuern müssen? Im persönlichen Bereich wird der einzelne Mensch aus den Ergebnissen der Vergangenheit sicherlich auch seine Schlüsse ziehen und den Weg zu seinem Lebensziel eventuell neu ausrichten.

Wir und unsere Pläne werden geprägt von unserem Gottesbild

Das im Unterbewusstsein der einzelnen Menschen verankerte Gottesbild wird deren Wünsche, Hoffnungen, Sehnsüchte und Ziele beeinflussen. So prägt unbemerkt das Gottesbild der Führungskräfte und Mitarbeiter auch die Pläne in einem Unternehmen. Soll eine Planung wirksam sein, dann muss sie Wert auf die Strategie legen, auf die Unternehmens-Philosophie, und auf die Einbeziehung möglichst aller Mitarbeiter in das Planungsgeschehen. Nur so kann Zuversicht, Hoffnung, Glaube und ein gemeinsam getragener Wille zum Erfolg entstehen. Wenn ein Unternehmen über die Taktische Planung ein großartiges, filigranes Zahlengebäude mit einer super guten Plan-Rendite erstellt, aber in der Strategischen-Planung die Einbeziehung und Aktivierung der Mitarbeiter vernachlässigt hat, dann werden auch die vielen Zahlen nichts helfen wenn während der folgenden Planperiode äußere und innere Widerstände auftreten die das Ergebnis gefährden. Dann wird es mit Sicherheit an Entschlossenheit und Einsatzbereitschaft all jener Mitarbeiter fehlen, die vor Beginn der Planungsphase nicht geschult, nicht informiert und nicht motiviert wurden. Es wird die Kraft des Glaubens fehlen die im Unternehmen eine Art Antriebsenergie ist. Dies gilt auch im Bereich des persönlichen Lebens und im Bereich der Religion. Warum lässt man die Menschen in der Kirche nicht mitreden und nicht mitplanen? Im Wirtschaftsleben sollen die Menschen in Zukunft immer mehr mitreden und mitplanen, warum können sie dieses nicht in ihrer Glaubensgemeinschaft üben? Warum dürfen die Menschen in ihrer Glaubensgemeinschaft nicht auch Verantwortung übernehmen was ihren eigenen Glauben angeht? Je weniger die Kirche das Volk Gottes mitreden lässt, desto schneller wird sich dieses Volk von der Institution Kirche trennen.

05.07. Die Unternehmensphilosophie oder mein Lebensplan.

Der Grundstein für die Glaubenskraft im Unternehmen

Weil die Einbeziehung der Mitarbeiter in den Planungsprozess so wichtig ist will ich diese Forderung noch einmal betonen. Die "taktische Planung" und die "operative Planung" können ausbrennen, können an Wirksamkeit verlieren, ja sie können zu einem holen Zahlenwerk degenerieren das nur mit Unlust gehandhabt wird und dessen Abweichungen mit vielen Ausreden kommentiert werden, wenn sie nicht von allen Mitarbeitern und Führungskräften aufgrund starker innerer Überzeugung getragen werden. Um diese positive Mitarbeit der gesamten Belegschaft zu erreichen ist es notwendig schon im ersten Planungsschritt das Ziel und den Willen des Unternehmens in der "strategischen Planung" sorgfältig zu formulieren und alle Führungskräfte und Mitarbeiter in dieses Planungsgeschehen einzubeziehen. Hierzu sind Gespräche, Vorträge, Seminare, Rundschreiben, Schulungen und Diskussionen auf allen Ebenen nötig. Hier wird der Produktionsfaktor ZUVERSICHT geboren, wir haben darüber schon gesprochen. Hier wird der Grundstein für die Glaubenskraft im Unternehmen gelegt und echte, effektive Mitbestimmung angestoßen. In Zukunft wird dieser Faktor enorm an Gewicht gewinnen. Unternehmen die nicht bereit sind in diese Planungsphase zu investieren werden scheitern.

Wahrhaftigkeit die unabdingbare Forderung

An dieser Stelle muss ich jedoch eine bittere Erfahrung ansprechen die ich im Verlauf meiner beruflichen Tätigkeit machen musste. Ich habe oftmals sehr starke positive Führungs- und Planungsimpulse im Unternehmen verspürt und habe mich mit Eifer an die praktische Umsetzung dieser Ideen gemacht. Nach einiger Zeit aber musste ich feststellen, dass plötzlich ganz andere Weisungen und Ziele den Vorrang bekamen. Die ursprünglichen Ziele und Vorsätze waren plötzlich nicht mehr aktuell. Der strategische Planungsansatz hatte sich heimlich still und leise geändert, obwohl die Planungsvorgaben aus der taktischen Planung im Wesentlichen noch gültig waren. Irgendjemand im Management hatte seine Meinung geändert oder ein Wechsel in den Personen war erfolgt und so waren plötzlich andere Dinge vordringlicher geworden. Dies galt in ganz besonderer Weise vorzüglich dem Prinzip der Menschenführung. Wenn die strategische Planung sagt: „Der Mensch ist unser wichtigstes Kapital", dann darf ich nicht während der Planperiode ohne Vorankündigung Mitarbeiter entlassen. Da muss mit den Beteiligten darüber geredet werden! Es kann ja sein, dass das Unternehmen an einem Abgrund steht. Aber das muss ich dann offen aussprechen. In meinem beruflichen Leben konnte ich diese Offenheit einmal für ein kleines Werk praktizieren, und oh Wunder, die Mitarbeiter haben mich verstanden. Sie haben willig mitgearbeitet. Sie haben Kurzarbeit hingenommen, Frühpensionen wurden eingeleitet, Personal aus der Verwaltung wurde in die Produktion versetzt, Sparmaßnahmen wurden eingeleitet, neue Aufträge wurden gesucht und viele Ideen bezüglich möglicher Rationalisierungen wurden eingebracht und realisiert. Eine drohende Entlassungswelle konnte verhindert werden und das Unternehmen fand langsam aber stetig wieder den Weg in die Gewinnzone. Führungskräfte die nicht wahrhaftig sind zerstören den Produktionsfaktor „Zuversicht"! Hoffnung, Vertrauen und Glaubenskraft sterben, wenn die Mitarbeiter sich belogen fühlen müssen.

Unser Gottesbild formt Unternehmensphilosophie und Lebensplan

Wie aber sollte eine für die "strategische Planung" formulierte Unternehmensphilosophie aussehen? Sie wird natürlich entsprechend den Zielen und den Produkten die das Unternehmen anstrebt bzw. erstellt, ihr individuelles Gesicht haben. Dieses individuelle Gesicht aber wird im Grunde von jenem Gottesbild geprägt sein das die am Plan beteiligten Menschen in sich tragen. Japanische Unternehmen, mit ihrem Sinn für Harmonie und menschliche Gemeinschaft, haben schon frühzeitig den Wert einer solchen Unternehmensphilosophie erkannt. In seinem Buch über "Erfolgskonzepte der Japanischen Unternehmensführung" zeigt Friedrich Fürstenberg [035] das im Folgenden dargestellte Beispiel einer Unternehmensphilosophie die sich Sanjo schon Ende der 70 er Jahre gab. Er schreibt, Zitat:

Das Motto von Sanjo einem Chemieunternehmen mittlerer Größe lautet: Lasst uns eine bessere Gesellschaft durch das Unternehmen

aufbauen. Um diesen Vorsatz zu erfüllen, handeln wir nach folgenden Punkten:

1.) Die Firma ist eine organische Körperschaft, bestehend aus Kapital, Betriebsleitung und Belegschaft, die eng zusammengeschlossen sind. Wir erstreben den Charakter zu festigen und wollen ein schnelles Wachstum erreichen.
2.) Es muss eine herzliche, kameradschaftliche Freundschaft herrschen, horizontal und vertikal.
3.) Ohne Rücksicht auf oberste Betriebsleitung, kaufmännische oder technische Stellung müssen wir immer danach streben, neues Wissen anzunehmen und wir müssen die konstante Hebung der Arbeitsfähigkeit (Arbeitsergebnisse = Produktivität) verwirklichen.
4.) Wir glauben an die Unendlichkeit der Kreativität. Wir wollen immer danach streben, neue Geschäftsbereiche zu eröffnen und nur originale und hochwertige Produkte auf den Markt bringen.
5.) Wir glauben, dass nur die Schöpfung von Werten die Dauerhafte Quelle des Gewinnes ist. Wir machen keine Jagd auf oberflächliche Gewinne.
6.) Wir versuchen, den Vorteil des Kunden zu fördern, indem wir ihm ausgezeichnete und nicht teuere Produkte zusammen mit einem vollständigen technischen Service anbieten.
7.) Wenn alle Mitglieder der Firma ihre Arbeit bestens leisten, wird ein reichlicher Gewinn erzeugt werden, welcher auf einer gerechten Basis auf Rücklagen, Aktionäre, Betriebsleitung und Belegschaft verteilt werden muss.
8.) Wir streben danach, der Gesellschaft zu dienen, örtlich und im Allgemeinen, welche das notwendige Fundament für das Bestehen unserer Firma ist. Zitatende [035].

Eine gute Unternehmensphilosophie ist der Lebensplan eines Unternehmens. So wie der Lebensplan eines Menschen die Lebens-Philosophie dieser Einzelpersönlichkeit ist. Auf dieser Philosophie, auf diesem Lebensplan baut sich der individuelle Glaube auf. Jener Glaube der aus dem Gottesbild der Einzelpersönlichkeit bezw. aus dem Gottesbild der Gemeinschaft geprägt ist. Ein Leben ohne Ziele ist ein Leben ohne Glauben. Ein Leben ohne Glauben aber ist auch ein Leben ohne Gott.

05.08. Die Öko-Soziale-Marktwirtschaft.

Welches Gottesbild und welcher Glaube prägt unsere Wirtschaft?

Prägt der Glaube an Gott auch unsere Soziale Marktwirtschaft? Gott der unendliche Urgrund allen Seins, ER kann immer dann mitwirken wenn das System, das Unternehmen, die Gruppe, sich so verhält, dass sich der im Gemeinwesen mitwirkende einzelne Mensch in Freiheit einbringen und betätigen kann. Weil unsere Soziale-Marktwirtschaft einen hohen Freiheitsgrad in sich trägt ist sie, wie ein lebendiger Organismus, reaktionsfähig auf Entwicklungen in ihrem Umfeld. So hat sich die Soziale-Marktwirtschaft in den vergangenen 30 Jahren von vielen unbemerkt in eine Öko-Soziale-Marktwirtschaft gewandelt. Eine Flut von neuen Gesetzen und Verordnungen zum Schutze der Umwelt bürden heute dem Unternehmer neben der Kapitalverantwortung und der Sozialverantwortung auch eine UMWELTVERANTWORTUNG auf. Wie Eingangs schon angesprochen sorgt die Soziale Marktwirtschaft für den Schutz des Arbeitnehmers durch entsprechende soziale Rahmengesetze. Analog hierzu sucht heute die Regierung über ein eigenes Umweltministerium schrittweise die Wirtschaftspolitik so zu verändern, dass im Bereich des Wirtschaftens nicht mehr gegen die Natur, sondern wo immer nur möglich mit der Natur gearbeitet wird. Die Industrie hat inzwischen auch erkannt, dass Wirtschaftlichkeit und Umweltschutz nicht gegeneinander stehen müssen, sondern bei sinnvoller Handhabung durchaus sich ergänzen können.

Ein Umdenkungsprozess setzte sich durch

Die seit etwa 1970 wachsende Umweltsensibilisierung hat diesen Umdenkungsprozess ins Rollen gebracht. Angestoßen von einzelnen Bürgern bis hin zu parteipolitischen Zusammenschlüssen verantwortungsbewusster Bürger haben sich bis heute Interessengruppen gebildet, und zwar quer durch alle Parteien, Gewerkschaften, Kirchen und Unternehmen, die den Schutz der Umwelt zu Recht fordern. Diese Entwicklung hat gezeigt, dass unsere Demokratie lebendig ist und auf Veränderungen reagieren kann. Deutschland hat bis heute europaweit viele praktische Schritte zum

Umweltschutz angestoßen (z.B. Katalysator für Autos) und ist auch selbst Vorreiter gewesen in der Einführung solcher umweltfreundlicher Technologien. Dennoch gibt es heute Menschen denen ist das Tempo der Umstellung der Wirtschaft auf umweltschonende Produktionsmethoden zu langsam. Das ist gut so! Wir brauchen in Umweltfragen ein waches Gewissen. Aber wir müssen auch verstehen, dass manche Umstellungen im Wirtschaftsleben nicht von einzelnen Nationen ausgehen können, sondern im volkswirtschaftlichen Zusammenwirken vollzogen werden müssen. Wenn wir z.b. alleine in Deutschland unsere Industrie mit überzogen, harten Umweltauflagen belegen, so wird diese Industrie weltwirtschaftlich unrentabel produzieren, sie wird nicht mehr wettbewerbsfähig sein und somit zerbrechen. Die Folge wird sein, dass unsere Arbeitsplätze in Schwellenländer abwandern wo noch keine Umweltauflagen die Herstellkosten belasten. In einem solchen Falle wäre dem Umweltschutzgedanken überhaupt nicht gedient. So muss in Zukunft unser Ziel sein in erster Linie den Schwellenländern zu helfen, indem wir sie in den weltwirtschaftlichen Kreislauf mit einbeziehen, mit ihnen Handel betreiben damit sie ihre Wirtschaft stärken können und damit genügend ökonomische Kraft entwickeln, die sie in die Lage versetzt parallel mit einem internen wirtschaftlichen Wachstum auch Umweltschutzauflagen Zug um Zug in ihrer eigenen Volkswirtschaft einzuführen. Diese weltweite Steuerung ist sicher sehr schwierig. Zu viele Interessen sind da unter einen Hut zu bringen. Auch Neid und Habgier unter Völkern und Interessengruppen sind hier mit im Spiel. Politisch hat Deutschland über ein eigens eingerichtetes Entwicklungshilfe-Ministerium in der Vergangenheit versucht Aufbauhilfe zu leisten und wir versuchen es heute noch. Auch private und kirchliche karitative Einrichtungen suchen zu helfen. Dies alles aber ist noch nicht genug. Das Problem wird erst gelöst werden können, wenn alle Menschen begreifen, dass sie weltweit für einander Verantwortung haben. Keiner kann sagen wie Kain: *Bin ich denn der Hüter meines Bruders?* [036].

Glaubt Europa an die Kraft des Geistes aus dem Kosmos?

An dieser Stelle ist wieder einmal das Feld des Glaubens anzusprechen. Nur wenn es gelingt den Massen ihre Ängste zu nehmen, die letztendlich der Auslöser für Neid und Habgier sind, wird es gelingen Vertrauen und Zuversicht in das Wirtschaftsgebaren einsickern zu lassen. Hier meine ich sind die Kirchen aber auch die Gewerkschaften, die Politik und auch die Unternehmer gefordert weltweit, gemeinsam Aufklärungsarbeit, Schulungsarbeit und Führungsarbeit zu leisten. Wenn wir fundamentalistische Ideologien ablegen und im Rahmen einer umfassenden "Ökumene" d.h. im Rahmen einer übergeordneten positiven Zusammenarbeit die Probleme gemeinsam angehen, werden wir sicherlich Erfolg haben. Ich persönlich glaube an die Kraft des Geistes Gottes, des Geistes aus dem Kosmos der in allen Menschen, Religionen und Institutionen wirkt die guten Willens sind.

Welches Gottesbild prägt uns und unsere Gesellschaft?

Das weltweite Aufflammen des Fundamentalismus sowohl im religiösen Bereich (Sekten) als auch im parteipolitischen Bereich (Rechts- und Links-Radikalismus) zeigt doch deutlich wie sehr die Menschen heute Schulung und des Gespräch brauchen. Wir haben darüber schon gesprochen. Die Menschen suchen Geborgenheit und Heil in radikalen Gemeinschaften wo man nicht selbständig denken und handeln muss, sondern Kraft Diktatur klare Verhaltensregeln bekommt die Sicherheit versprechen wenn man sie befolgt. Wir können dieses weltweite Problem nur dann lösen wenn wir uns gemeinsam auf den Weg machen, Arbeitgeber und Arbeitnehmer, Gewerkschaften, sowie alle Religionsgemeinschaften und Kirchen. Die Frage ist: An welchen Gott glauben wir? Wie sieht unser Gottesbild aus? Alle Weisheit der Kulturen und der Menschen ist gefordert mitzuwirken damit Hass, Neid und Krieg der Menschen gegen sich selbst und gegen die Natur überwunden wird. Wie viele Ressourcen werden heute vernichtet in jenen gnadenlosen Kriegen im Irak, in Jugoslawien, in Tschetschenien und in Ruanda. Derweil versuchen wir über die Müllsortierung (was auch wichtig ist!) einige wenige Ressourcen zu retten. Oder wir streiten uns über den Standort von Windkraftanlagen. Ich will damit diese Einzelinitiativen nicht diskriminieren, aber ich will aufzeigen, dass wesentlich mehr gerettet werden könnte wenn man auch die Ursachen der Kriege an der Wurzel ausrotten würde. Leider ist auch heute immer noch gerade die Religion Keimzelle fundamentalistischer Denkweise, auf die dann nationale Ansprüche gegründet werden ohne Rücksicht auf die Rechte von Minderheiten (siehe auch das Beispiel von Nordirland oder den Kosovo). Wo bleibt die Verwirklichung des Gebotes der Liebe, das doch eigentlich in allen großen Religionen irgendwie verankert ist? Warum ist es z.b. in der katholischen Kirche heute wichtiger gegen einen Theologen der die Unfehlbarkeit des Papstes angreift kompromisslos mit harten Maßnahmen vorzugehen, anstatt das Gebot der Liebe kompromisslos zu praktizieren das selbst die Feindesliebe verlangt? [037] oder den Rat Jesu zu folgen der sagt, dass man die Aussaat eines Widersachers nicht ausreißen soll, sondern rät *"... lasst beides wachsen bis zur Ernte"*? [012] Warum sind wir in so vielen Dingen fundamentalistisch und kompromisslos? Nur wenn es um das Gebot der Liebe, wenn es um Toleranz und Miteinander geht, da sind wir nicht radikal und kompromisslos. Wie seltsam! Wie sieht unser Gottesbild aus? Wie soll ein "Management by love" ein "Führen durch Liebe" im Wirtschaftsleben praktizierbar werden wenn die Menschen, ja selbst die Kirchen, nicht bereit sind sich dem Gesetz der Liebe anzuvertrauen? Aus diesem Tief aber muss die Menschheit ausbrechen wenn sie überleben will. Und hier ist die eigentliche Aufgabe der Kirchen. Statt in politisch gefärbten Predigten die im Gottesdienst die Soziale-Marktwirtschaft als schlecht hinstellen, sollten sie mithelfen die Menschen zu ihrem eigenen Ich und darüber hinaus zu ihrer eigenen Persönlichkeit, und damit zu größerer Liebesfähigkeit zu führen. Diese Aufgabe ist nicht einfach. Hier werden hohe Ansprüche gestellt. „*Wer Hand an den Pflug legt und zurückschaut ist meiner nicht wert*" [005], so sagte doch dieser Mann aus Nazareth! Wie sehr das Feld des Glaubens im Wirtschaftsleben berührt wird, zeigen diese Gedanken um den Aufbruch in die neue Öko-Soziale-Marktwirtschaft. Wir sollten gemeinsam beginnen, in gläubigem Vertrauen, den Fuß über die Bruchkante hinaus zu setzen um eine neue bessere Zukunft zu gestalten. Wenn wir es wagen den ersten Schritt zu tun, wird der Weg zum Ziel werden.

05.09. Die Natur, ein neuer Götze oder nur ein Umdenkungsprozess?

Umdenkungsprozesse erzeugen Unruhe

Ein freies Wirtschaftssystem, so haben wir festgestellt, kann sich wie ein lebendiger Organismus den jeweiligen aktuellen Gegebenheiten anpassen. Solche Umdenkungsprozesse bringen jedoch Unruhe mit sich. Sie sind dynamisch und verlangen deshalb eine Abkehr vom statischen Denken der Vergangenheit. Das Gottesbild im einzelnen Menschen wird gefordert. Menschen mit einem fundamentalistischen Gottesbild können sich nicht ändern. Dennoch wird heute von allen Mitwirkenden ein hohes Maß an geistiger Beweglichkeit und somit auch Glaubenskraft an die im Wirtschaftsleben wirkenden positiven Kräfte gefordert. Wie sehr Glaubenskraft einen Umdenkungsprozess gestaltet, das zeigt die Entwicklung von der Sozialen-Marktwirtschaft in die Öko-Soziale-Marktwirtschaft. Der seit 1970 laufende Umdenkungsprozess wurde schon angesprochen. Dieser Umdenkungsprozess hat jedoch auch noch eine andere interessante Seite. In seinem Buch "Die Trends für das Jahr 2000" [038] hat der Zukunftsforscher Gerd Gerken die Entwicklung dieses Umdenkungsprozesses in das neue Ökologiebewusstsein beschrieben. Angelehnt an diese Gedanken sehe ich folgende Entwicklung:

Ein falsches Gottesbild entsteht

Seit 1970 hat sich im Denken der Menschen eine Wandlung angebahnt. Aufgeschreckt durch die Wahrnehmung von abnehmender Lebensqualität in den Industrieländern, ist in vielen Menschen ein neues Ökologiebewusstsein erwacht. Der Umweltschutzgedanke wird in demokratisch geführten Ländern auch von der Politik insbesonders von der Wirtschaftspolitik übernommen. Der Schutz für die Natur wird schrittweise verbessert. Hier allerdings entsteht, wie so oft in Umbruchzeiten, ein Irrweg. Es entsteht eine Rückwärtsideologie die Tendenz "zurück zur Natur". Die Natur wird als heilig angesehen, sie wird zum idealen Gott erklärt. Die Natur wird zum Erlöser der Menschheit erhoben und somit ist ein neuer Götze geboren. Die Losung, Zurück zur Natur, zurück zum einfachen Leben, bekommt religiösen Charakter. In einem Gespräch mit einer in Ökologie-Politik engagierten Frau habe ich einmal auf diesen Irrtum hingewiesen und ich habe das Entsetzen gespürt, das in jenen Menschen hochkommt, denen man ihren Gott nimmt. Die Natur ist doch die Urmutter, die uns geboren hat, uns nährt, erhält, tröstet und schützt, so lautete die Antwort. Nein! Die Natur ist nicht Gott, sie ist nicht Geist. Und ein Zurück zur Natur gibt es auch nicht mehr. Die Bevölkerungsexplosion ist schon viel zu weit fortgeschritten. Wir können nicht mehr zurück. Allerdings müssen wir die Natur schützen, das ist richtig, denn auch wir Menschen sind ein Teil der Natur, und die Natur ist ein wertvolles Gottesgeschenk, aber sie ist nicht Gott, sie kann uns nicht erlösen. Hier ist meines Erachtens ein entscheidender Wende-Punkt. Wir sind dabei, würden wir diesen Irrweg weitergehen, christliche Kultur und christliche Religion mit ihren christlichen Glaubensgrundsätzen, die unseren Kulturkreis geprägt haben, über Bord zu werfen. Die erste Ökowelle ist nahe an sektiererischen Heils- und Erlösungsideologien gelandet.

Das Gottesbild vieler Menschen wird korrigiert

So ist es erfreulich zu hören, dass die Wissenschaft inzwischen neue Erkenntnisse gewonnen hat auf denen sich eine kritisch, nüchterne Ökologie aufbaut. Laut Gerd Gerken [038] gibt es den Trend zu dieser neuen Ökologie etwa seit 1988. Die Wissenschaft, insbesonders auch die Chaosforschung hat die in der Natur wirkende kosmische Absicht entdeckt, die Absicht auf Entwicklung. Im Wesen der Natur ist das Gesetz der Evolution verankert. Natur will immer Evolution, Entwicklung, sie will das Werden, sie will Mutation. Dieses Gesetz ist ihr seit dem Schöpfungsmorgen eingegeben. So drängt alle Natur zum Bifurkationspunkt, zum Gabelungspunkt. Sie will Entscheidung. Deshalb wird pure Natur wo immer sie nur kann zerstören und töten, um gleichzeitig in verschwenderischer Fülle wieder Samen und somit neues Leben auszustreuen in der Hoffnung auf Mutation, auf Veränderung, auf ein neues Werden. Im Rahmen der DNS-Forschung (DNS = Desoxyribonucleinsäure = in allen Lebewesen vorkommende Nukleinsäure, die als Träger der genetischen Information die stoffliche Substanz der Gene darstellt) haben Wissenschaftler gelernt in die

Information und Informationsverarbeitung der Natur hineinzusehen. Gerd Gerken schreibt, Zitat: *Der deutsche Naturwissenschaftler Manfred Eigen, Nobelpreisträger für Chemie, hat genetische Maschinen entwickelt, in denen die harmonischen Prozesse der Evolution erkannt und mathematisch nachgebildet werden können. Wir lernen mit der Natur zu reden! ... Genau das ist der Dialog zwischen Natur und Geist, zwischen Natur und Mensch, von dem seit vielen Jahrtausenden die Schamanen sprechen.* Zitatende [038]. Hier entsteht über den Menschen die so nötige Symbiose zwischen Geist und Natur. Die Natur kann über den Menschen mit dem Geist reden. Jetzt kann, über den Dialog zwischen Mensch, Geist und Natur, das neue System Mensch und Industrie, Mensch und Technik entstehen. Dieses System wird getragen sein von einem tiefen Verantwortungsbewusstsein vor dem Leben in seinen vielfältigsten Formen, zu dem auch der Tod, das endgültige neue Werden gehört. Und dieses System wird von der Natur lernen wie man zerstört, ja es wird im Laufe der Zeit lernen noch besser zu zerstören als die Natur das praktiziert. Schon während der Konstruktion neuer Produkte wird zukünftig der Konstrukteur an die Zerstörung, an die Entsorgung des Produktes denken das er gerade erschafft. Es geht darum im System Mensch und Industrie die bessere Zerstörung, die bessere Wiederaufbereitung, das bessere Recycling zu wählen.

Nur die Freiheit gewährt eine richtige Entwicklung

Unsere Öko-Soziale-Marktwirtschaft ist ein freies, ein offenes Wirtschafts-System. Sie lebt davon, dass die in ihr arbeitenden Menschen frei und offen sind. Offen besonders für das permanente Werden, für die Evolution, für das ständige geistige und persönliche Wachsen. Dieses Wachstum aber verlangt vom Einzelnen neue dynamische Glaubenskraft, nicht statische Glaubenskraft wie sie von der katholischen Kirche in der Vergangenheit über eine diktatorische Führungsphilosophie erzeugt wurde. Statische Glaubenskraft die ein rückwärts gerichtetes Denken verlangte, ein Konservieren des Vergangenen wollte. Bewahren wir was wir haben, war die Devise. Ein fundamentalistischer, buchstabenverhafteter, das Alte bewahrender Glaube wurde verlangt. Gegen diese Lähmung im Glauben hat gerade der Gründer des Christentums, jener Jesus von Nazareth mit Leidenschaft gekämpft. Seine Streitreden mit den Theologen seiner Zeit beweisen dies. Siehe der Streit um die Sonntagsarbeit [039]. Auch die heutigen „Ermahnungen" und Aussagen von Papst Paul dem II (Papst Woytila) über Frieden, Völkerverständigung und Menschenrechte würden noch viel mehr Gewicht bekommen wenn sie auch vom praktischen Leben der Kirche unterstrichen würden. Um Missverständnissen vorzubeugen will ich dazu sagen, dass ich das Alte auch bewahren will aber nicht dem Buchstaben nach, sondern dem Geiste nach. Für mich sind die Aussagen der Bibel Mythen, die in wundervollen Bildern Dinge sagen die man nicht abstrakt beschreiben kann. Ich meine deshalb unsere Zukunft wird gestaltet von der Glaubenskraft und Glaubensfähigkeit der Menschen, sie hängt vom Gottesbild der Menschen ab. Die Öko-Soziale-Marktwirtschaft ist als freies Wirtschaftssystem beweglich und offen für Veränderungen. An den Menschen liegt es ob es gelingt in Harmonie zusammenzuarbeiten und voll des Glaubens über die Wasser der zukünftigen Herausforderungen zu gehen.

05.10. ER, Gott, der ganz andere.

Niemand, auch nicht der gescheiteste Theologe, kann Gott zuverlässig, realistisch beschreiben oder gar etwas Absolutes über sein Denken und Wollen aussagen. Wir alle können uns diesem Geist aus dem Kosmos nur in Ehrfurcht und in Liebe nähern. Wir können Gott niemals mit unserem Verstand vollständig erfassen. Den Verstand haben wir für die alltäglichen Dinge bekommen dafür müssen wir ihn auch einsetzen. Gottes Wesen und seine Nähe aber können wir nur wie Blinde ertasten. Das Tastorgan aber mit dem wir Ihn stückweise erkennen können ist die Liebe. Die Liebe zum Leben, die Liebe zur Kreatur, die Liebe zur Schöpfung, die Liebe zum Nächsten. Wir alle leben in Gottes Schöpfung und sind Teil dieser Schöpfung. Gott ist gegenwärtig in der Unendlichkeit des Kosmos, in seiner uns bekannten Schöpfung und in uns selbst. Es kommt darauf an wie weit wir uns selbst diesem Gott öffnen, wie weit wir jenes Wachstum, jene Evolution auf Gott zu (auf das Leben zu) in uns selbst zulassen oder sogar fördern. Jener Revolutionär, Jesus von Nazareth, er konnte von sich sagen, Zitat: *Ich und der Vater sind eins,* Zitatende [040]. Je mehr wir diese Geburt Gottes in uns zulassen, desto mehr wird auch jenes Urvertrauen in uns wachsen das als Glaubensfaktor notwendig ist, wie wir aus der Glaubensformel gesehen haben. Und nun wären wir wieder im wirtschaftlichen Alltag gelandet, denn jeder Unternehmer der dieses aus Gott geborene Urvertrauen in sich trägt wird mit Sicherheit bessere Entscheidungen fällen wie jener der „nur" auf seine gegenwärtige Vormachtstellung im Weltmarkt vertraut. Auch jeder Mitarbeiter der aus diesem göttlichen Urvertrauen lebt wird an seinem Arbeitsplatz wirkungsvoller mitdenken und mit größerer Bereitschaft, mit größerer Neugierde positive Schulungsmaßnahmen annehmen und an ihnen wachsen zu seinem eigenen Vorteil und zum Wohle des Unternehmens und der Gesellschaft.

06.   ... DEN VATER ...

06.01. Die Gefahr der Bilder.

Immer wenn wir endliche Wesen uns den unendlichen kosmischen Geist, den unendlichen Gott, vorstellen wollen müssen wir zu Bildern greifen. Wir können nicht sagen Er ist „so", wir können nur sagen Er ist „wie ... ". Er ist „wie" ein Herrscher, wie ein Richter, wie ein Erdbeben, wie ein gewaltiger Sturm, wie das Säuseln im Abendwind. Es gibt in der Bibel viele Stellen wo Gott in Form eines Bildes beschrieben wird. Was können wir Menschen auch tun? Wir sind hilflos wenn wir IHN, den Urgrund allen Seins, beschreiben wollen.

06.02. Das Vaterbild.

Wir sollten uns klar machen, dass jedes Bild von Gott falsch ist. Es wird uns immer nur eine Seite seines Wesens zeigen. Dennoch müssen wir endliche Wesen uns eine Vorstellung von IHM dem Unendlichen machen wenn wir IHM tastend näher kommen wollen. So hat jener Reformer, Jesus von Nazareth, Ihn mit „Vater" angesprochen. In der Tat Gott ist der Vater, der Schöpfer, der Erzeuger allen Seins. Aber Jesus von Nazareth ging noch einen großen Schritt weiter. Er hat Gott nicht mit dem erhabenen Wort „Vater" angesprochen, sondern mit dem kindlichen „Abba" (Papa). Er hat damit nicht nur demonstriert wie klein er sich diesem Gott gegenüber fühlt, er hat damit auch seine große Liebe und sein starkes Vertrauen ausgedrückt, das er IHM dem Urgrund allen Lebens entgegen bringt. Nun war die Zeit in der Jesus lebte patriarchalisch geprägt. Aus diesem Grunde hat sich das Vaterbild entwickelt. Jesus hätte genau so gut auch Mutter sagen können. Hat Gott doch nicht nur das Leben gezeugt, er hat es auch geboren und genährt.

06.03. Ein neues Vaterbild

Jesus von Nazareth war Jude, und er war es mit großer Leidenschaft. Er wollte nicht eine neue christliche Kirche gründen wie dies Ihm in den Mund gelegt wird. Theologen beweisen dies aufgrund historischer Daten. Jesus von Nazareth wollte in erster Linie das Judentum reformieren. Er hat sich deshalb mit den Theologen seiner Zeit sehr heftig gestritten. Er wollte das zu einer Gesetzesreligion erstarrte Judentum seiner Zeit reformieren. Er ist eigentlich an seinem Gottesbild gescheitert, denn Er wollte aufzeigen, dass Gott nicht nur der Herrscher, der Richter, der Sturm ist, sondern einer der einem liebenden Vater gleicht. Er wollte aufzeigen, dass das Judentum eine Liebesreligion ist. Das tragische an der ganzen Entwicklung des Christentums in den letzten zweitausend Jahren ist nach meinem Gefühl, dass das Christentum heute genau so zu einer Gesetzesreligion, zu einer Diktatur mit einem kirchlichem Gesetzesbuch erstarrt ist wie dies zur Zeit Jesu das Judentum war. Die christlichen Kirchen zeichnen heute ein Gottesbild auf Basis der Sündenfall-Erlösungstheorie. Da wird ein Gott geschildert, der die Welt als Paradies erschafft, ohne Leid, ohne Schmerz, ohne Grausamkeit. Als dann aber die Menschen wider Erwarten nicht so gut waren wie der Schöpfer-Gott dies wollte, da wurde er zornig (welch ein vermenschletes Gottesbild) und er vertrieb sie aus dem Paradies. Anschließend wurde dann ein Messias, ein Erlöser verheißen, der alles wieder reparieren sollte. Dies ist das Gottesbild der Sündenfall-Erlösungs-Theorie.

06.04. Der zärtliche, der liebende Gott.

Das verzerrte Vaterbild der Menschen

Jesus von Nazareth hat sich bemüht einen zärtlichen Gott zu verkünden. Einen Gott den er mit dem kindlichen „Papa" ansprach. Die Kirche aber verkündet heute in der Sündenfall-Erlösungstheologie ein Gottesbild das einen erzürnten Gott darstellt, der sich über die Menschen die er erschaffen hat maßlos ärgert. Er wirft sie deshalb aus dem Paradies hinaus und ist erst dann wieder versöhnt als sein einziger Sohn am Kreuz als Versöhnungsopfer grausam verblutet ist. Welch ein schreckliches Bild! Welch ein vermenscheltes Gottesbild! Der ehemalige Dominikanerpater Matthwe Fox beschreibt in seinem Buch „Der große Segen" [041] wie diese Sündenfall Erlösungstheologie durch den Kirchenlehrer Augustinus (354-430) erst ausgeformt wurde. So zeigt Matthwe Fox auf wie im Gegensatz zu jener Sündenfall Erlösungstheologie schon im alten wie im neuen Testament und in den christlichen Mystikern jene andere Theologie, nämlich die Schöpfungstheologie, die Theologie vom „Großen Segen", enthalten ist. Da jedoch die Sündenfall-Erlösungstheorie für die aufkommenden Machthaber einer diktatorischen Organisation sehr dienlich war, wurde sie über Gebühr gefestigt und ausgebaut. Dr. Eugen Biser, ehemals Professor für Christliche Weltanschauung und Religionsphilosophie, München, schreibt, Zitat: *Da war zum Beispiel vom Sühnetod die Rede also von einem bis zum Tod liebenden Jesus, der seinen über die Schlechtigkeit der Menschen zornig und rachsüchtig gewordenen Gottvater durch sein Selbstopfer besänftigen müsse. Was für ein Gott! Solch ein Gottesbild kann heute sowohl theologisch als auch psychologisch als Verzweckung entlarvt werden.* Zitatende [042].

Das alte Vaterbild ändert sich

Eugen Biser zeigt weiter auf wie alle Religionen der Welt im Wesentlichen den Grundgedanken „Gott sieht dich" in sich tragen. Nach meiner persönlichen Glaubenserfahrung ist dies auch der Grundgedanke im Christentum der Sündenfall-Erlösungstheorie! Ein Übervater kontrolliert dich und sorgt für Strafe wenn es nötig wird. Es wird ein Gott mit zwei Gesichtern gezeichnet. Ein liebender Gott und ein strafender Gott. Eugen Biser zeigt jedoch wie gerade auf den Aussagen des Jesus von Nazareth sich ein ganz anderes Gottesbild abzeichnet. Für mich sind die Gedanken von Dr. Eugen Biser sehr interessant. Ich sehe wie die einfachen Menschen die treu als Christen zur Kirche stehen, heute über drei Stufen aus diesem alten Gottesbild aussteigen und hinwachsen müssen zu jenem Gottesbild das den zärtlichen Gott, den bedingungslos liebenden Gott, den Vater, zeichnet. Diese drei Stufen sind nach meinem Gefühl wie folgt zu sehen:

Stufe 1) Die Erkenntnis warum Jesus von Nazareth am Kreuz starb.

Er musste nicht sterben weil sein himmlischer Vater es so wollte. Er starb als Reformer für seine Idee. Nicht Gott hat diesen Tod gewollt oder verursacht, sondern er allein, dieser Jesus von Nazareth, er starb als Revolutionär in Leidenschaft für sein Ziel, für die Reform die er bringen wollte. Seine Freunde aber waren nach diesem Tod ratlos. Sie fragten sich wie dieser sinnlose Tod, ausgelöst durch die Theologen ihrer Zeit, erklärt werden kann. Eugen Biser sagt dazu, Zitat: *Man muss sich einmal vor Augen führen was der Tod Jesu für die Jüngergemeinde bedeutet hat: Den totalen Zusammenbruch all ihrer religiösen Hoffnungen und Erwartungen. ... Warum musste er sterben?* Nach meiner Meinung brachten dann (nach seinem Tod) *die, nach Apostelgeschichte 6, zur Urgemeinde stoßenden zahlreichen Priester die ersehnte Lösung, denn sie kamen vom Opferkult des Tempels und so legte sich der Gedanke nahe: Was die vielen täglich dargebrachten Brand- und Schlachtopfer nicht vermochten, das hat der geleistet, der als Sühneopfer für die Welt am Kreuz gestorben ist. Wir müssen nur diesen Tod (so meinten sie) unter die Perspektive des Opfers stellen, dann ist die Lösung gefunden. Man kann sich vorstellen wie erlösend dieser Gedanke für die junge Christengemeinde gewirkt hat.* Zitatende [042].

Stufe 2) Die Erkenntnis des neuen Gottesbildes.

Die Grundstruktur des alten Gottesbildes aller Religionen der Menschheit ist nach Eugen Biser ein doppelwertiges, zweigesichtiges, ein ambivalentes Bild. Es zeigt sowohl einen gütigen als auch einen schrecklichen Gott. Einen ebenso grausamen wie gütigen Gott. Eugen Biser sagt dazu, Zitat: *Jesus hat erkannt - und das steht für mich im Zentrum seiner religionspsychologischen Leistung, die als solche kaum gewürdigt worden ist - dass der Mensch mit diesem ambivalenten Gott letztlich nicht selig werden kann, weil er durch ihn in seinem eigenen Zwiespalt bestätigt wird. Denn auch er schwankt zwischen Selbstannahme und Selbstverweigerung. Ich gehe sogar noch einen Schritt weiter und behaupte, dass dieser ambivalente Gott nicht so sehr eine Wahrnehmung des Got-*

tesgeheimnisses ist als vielmehr eine Selbstprojektion des Menschen ins Gottesgeheimnis hinein, sodass ihm - wie Feuerbach richtig erkannte - im Bilde Gottes eigentlich die ungeheure Projektion seiner selbst begegnet. Das hat meiner Meinung nach Jesus durchschaut, und deswegen greift er in das Gottesbild der Menschheit und des eigenen Volkes ein, indem er den Schatten des Angst und Schrecken Erregenden ersatzlos aus dem Gottesbild tilgt, um stattdessen das Bild des bedingungslos liebenden Vaters aufscheinen zu lassen. (Zitatende) [042].

Stufe 3) Die Erkenntnis des großen Segens.

Die ganze sichtbare und unsichtbare Schöpfung ist ein großer Segen. Nicht eine gefallene verderbte Welt. Die ganze Schöpfung und damit auch das Leid ist gut, Zitat: *Und Gott sah alles was er gemacht hatte. Und sehr gut war es.* Zitatende [043]. Wie kann ein allmächtiger, allwissender Gott sagen, dass alles was er gemacht hat gut ist, wenn anschließend doch ein Unglück mit dem Sündenfall passiert? Nein, alles was er gemacht hat ist gut. Es ist gut so wie es ist. Auch die Möglichkeit zur Sünde, die Abkehr von Gott ist gut. Sowohl die Schöpfung als auch der Mensch können sich von Gott, vom Leben abkehren. Beide sind frei. Die Schöpfung hat nach dem Willen Gottes das Gesetz der Evolution in sich. Sie soll sich nach dem Willen des Schöpfers zum Positiven entwickeln. Aber sie ist frei. Auch der Mensch ist ein Teil der Schöpfung und trägt das Gesetz der Evolution in sich. Auch er soll sich nach dem Willen Gottes zum Positiven entwickeln. Aber auch er der Mensch ist frei. Es gibt keine Vorherbestimmung. Das Merkmal wahrer Liebe ist eben die Freiheit. Und wenn nun manche Menschen fragen: „Warum kann Gott das Leid zulassen?", dann wissen diese Menschen nicht, dass Liebe nur im Raum der Freiheit existiert. Gott aber ist Liebe in ihrer unendlichsten Form. Ich höre nun schon den Einwand: „Und was ist mit dem Leid in seiner unendlichsten Form in der Grausamkeit"? Kann ein liebender Gott so etwas zulassen? Ich habe mir selbst sehr oft diese Frage gestellt. Hier meine ich die Antwort auf diese Frage kann nur jemand verstehen der ahnt was Liebe ist. Mein Unterbewusstsein sagt mir: Dieser Gott der den Raum der Freiheit für die Liebe geschaffen hat, er ist dem leidenden Menschen nicht nur nahe, er leidet mit ihm. Er stirbt mit dem leidenden Menschen am Kreuz, am Kreuz jedes einzelnen Menschen. Aber er bleibt nicht im Tod, er überwindet zusammen mit jeden sterbenden Menschen das Kreuz des Leides in der Auferstehung. Der Tod ist das entschiedene Machtwort Gottes gegen Leid und Grausamkeit. Nach dem Tod ist Leid und Grausamkeit vernichtet, dann gibt es kein Leid mehr. Das Leben, das Leiden, das Sterben und die Auferstehung des Jesus von Nazareth wird so zum Gleichnis. Gott hat durch IHN und in IHM gelitten, ist mit IHM gestorben und auferstanden. Dies gilt aber nicht nur für Jesus von Nazareth, dies gilt für jeden Menschen. Gott hat nicht nur einen Sohn, alle Männer sind seine Söhne und alle Frauen sind seine Töchter. Wir haben diesen Gedanken schon angesprochen.

07. ... DEN ALLMÄCHTIGEN ...

07.01. Der Allwissende.

Der Allwissende und das Leid

In einer Diskussion mit einem Theologen habe ich in den 60er-Jahren folgendes Gespräch erlebt. Es ging um das Leid und um die Frage: „Wie kann ein liebender und allmächtiger Gott so viel Leid, Schmerz, Elend und Grausamkeit zulassen"? Jener Theologe hat damals die These vertreten, Gott habe mehrere Pläne zur Welterschaffung gehabt. Als er merkte, dass der erste Plan, der Plan von einem absolut glücklichen Paradies, an der Sündhaftigkeit der Menschen zerbrach, habe er den zweiten Plan sozusagen aus der Tasche gezogen, nämlich den Plan von der Vertreibung aus dem Paradies und der Erlösung durch den Messias. Dieser Argumentation habe ich damals heftig widersprochen und ich widerspreche auch heute noch. Wenn das christliche Glaubensbekenntnis sagt Gott sei „allmächtig" dann kann ich nicht sagen, dass ER, der unendliche Gott, zur Erschaffung der Welt nicht so recht wusste wie das Experiment ausgehen werde. Entweder ist Gott allmächtig, dann ist er aber auch allwissend, oder er ist kein allmächtiger Gott. Dann muss ich aus dem christlichen Glaubensbekenntnis den Artikel: Ich glaube an den „Allmächtigen" streichen.

Die Schöpfungstheologie

Inzwischen gibt es jedoch wie schon angesprochen immer mehr namhafte Theologen die jener „Sündenfall Erlösungstheologie" die Gedanken einer „Schöpfungstheologie" gegenüberstellen. Matthwe Fox [041] beschreibt in seinem Buch „Der große Segen" wie Augustinus die Sündenfall Erlösungstheologie begründete, obwohl diese im Urchristentum nicht ausgeprägt war und auch von vielen Mystikern nach Augustinus nicht unterstützt wurde. Vielmehr spricht aus den Worten jener Mystiker wie Meister Eckart, Juliane von Norwich, Hildegard von Bingen um nur einige zu nennen, jene Überzeugung zur Schöpfungstheologie. Wir haben im vorangegangenen Kapitel schon darüber gesprochen. Die Schöpfungstheologie aber sagt: Gott ist allmächtig. Er hat die Welt und den gesamten Kosmos so geschaffen wie er ist. Sein Werk ist ein großer Segen. Wenn nun Gott aber die Welt erschaffen hat so wie sie ist, dann hat er auch das Leid erschaffen, allerdings mit der gnadenlosen Vernichtung des Leides ab dem Tod. Ich selbst habe nach einer Bandscheibenoperation erlebt wie der Schmerz in der Narkose besiegt wird und ich kann mir deshalb praktisch vorstellen wie der Schmerz auch im Tod vernichtet wird. Als ich nach der Operation aus der Narkose aufwachte, hatte ich unerträglich starke Schmerzen. Als ich sodann mehrere Male zurückfiel in die Bewusstlosigkeit spürte ich wie kurz vor der Bewusstlosigkeit auch der Schmerz völlig verschwand. Ich bin zutiefst überzeugt von der Allmacht Gottes und von dem großen Segen den seine Schöpfung in sich trägt.

07.02. Das Leben ist keine belanglose Spielerei.

Eigeninitiative und Eigenverantwortung sind gefragt

In Anbetracht des Leidens in der heutigen Welt müssen wir doch sicher sagen: Das Leben ist keine Spielerei. Jeder Mensch hat in seinem Leben eine einmalige ganz persönliche Chance an der Gestaltung der Schöpfung mitzuwirken. Gott gibt den Menschen die Möglichkeit an seinem Schöpfungs-Werk teilzuhaben. Was wäre das für ein unpersönliches Leben wenn Gott uns alle zur Freude verdammt hätte? Wenn er uns ohne jede Eigeninitiative, ohne Eigenverantwortung zu willenlosen glücklichen Werkzeugen seiner Allmacht gemacht hätte? Wir wären glückliche Idioten. Wenn wir aber die uns übertragene Verantwortung für die Schöpfung für uns und unsere Nächsten ernst nehmen würden, wie viel Leid könnten wir dann schon aus eigener Kraft verhindern? Wie viel Leid könnten wir verhindern wenn wir den Krieg abschaffen würden, wenn wir die Armut weltweit durch sinnvolles Wirtschaften ausrotten würden? Dies alles wäre Kraft unseres Verstandes und der uns gegebenen technischen und wirtschaftlichen Möglichkeiten realisierbar. Warum tun wir es nicht? Warum sind so viele Menschen nicht bereit zu wachsen? Warum sind so viele Menschen nicht bereit das Naturgesetz der Evolution, das Werden, anzunehmen das Gott in die Natur hineingelegt hat? Wir alle sollen „Werden", wir sollen uns entwickeln, wir sollen teilnehmen am „Werden" der gesamten Schöpfung die um uns herum sich entwickelt. Dies ist ein Angebot, ein Geschenk des „allmächtigen" Schöpfers, das uns viel Freude bringen würde. Wir stehen noch mitten im sechsten Schöpfungstag und wir sind aufgerufen mitzuwirken an der entstehenden neuen Erde und des neuen Himmels.

Eine neue Menschenführung hat schon begonnen

Wie wir gesehen haben wird heute im täglichen Wirtschaftsleben mehr und mehr ein Führungskonzept verlangt das eine totale Qualität fordert. Dieses „Total Quality Management" (TQM) [006] fordert nicht nur eine totale Qualität am Produkt, sondern auch in der Menschenführung. Es wird hierbei nicht nur von den Führungskräften verlangt, dass sie loslassen d.h. Verantwortung abgeben, auch die Mitarbeiter werden gefordert Verantwortung zu übernehmen. In der täglichen Praxis bei der Einführung des Führungsprinzips TQM sehe ich jedoch leider wie sehr die Menschen sich davor drücken eigenverantwortlich zu handeln. Als ich vor Jahren schon versucht habe meinen Mitarbeitern mehr Verantwortung zu übertragen musste ich leider feststellen, dass sie zwar einen Mehrverdienst, aber keine Mehrverantwortung übernehmen wollten. Sie haben sich vielmehr bemüht die Verantwortung wieder zurück zu delegieren an den Boss, hinter den man sich so gerne versteckt. Diese Mentalität im Wirtschaftsleben kann nur überwunden werden wenn die folgenden drei Ziele realisiert werden:

Nicht zum Mitläufer erziehen (Kirchen)

Unsere christlichen Kirchen erziehen heute die Menschen vorwiegend zu Traditionalisten, zu Mitläufern, denen gesagt wird wenn du die Gebote der Kirche befolgst, dann bist du in Ordnung. Diese Unterordnung unter eine Diktatur ziehen viele Menschen vor, weil sie keine eigenen Entscheidungen fällen wollen. Ein Beispiel dieser Mentalität habe ich im Jahre 1955 selbst erlebt. In diesem Jahr streikte die Gewerkschaft um höhere Löhne. Nun zahlte das Werk in dem ich damals beschäftigt war schon freiwillig mehr Lohn als die Gewerkschaft forderte. Ich war der Meinung, dass hier die

Gewerkschaft wieder einmal über das Ziel hinaus ging und einen politisch motivierten Streik vom Zaun gebrochen hatte. Aus diesem Grunde habe ich mich nicht an den Streikaufruf gehalten sondern bin unter beleidigenden Schmährufen der Streikposten zur Arbeit gegangen. Im Büro angekommen fand ich einen Kollegen bei der Arbeit der in den vorausgehenden Tagen sich für den Streik sehr stark gemacht hatte. Ich fragte ihn wieso er denn sich nicht am Streik beteiligen würde. Seine Antwort war: Das geht sie nichts an. Daraufhin nahm mich mein Gruppenleiter zur Seite um mit mir persönlich zu sprechen. Er war ein biederer, ehrlicher, katholischer, kirchentreuer Mann. In diesem vier Augen Gespräch sagte er mir: „Ich selbst habe auch in der Urabstimmung für den Streik gestimmt. Ich konnte mir keine sichere Meinung bilden, vor allem aber fehlte mir eine Stellungnahme der Bischöfe, warum hat die Kirche nicht rechtzeitig eine klare Stellung bezogen?!" Ich achte diesen ehrlichen, katholischen Mann sehr, auch heute noch, er ist inzwischen verstorben. Aber ich sehe an diesem Beispiel wie sehr die Menschen unmündig und unselbständig gemacht werden wenn sie von einer Diktatur geprägt und geleitet werden. Selbst in politischen Fragen wollen sie eine Weisung der Bischöfe haben. Wo bleibt die Selbstverantwortung?

Hass und Neid überwinden (Gewerkschaften)

Auch unsere Gewerkschaften haben noch nicht begriffen, dass sie ihren Kolleginnen und Kollegen langfristig keinen Gefallen tun wenn sie sich nur auf das „Rausholen von mehr Kohle" beschränken und sich auf eine klassenkämpferische Hassmentalität einstellen die den Unternehmer immer als den Gauner vorverurteilt. Mitarbeiter und Unternehmer sind Teile eines ganzen Wirtschaftssystems. Wenn sich beide in klassenkämpferischen Hass gegenseitig zu übervorteilen suchen, dann wird das Wirtschaftssystem das beide tragen soll sich selbst zerstören. Unsere Gewerkschaften hätten die Aufgabe in Zusammenarbeit mit den Unternehmern die Arbeitnehmer durch geeignete Schulungen zu mehr Selbständigkeit und Verantwortungsbereitschaft zu führen. Vor allem müssten die Gewerkschaften politisch strikt neutral sein. Ihre Aufgabe ist es nicht einer Partei zu zuarbeiten sondern einzig und allein den Vorteil der Arbeitnehmer im Wirtschaftsleben zu sichern. Im Wahljahr

1998 haben nach meiner Meinung die Gewerkschaften in unverantwortlicher Deutlichkeit in den Wahlkampf eingegriffen und mit Millionen DM aus den Taschen ihrer Mitglieder einen Wahlkampf zugunsten der SPD geführt. Hier wurden Gewerkschaftsgelder veruntreut! Unsere Gewerkschaften sind ein unverzichtbarer Faktor in der sozialen Marktwirtschaft. Sie haben aber auch eine hohe Verantwortung der gesamten Gesellschaft gegenüber. Sie müssen weg vom Klassenkampfdenken hin zu einer volkswirtschaftlich und betriebswirtschaftlich klugen Mitarbeit am gesamten Wirtschaftskonzept. Auch unsere Gewerkschaften haben die Aufgabe die Menschen an ihre persönliche Verantwortung im Rahmen der Evolution zu erinnern. Unsere Gewerkschaften müssten, ähnlich wie die Kirchen, von zentralistischer Führung weg zu einer Einheit in der Vielfalt kommen.

Schulung zu mehr Eigenverantwortung (Unternehmer)

Und die Unternehmer? Natürlich tragen auch sie ihre Verantwortung in diesem Wirtschaftssystem. Die heute schon lauten Forderungen nach Mitarbeiter orientierter Führung, wie sie im neuen Führungssystem des „Total Quality Management" (TQM) erhoben wird, muss mehr und mehr verwirklicht werden [006]. Dies geht bis zur Forderung nach einem „Management by love" [015]. Es ist an der Zeit, dass unsere Unternehmer Ihre Mitarbeiter als ihr wichtigstes Kapital allen Ernstes betrachten. Erfolgreiche Unternehmen haben dies in den vergangenen Jahren schon wiederholt praktisch vorgestellt. In manchen Unternehmen aber ist diese Forderung nur Lippenbekenntnis. Man redet vom Mitarbeiter als unser wichtigstes Kapital, aber man zieht nicht die vollen Konsequenzen. Das Führungsprinzip Total „Quality Management" oder das „Management by mind" setzt heute hohe Herausforderungen. Die Forderung des „Loslassens", des delegieren Könnens, wie sie dem Unternehmer hier gestellt wird, setzt eine hohe Glaubenskraft voraus. Eine Glaubenskraft an den Menschen, an das Gute im Menschen, an den Geist im Menschen, an Gott im Menschen. Natürlich wird es in der Praxis hierbei Enttäuschungen geben, ich habe diese in der Praxis viele male selbst erlebt. Nur hilft es dem Unternehmer überhaupt nicht weiter, wenn er nach Enttäuschungen sich selbst bemitleidet und wieder zum „Management by dictation" zurückkehrt. Der Unternehmer, die Führungskraft im Unternehmen, muss gerade an den Enttäuschungen wachsen. Er muss Erfahrungen sammeln. Er muss ein Gespür für wahre menschliche Werte entwickeln und muss seine Mitarbeiter nach diesen Kriterien auswählen. Das Führungsprinzip des „Management by mind" stellt hohe Anforderungen sowohl an die Führungskräfte als auch an die Mitarbeiter. Es verlangt Glaubenskraft. Glaubenskraft an das Positive im Menschen, Glaubenskraft an Gott im Menschen. Aufgrund dieser Glaubenskraft muss der Unternehmer auch Geld ausgeben für Schulungen der Führungskräfte und für Schulungen der Mitarbeiter. Er muss auch in seinen Mitarbeitern das „Werden", die Evolution wecken und fördern.

Die Kraft zur Veränderung

Wir haben eingangs von der Wirtschaftsmacht „Japan" gesprochen und von der Frage so vieler Unternehmer in Europa, wie so ein Erfolg möglich ist. Heute schon kommt Japan auch in Schwierigkeiten. Wir erleben zurzeit (1999) eine Wirtschaftskrise in Fernost. Im Verbund mit dieser Krise muss auch Japan nach neuen Wegen aus dem Niedergang suchen. Der Weg aus diesen Schwierigkeiten führt über den Geist, über ein Management by mind. Gerd Gerken beschreibt dieses Management by Mind in seinem Buch „Geist – das Geheimnis der neuen Führung". Er schreibt, Zitat: *Und in diesem offenen Werden kommt das Neue immer schneller. Das ist die Konstellation, in die sich das Business in den nächsten zehn bis zwanzig Jahren hineinentwickelt. Und deshalb ist die Schnelligkeit des Geistes eine wichtige neue Dimension der Führung. Deshalb ist das neukommende Management mit hoher Wahrscheinlichkeit ein „Bewusstseinsmanagement".* Zitatende [044]. Auch unsere Volkswirtschaften in Europa werden langfristig nur über ein Management by mind erfolgreich bleiben. Die Menschheit begreift nur sehr langsam, dass sie Kraft einer positiv gehandhabten Technik in der Lage ist mit viel weniger Arbeitszeit in Zukunft auszukommen als dies bisher der Fall war. Es fragt sich nur ob wir alle (Unternehmer und Mitarbeiter) in der Lage sind unsere Ängste, Neidkomplexe, Hass und Misstrauen aufgrund einer positiven Glaubenskraft zu überwinden und in eine neue Zeit des Wirtschaftens mit Offenheit und gegenseitigem Vertrauen, kurz in ein „Management by mind", umzusetzen. Das Leben ist keine belanglose Spielerei. Jeder Einzelne hat eine hohe Verantwortung für sich und seine unmittelbare Umgebung. Egal wo er auch steht. Ob als Führungskraft oder als Mitarbeiter, er muss mit den ihm anvertrauten Talenten arbeiten. Die Kraft dazu kann er aus dem Glauben an den „allmächtigen" Gott gewinnen.

07.03. Das Leben fordert Evolution.

Glaubenskraft zeugt Lebenskraft

Wir alle müssen uns entscheiden. Wollen wir uns rückwärts orientieren oder wollen wir im Vertrauen auf die Kräfte des Lebens (auf die „allmächtige" kosmische Kraft) und in Verantwortung für das Leben nach vorne schauen? Diese Entscheidung müssen wir insbesonders in Europa fällen. Im Asiatischen Wirtschaftsraum ist zurzeit trotz der derzeitigen Wirtschaftskrise ein neuer Aufbruch zu verspüren, dort haben viele Menschen diese Entscheidung für die Zukunft schon gefällt. Und wie steht es mit der Entscheidung in Europa? Wird diese Entscheidung in Europa von christlicher Kultur und christlicher Glaubenskraft beeinflusst sein, oder sind wir schon so hoffnungslos, dass auch christlicher Glaube keine Impulse der Hoffnung und Zuversicht mehr bringt? Sind wir in Europa schon so degeneriert, dass uns im Wirtschaftsleben nur noch Neid und Egoismus beherrschen und uns zu einem sinnlosen Verteilungskampf treiben? Im Asiatischen Wirtschaftsraum sind die Menschen ärmer als in Europa. Sicher können Zeiten des Umbruches wie sie z.B. nach der deutschen Wiedervereinigung aufgetreten sind schmerzlich sein. Aber gerade in Bezug auf solche Herausforderungen sollten wir mit Verstand und Zuversicht an die Problemlösungen gehen. Ich sehe in so manchen Ereignissen und Äußerungen um die deutsche Wiedervereinigung, dass sich viele Menschen bei uns nicht vom Verstand, sondern von Neid und Egoismus und teils von atheistisch-sozialistischen Propagandasprüchen vergangener Zeiten leiten lassen. Wenn fünf und mehr Jahre nach der Wiedervereinigung der Öko-Sozialen-Marktwirtschaft die Geburtswehen der Umstellung vorgeworfen werden, dann muss ich dazu feststellen: Ja, es gab Fehler während der Umstellung. Ich habe schon auf jene gewissenlose Elemente verwiesen die sich an der Wiedervereinigung maßlos bereichern wollten. Die eigentliche Misere aber, und das bitte ich klar zu sehen, kam aus der Übernahme eines völlig bankrotten sozialistischen Wirtschaftssystems, das Jahrzehnte lang Mensch und Natur ausgebeutet hat. Und es ist zur Zeit der deutschen Wiedervereinigung nicht nur die Wirtschaft der ehemaligen DDR zerbrochen sondern die Wirtschaft vieler Staaten des ehemals kommunistischen Ostblockes. Ich gebe zu, die freie Soziale-Marktwirtschaft hat auch Schwächen, ja die gibt es auch. Aber diese sind nicht vergleichbar mit den Schwächen einer diktatorischen staatlichen Verwaltungswirtschaft. Die Menschen in den neuen Bundesländern kann ich verstehen wenn sie noch Fragmente der vierzigjährigen Propaganda einer kommunistischen Diktatur im Kopf haben. Was mich ärgert das ist die Wehleidigkeit der Menschen in den alten Bundesländern die über den so notwendigen Solidaritätsbeitrag ein für mich beschämendes Wehklagen anstimmten. Und dieses Jammern wird noch gefördert von Parteien, Gewerkschaften und auch von den Kirchen. Ich erinnere an die schon mehrfach erwähnte Predigt mit der pauschalen Aussage: Die Soziale-Marktwirtschaft ist schlecht.

Wo ist der Glaube an den ALLMÄCHTIGEN?

Wo ist sie denn, jene christliche Hoffnung auf die positiven göttlichen Kräfte in Natur, Mensch und Wirtschaft? Wo ist denn das Vertrauen auf den ALLMÄCHTIGEN Gott zu dem sich die Christen in ihrem Glaubenbekenntnis bekennen? Wo ist denn jene verantwortungsbewusste Solidarität, die besonders von den Gewerkschaften so gerne gepriesen wird? Wo ist der Ruck der durch das ganze Volk geht? Heute gibt es bei uns Jugendliche die in "Chaos-Tagen" ihren Frust abreagieren oder andere die in großen Lettern "NO FUTURE" (Keine Zukunft) über ihr Leben schreiben. Allerdings gibt es auch Jugendliche, die z.B. in "Jugend forscht" sich von jener zukunftsträchtigen "HIGH TECH" von jener Hoch-Technologie faszinieren lassen die uns der Geist aufzeigt. Wir stehen an einem Scheideweg, an einem Wendepunkt, an jener schon erwähnten Bruchkante. Ich kann mir gut vorstellen, wie ein Mensch der ohne Glaubenskraft am Abgrund jener Klippe, an der Bruchkante steht, voller Angst und Erschrecken sich abwendet und in der Zukunft nur Angst, Chaos, und Verzweiflung sieht. Ja, wir stehen heute an einem neuen Wende-Punkt, am New Edge, die Frage ist nur, wo können wir die an diesem Wendepunkt so nötige Glaubenskraft kaufen?

Ein dynamischer Glaube ist nötig

Mit einem rückwärts gerichteten fundamentalistischen Buchstabenglauben, wie ihn heute die offizielle katholische Amts-Kirche, und auch manche evangelische Kirchenkreise anbieten, kommen wir nicht weiter. Wir kommen auch nicht weiter mit der Klassenkampf-Ideologie die in vielen Gewerkschaftern noch lebt. Und auch eine diktatorisch, hierarchische Menschenführung in den Unternehmen führt uns mit Sicherheit nicht in die Zukunft. In die Zukunft führt uns nur Gemeinsamkeit, Harmonie, Bündelung der Kräfte, Überwindung der Ängste, Nutzung der Zeit d.h. Geduld. Alle diese Eigenschaften aber können nicht wirksam werden, wenn nicht ein lebendiger Glaube sie trägt. Und so muss ich wiederum fragen: Ist mein eigener Glaube, ist unsere christliche Kultur, noch so tragfähig, dass wir aufgrund dieser Gemeinsamkeit den Fuß über die Bruchkante hinaus setzen können um den ersten Schritt in die Zukunft zu tun? Im Vertrauen auf einen „ALLMÄCHTIGEN" Gott.

Fortschritt zulassen im Vertrauen auf die Allmacht des Geistes

Professor Ludwig Ehrhard, der Vater der Sozialen-Marktwirtschaft, er hat immer wieder auf das Maßhalten, auf die Verantwortung aller im Wirtschaftsleben tätigen Menschen hingewiesen. Er hat aber auch immer wieder zukunftweisendes Wirtschaften angemahnt. So auch z.B. in seiner Rede zur Brüsseler Weltausstellung am 17.April 1958, Zitat: ... *Die wohlverstandene Aufgabe einer Weltausstellung ist vielmehr, den Sinn all der Bemühungen, die wir unter dem Begriff "Fortschritt" zusammenfassen, zu deuten und zu demonstrieren. Dieser Sinn ist die Verbesserung der Existenzbedingungen der Menschen, ist die Steigerung der Entfaltungsmöglichkeiten des menschlichen Lebens. Die Erfindungen der Technik, die Leistungen der Industrie und Wirtschaft finden ihre sittliche Begründung und Legitimation im Dienst am Menschen.*

Gerade in unserer Zeit, die in dem Ruf steht, materialistisch und dem bloßen Gewinnstreben hingegeben zu sein, ist es notwendig, das Bewusstsein der menschlichen Verpflichtung und sozialen Verantwortung wach zu halten und zu stärken. Eine Volkswirtschaft kann auf die Dauer nur gedeihen, wenn sie sich in der Erfüllung ihres Dienstes am Menschen vor dem eigenen Volk und der Welt bewährt. Der materielle Erfolg ist gebunden an die Wirkungskraft im Geistigen und Sittlichen - ohne sie bleibt das Materielle fragwürdig und flüchtig. Auf der Weltausstellung in Brüssel geht es Deutschland nicht so sehr darum, zu zeigen, was es leistet, als vielmehr deutlich zu machen, wofür und weshalb es seine Leistungen vollbringt. Auf die Frage, die mit dem Weltausstellungsthema " Der Fortschritt und der Mensch" gestellt ist, antwortet es: Der Sinn des Fortschrittes beruht darin, dass der Mensch mit Hilfe seiner Erkenntnisse und ihrer praktischen Anwendung fortschreitet, Mensch zu sein. Zitatende [045]. Unsere Öko-Soziale-Marktwirtschaft ist eine "freie" Wirtschaft. Die Menschen, die Mitwirkenden im Wirtschaftsleben und zwar alle, nicht nur die Institutionen (Betrieb, Gewerkschaft, Staat, Kirche etc.) prägen die wirtschaftlichen Entwicklungen, nein, wir alle, jeder Einzelne prägt das Klima, prägt die Glaubenskraft in unserer Öko-Sozialen-Marktwirtschaft. Wenn in einer freien Wirtschaft Unterdrückung, Egoismus oder Frust hochkommen, dann liegt es nicht am Wirtschaftssystem sondern an den Menschen die ihre Freiheit missbrauchen. Gegen diesen Missbrauch der Freiheit aber können wir uns alle wenden. Dazu muss allerdings der Einzelne auch bereit sein einen persönlichen Einsatz zu leisten. Freiheit gibt es nicht zum Nulltarif. Hier wären dann auch wieder die Kirchen gefordert, als Gemeinschaft der Glaubenden die unterwegs sind, Stütze und Hilfen anzubieten. Das Leben oder Gott „der Allmächtige" fordert Evolution, es (und ER) fordert das Werden.

07.04. Der „Allmächtige" delegiert Macht an die Menschen.

Sind wir zur Selbstverantwortung bereit?

Im Rahmen der Evolution fordert Gott nicht nur den Menschen, ER delegiert auch Macht an die Menschheit. Jede Generation trägt ihren Teil bei an der Weiterentwicklung der Welt. Wir können diese Welt durch sinnloses Wirtschaften auch zerstören. Wir alle haben eine große Verantwortung für unseren Planeten Erde. Wir können auch die Globalisierung der Wirtschaft positiv beeinflussen wenn wir eine genügend große „kritische" Masse von Mitstreitern haben. Vielen Menschen ist diese persönliche Verantwortung noch nicht bewusst. So berufen sich viele Zeitgenossen „auf die da oben". Das Prinzip Selbstverantwortung, so nennt Reinhard Karl Sprenger sein Buch in dem er versucht Wege zur Motivation von Mitarbeitern aufzuzeigen [046]. Jeder Mensch der sich heute bemüht andere Menschen zu motivieren kann ein Lied davon singen wie sehr sich alle wehren „verantwortlich" zu sein. Viele schieben die Verantwortung auf „die da oben" ab. Obwohl unsere demokratische Staatsform sich bemüht Macht zu delegieren. Demokratie ist „Herrschaft des Volkes". Warum wollen die Menschen keine Verantwortung übernehmen? Was läuft da falsch? Viel Leid in der Welt könnte verhindert werden wenn die Menschheit die ihr zugedachte Verantwortung übernähme. Im Rahmen des Führungssystems TQM (Total Quality Management) wird mit Blick auf die Produktionsfaktoren Wissen und Zuversicht, eine konsequente Einbeziehung der Mitarbeiter in den Führungsprozess gefordert. Man spricht im TQM deshalb auch sehr oft von einer zu vollziehenden „Bewusstseinsänderung", und in der Tat es ist eine gewaltige Änderung im Bewusstsein nötig um dieses permanente Werden, dieses permanente, persönliche Lernen und Wachsen zu vollziehen.

Aktive Menschenführung wird verlangt

Ich habe aus der Nähe der Praxis die Aktionen zur Einführung von TQM aufmerksam verfolgt und habe dabei leider feststellen müssen wie in vielen Firmen das TQM und die darin enthaltene Forderung nach strikter Einbeziehung der Mitarbeiter in den Führungsprozess nur oberflächlich in Seminaren „gepredigt" wurde. Wenn es dann darum geht in der täglichen Arbeit diese guten Vorsätze zu verwirklichen, dann wird oft nicht weiter geschult um das „Werden" die „Evolution" wirklich in der täglichen Praxis zu vollziehen. Diese Tendenz sehe ich daran weil viele Firmen heute unfähig sind, im Falle der Entlohnung ihrer Mitarbeiter, sich vom bisher praktizierten „Taylorismus", dem Akkordlohnsystem, zu lösen. Sie versuchen ihre Mitarbeiter über eine stückzahlabhängige, oder umsatzabhängige etc, Erfolgs- "Prämie" für eine aktive Mitarbeit zu entlohnen. Sie können sich vom Akkordlohnsystem nicht lösen. Diese stückzahlabhängigen, tayloristischen Systeme sind aber doch wieder nichts anderes als die menschenverachtende Wurst die man dem Hund vorhält um ihn zu immer mehr Leistung anzuspornen. Realistisches TQM aber setzt auf die Eigenverantwortung der Mitarbeiter. Vom Mitarbeiter zum Mitdenker so sollte die Entwicklung sein. Es gibt heute Ansätze im Entlohnungssystem die das alte tayloristische System verlassen und zu einer Entlohnungsform übergehen die als „Erfolgs-Beteiligung" bezeichnet werden kann. Solche Erfolgsbeteiligungen versuchen den Mitarbeiter in die Verantwortung mit einzubeziehen. Es wird Macht delegiert. Der Unternehmer delegiert Macht, und damit aber auch Verantwortung, an seine Mitarbeiter.

Sind wir bereit die grenzenlose Liebe anzunehmen?

Wir sind ausgegangen von dem Glaubensartikel „Ich glaube an Gott den ALLMÄCHTIGEN" Hier haben wir gesehen, dass das Leben keine Spielerei ist, denn Leid und Grausamkeit stehen scheinbar dem Glauben an einen allmächtigen und liebenden Gott im Wege. Nur wenn wir das Leben ernst nehmen, wenn wir das Werden in die Evolution klar sehen und wenn wir auch in der Wirtschaft im täglichen Berufsleben unser Bewusstsein immer wieder von neuem schulen und weiter entwickeln werden wir begreifen, dass Gott trotz Leid und Grausamkeit „allmächtig" und „liebend" ist. Ich meine, dass gerade die Liebe in ihrer unendlichen Form fähig ist das Leid zu wollen, denn grenzenlose Liebe will auch grenzenlose Freiheit. ER der Allmächtige aber, ER delegiert Macht an die Menschen. An uns liegt es ob wir dieses Angebot annehmen.

08.   ... DEN SCHÖPFER HIMMELS UND DER ERDE ...

08.01. Der Große Segen oder die gefallene Schöpfung?

Die Scheidung der Geister

Wie wir gesehen haben hat Jesus von Nazareth das Gottesbild von einem bedingungslos liebenden Vater verkündet. Das christliche Glaubensbekenntnis sagt nun zusätzlich, dass dieser bedingungslos liebende Gott der Schöpfer Himmels und der Erde ist. Also nicht nur der Erde, sondern auch des Himmels also des ganzen Universums. Nach dem Buchstabenglauben mancher Christen aber hat Gott die Welt verflucht, weil die Menschen gesündigt haben. Wie aber steht es mit dem Himmel? Mit dem gesamten restlichen Kosmos? Nach dem Buchstaben fand auch unter den Engeln ein Kampf statt, der Kampf zwischen Michael und Luzifer. Diese Bilder müssen richtig gedeutet werden. Sie müssen im Licht der wissenschaftlichen Erkenntnisse unserer Zeit gesehen werden. Hier stehen wir aber nun wieder einmal an einem Punkt wo auch die christliche Kirche ihr Weltbild ändern muss wie zur Zeit des Galilei. Das Bild vom Kampf der Engel will uns sagen, dass sich die Geister scheiden müssen. Dieses Bild vom Kampf der Engel ist entstanden aus dem Erlebnis der Auseinandersetzung der Geister die wir hier in dieser Schöpfung täglich so leidvoll erleben. Diese Auseinandersetzung vollzieht sich heute nach meiner Meinung auch in der Umwandlung des Gottesbildes von der Sündenfall-Erlösungstheologie in die Schöpfungstheologie. Die Ganze Natur, der Himmel und die Erde ist nach der Schöpfungstheologie nicht eine gefallene Natur, sondern ein großer Segen. Der Himmel das ist in meinen Augen die unendliche Weite des gesamten Universums. Leider beginnt die Kirche aber schon wieder wie zur Zeit des Galilei mit der Verurteilung jener Theologen und Wissenschaftler die beginnen dieses neue Weltbild zu verdeutlichen. Matthwe Fox wurde mit Redeverbot belegt und zuletzt auch von seinem Orden verstoßen. Balasuria der Indische Theologe wurde 1997 exkommuniziert und interessanterweise kurze Zeit später wieder Rehabilitiert. Was hatte er gesagt?

Das Problem mit der Erbschuld

Balasuriya lebt in Sri Lanka. er lebt in enger Verbindung mit Menschen die aus folgenden Religionen kommen: 69% Buddhisten, 15% Hinduisten, 8% Moslems und 8% Christen [047]. Alle diese Menschen sollen in Frieden und Freiheit zusammenleben können. Balasuriya hat sich nach meiner Meinung nun nicht den anderen Religionen verschlossen, er hat vielmehr versucht eine Ökumene der Religionen zu realisieren. Nach meiner Überzeugung muss das Christentum von seinem hochmütigen Standpunkt herunter und sich in Demut vor der Weisheit anderer Religionsgemeinschaften in eine ehrliche, offene Diskussion einlassen. Es muss aber auch von den Erkenntnissen der Wissenschaft ausgehen. Der Geist Gottes weht wo er will. Der unendliche Gott ist nicht konfessionell, er ist auch nicht an eine Religion gebunden, er ist eben der unendliche „Schöpfer Himmels und der Erde". Nun hat Balasuriya es gewagt sich gegen die Sündenfall-Erlösungstheologie zu stellen. Er hat die Erbsündenlehre angegriffen so wie auch Matthew Fox dies tat. Er hat es gewagt zu sagen, dass ein Kind nicht als Gegner Gottes in Sünde geboren wird, sondern als ein großer Segen in die Welt eintritt.

Der Exorzismus im Taufritus

Noch im Jahre 1987 als unser erster Enkel getauft wurde geschah folgendes: Unser jüngster Sohn lebte damals in Würzburg mit seiner Lebensgefährtin zusammen ohne offiziell verheiratet zu sein. Wir haben dieses Zusammenleben ohne Eheschein weder verurteilt noch begrüßt, nach unserer Meinung war und ist auch heute noch die Liebe der beiden zueinander wichtiger als jede Amtshandlung. Als beide ihren Sohn in der Pfarrei in der sie wohnten taufen lassen wollten war ein Vorgespräch zur Taufe mit dem Pfarrer vereinbart. Im Verlauf des Gespräches wurde die Exorzismusformel im Taufritus angesprochen. Instinktiv wehrte sich unser Sohn gegen diese Formel er konnte sich zu Recht in seinem gesunden Menschenverstand nicht vorstellen, dass ein kleines Kind vom Teufel befreit werden müsste. Daraufhin hat der Pfarrer dem jungen Vater gesagt: Sie sind nicht verheiratet und damit haben sie hier überhaupt nichts zu sagen. Ich rede mit der Mutter dieses

Kindes und sie können gehen. Unser Sohn ging dann auch, was sollte er auch anders tun. Inzwischen wurde nun diese Exorzismusformel, dieses „weiche Satan" aus dem kirchlichen Taufritus heimlich still und leise gestrichen. Zu unserem Sohn aber kam kein Pfarrer und hat sich entschuldigt wegen des oben geschilderten Vorfalles. So treibt die Kirche heute die jungen Leute aus der Gemeinschaft der Glaubenden hinaus.

Meine Kritik an den Vertretern der Kirche

Hier nun setzt wieder meine Kritik ein. Wie lieblos geht die Kirche mit den Menschen um die Ihr anvertraut sind. Bei Priesterweihen wird oft sehr großspurig vom guten Hirten gesprochen der sein Leben für seine Schafe hingibt. Nach meinen Erlebnissen mit der Kirche sind hierbei jedoch nur jene Schafe gemeint die willenlos immer nur „ja" blöken und niemals kritisch nachfragen. Warum entschuldigen sich die kirchlichen Amtspersonen nicht wenn sie einmal Unrecht hatten? Warum entschuldigt sich die Kirche nicht pauschal bei allen ihren Gliedern wenn sie eine so wichtige Einsicht hat wie z.B. bei der Änderung des Taufritus? Warum werden solche Änderungen nur heimlich, still und leise vorgenommen so, dass sie dem normalen Bürger gar nicht auffallen?

Hat die Kirche den Mann aus Nazareth verraten?

Aber wir sind bei der Diskussion über den Glaubensartikel: Ich glaube an Gott den allmächtigen Vater „Schöpfer Himmels und der Erde". Durch die Sündenfall-Erlösungstheologie wird in die gesamte Schöpfung ein Dualismus gelegt, ein Gegeneinander. Eine Scheidung in Gut und Böse, in Schwarz und Weiß. Eine Einheit in der Vielfalt gibt es nicht. Dieses dualistische Gegeneinander dringt wie Gift in das Unterbewusstsein der Menschen und erzeugt Kampf und Streit. Warum hat das Christentum im Verlauf der letzten zweitausend Jahre eine Spur des Kampfes und der Kriege hinterlassen? Kriege von Päpsten und Bischöfen geführt bis hin zu den Kreuzzügen und den Hexenverbrennungen? Wieso konnte so etwas von einer Liebesreligion ausgehen? Der Grund liegt nach meiner Meinung in diesem Dualismus der Sündenfall Erlösungstheologie. Der Buddhismus z.B. hat diese Spur der Gewalt nicht gezogen. Ich komme so zur ernüchternden Erkenntnis, dass die Amtskirche in den zweitausend Jahren ihres Bestehens diesen Jesus von Nazaret und seine Lehre Schritt für Schritt verraten, missdeutet und zerstört hat. Wir haben wie zur Zeit des Galilei ein Umdenken nötig, einen radikalen Neuanfang, wenn überhaupt noch einmal so etwas möglich ist.

08.02. Der Dualismus, das zerstörende Gegeneinander.

Konkurrenz muss das Miteinander nicht stören

Die christlichen Konfessionen stehen sich in Glaubensfragen trotz aller Ökumene immer noch misstrauisch gegenüber. Ist das Gegeneinander in der Wirtschaft in Europa eine Folge des religiösen Dualismus? Ist die Konkurrenz in unserer Wirtschaft ein Gegeneinander? Zaghaft aber immer deutlicher hört man auch in Veröffentlichungen zu betriebswirtschaftlichen Themen, dass Konkurrenz nicht ein Gegeneinander bedeuten muss. Unternehmen können auch mit ihrer Konkurrenz einvernehmlich zusammen arbeiten. Allerdings ohne Preisabsprachen! Konkurrenz ist mehr ein faires sportliches Kräftemessen als denn ein sich gegenseitiges Bekämpfen und Vernichten. Dass so etwas möglich ist habe ich selbst in den 50er Jahren erlebt. Als in einem Großbetrieb ein Feuer ausbrach und eine der wichtigsten Produktlinien blockiert war, machte der Hauptkonkurrent des Unternehmens Überstunden um der Konkurrenz zu helfen Lieferschwierigkeiten zu überwinden. Konkurrenz ist selbst im Wirtschaftsleben nicht immer ein vernichtendes Gegeneinander. So etwas gibt es leider aber oft zwischen Religionen und Konfessionen.

Warum können Gewerkschaften nicht ohne Drohgebärden verhandeln?

Im Fußball gibt es den Schiedsrichter. Im politischen Leben gibt es das Bundesverfassungsgericht. Hier werden Streitigkeiten in höchster Instanz geschlichtet. Warum zerstören wir Jahr für Jahr im Wirtschaftsleben Millionenwerte durch Warnstreiks und Streiks? Und was noch schlimmer ist, warum säen unsere Gewerkschaften Hass vor den Tarifauseinandersetzungen? Können wir nicht vernünftig miteinender reden? Muss erst immer ein Hass-Klima geschaffen werden bevor man sich zusammensetzt um Meinungsverschiedenheiten zu klären? Dieses Hassklima ist das gefährlichere Übel, denn es wirkt noch lange nach dem Streik weiter. Die Vertrauensgrundlage wurde in den Seelen der einzelnen Mitarbeiter zerstört. Das „Management by mind", das führen durch den Geist wird ersetzt durch das Führen über Hass und Misstrauen. „Management by hate" statt „Management by mind". Warum verlangen wir (das Volk) nicht von den Tarifpartnern, dass sie mit volkswirtschaftlicher und betriebswirtschaftlicher Klugheit über die anstehenden Tariffragen diskutieren und ringen.

Können wir vom fernen Osten etwas lernen?

Wir haben vom Dualismus gesprochen. Vom Dualismus im Bereich der Theologie, von Sündenfall und Erlösung. Vom Dualismus in der Wirtschaft wo sich das Unternehmerlager und das Arbeitnehmerlager gegenüberstehen. Die Schöpfungstheologie löst das Gegeneinander auf und führt zur Erkenntnis, dass wir alle Teil eines großen Ganzen sind, nämlich Teil eines großen Segens. Wir Christen bekennen doch in unserem Glaubensbekenntnis, dass wir an DEN SCHÖPFER HIMMELS UND DER ERDE glauben, an jenen Urquell allen Seins der die Unendlichkeit des Universums und den Planeten Erde durch sein Wollen geschaffen hat und erhält. Im fernen Osten, speziell in Japan leben uns die Menschen vor wie die Religionen und Konfessionen auch im Geiste einer sinkretistischen (verschmelzenden) Form miteinander leben können. Sie sind der Einheit in der Vielfalt näher als wir in Europa. Wir haben darüber schon gesprochen.

09.   ... UND AN JESUS CHRISTUS ...

09.01. Der historische Jesus.

Welche Daten sind historisch?

Wer war dieser Jesus von Nazareth? Als Heimatort Jesu wird das galiläische Nazareth in den Evangelien genannt. Die Geburt Jesu wird auf das Jahr Null der christlichen Zeitrechnung angegeben. Die wunderschönen Bilder, wie die Weihnachtsgeschichte von der Geburt Gottes in Bethlehem, und die Kindheitsgeschichte Jesu (der 12 Jährige im Tempel), sind nicht historisch, sie sind als, Zitat: *... theologisch, messianische Interpretation zu verstehen.* (Brockhaus) [048]. Die Zeit des öffentlichen Wirkens des Jesus von Nazareth wird in den Evangelien zwischen 1,5 Jahren (nach Markus) und 3 Jahren (nach Johannes) beziffert. Als historisch gesichert werden von den Wissenschaftlern nur die Daten zur Kreuzigung Jesu angesehen. Sein Todesjahr wird je nach Datierung seines öffentlichen Wirkens auf das Jahr zwischen 29 bis 31 n.Chr. angegeben. Der Beginn seines öffentlichen Auftretens dürfte somit um das Jahr 28/29 n.Chr. gelegen haben. Verbindet man die Aussagen der Evangelien mit den historischen Daten der Zeit Jesu so muss man sagen, Jesus war Jude und überzeugter Anhänger der jüdischen Glaubensreligion. Er der Jude, wollte keine neue Kirche gründen sondern vielmehr das Judentum reformieren. Was Jesus mit Sicherheit nicht wollte das war Gewalt und Krieg und Kampf gegeneinander. Er, der Reformer, wollte zwar die klare Auseinandersetzung in Fragen des Glaubens und der zwischenmenschlichen Beziehungen, aber mit Sicherheit nicht den Krieg.

Die Bildsprache der Bibel

Das Christentum lebt aus dem Schatz des neuen und des alten Testamentes. Das Judentum hat den großen Verdienst, der Menschheit im alten Testament den Weg aus der Vielgötterei zu jenem einen Gott aufgezeigt zu haben den die Menschheit heute immer mehr erkennt. Aber noch etwas ist an dieser Stelle zu bedenken: Die Lehre des Jesus von Nazareth wurde erst 35 bis 70 Jahre nach seinem Tod (im Jahre 65 bis 100 n. Chr.) schriftlich festgehalten in den vier Evangelien der Bibel im neuen Testament und in der Apostelgeschichte. Während dieser Niederschrift wurde Ihm so manches in den Mund gelegt was er gar nicht sagte. Vieles was die Evangelien berichten ist nicht historische Wahrheit sondern ist zu verstehen als messianisch, theologische Interpretation [48]. Beim Studium der Bibel müssen wir uns deshalb immer wieder daran erinnern, dass viele Aussagen in erster Linie als **„Bilder"** zu verstehen sind, Bilder die eine Wahrheit aussagen wollen, eine Wirklichkeit die man mit Worten nicht beschreiben kann. Jesus selbst spricht in Bildern, in Gleichnissen zu den Menschen. So sagt er zum Beispiel, das Himmelreich ist einem Manne gleich der guten Samen auf seinen Acker säte ... das Himmelreich ist einem Senfkorn gleich ... das Himmelreich ist einem Sauerteig gleich ... usw..

Die Bildsprache der Wissenschaft heute

Auch unsere Wissenschaftler können heute oftmals nur über Bild-Gleichnisse erklären was sie bei ihrer Forschungsarbeit erkannt haben. Fritjof Capra, Atomphysiker und Schüler Heisenbergs beschreibt in seinem Buch „Wendezeit" (Bausteine für ein neues Weltbild) wie unsere Forscher heute oftmals an diesen Erklärungsnotstand geraten. Er schreibt, Zitat: *Zwar hatten Revolutionen wie die von Kopernikus und Darwin ausgelösten, einschneidende Änderungen in den allgemeinen Anschauungen über das Universum bewirkt - Wandlungen die für viele Menschen schockierend waren - doch waren die neuen Ideen nicht schwer zu begreifen. Im 20. Jahrhundert jedoch standen die Physiker vor einer ernsthaften Herausforderung ihrer Fähigkeit, das Universum zu verstehen. Jedes mal wenn sie die Natur durch ein Experiment befragten, antwortete diese mit einem Paradoxon, und je mehr sie die Situation zu erklären versuchten, desto krasser wurden die Paradoxa. In ihrem Bemühen diese neue Wirklichkeit zu begreifen, wurden die Wissenschaftler sich schmerzlich dessen bewusst, dass ihre Grundbegriffe, ihre Sprache und ihre ganze Art zu denken nicht ausreichten, die atomaren Phänomene zu beschreiben.* Zitatende [049]. Ein Paradoxon ist eine Widersprüchlichkeit, die am besten zu verstehen ist an der doppelten Natur von Materie und Licht. Fridjof Capra schreibt dazu, Zitat: *Die doppelte Natur von*

Materie und Licht ist sehr merkwürdig. Es scheint unmöglich den Gedanken zu akzeptieren, dass etwas gleichzeitig ein Teilchen sein kann, also eine auf ein sehr kleines Volumen begrenzte Einheit, und eine Welle, die sich über einen weiten Raum erstreckt. Und doch mussten die Physiker genau das akzeptieren. Die Situation schien hoffnungslos paradox, bis man erkannte, dass die Ausdrücke „ Teilchen" und „Welle" sich auf klassische Vorstellungen beziehen, die nicht völlig ausreichen, um atomare Erscheinungen zu beschreiben. Zitatende: [050]. Die Offenheit und Demut der Wissenschaftler in dieser Aussage ist ermutigend und vertrauensfördernd. Im Gegensatz zu den Theologen. Wie oft maßen sich Theologen in beschämenden Hochmut an den Willen Gottes exakt und zuverlässig zu erkennen. Geschehen ist dies z.B. in den Werbepredigten für die Kreuzzüge oder in der Bevormundung der Eheleute bezüglich der Empfängnisverhütung. Die Liste solcher Beispiele ist lang. Was den historischen Jesus angeht, so ist ehrliche offene Forschung nötig. Wir müssen verstehen lernen wie auch ER von seiner Zeit und seiner Umgebung geprägt war. Wir müssen die Bilder verstehen lernen in denen ER sprach und wir müssen sein Bild, das Bild seiner Geburt, seines Lebens, seiner Lehre und seines Sterbens im Ablauf der Geschichte verstehen und im Glauben deuten lernen. Wir alle sind, so wie ER es auch war, Teil der Schöpfung.

09.02. Jesus der Mensch, Christus der Messias.

Der Erlöser

Wir haben versucht die einigermaßen sicheren historischen Daten des Menschen Jesus zu finden. Wie aber steht es mit dem Christus, dem Gesalbten, den Messias? Die Christen sahen und sehen ihn als den Erlöser, den Retter, den Messias. Nach der Sündenfall Erlösungstheologie ist er der Retter der Welt. Er hat nach der Sündenfall Erlösungstheologie den Zorn seines himmlischen Vaters besänftigt und durch sein Leiden und Sterben die Welt erlöst. Er hat sich geopfert. Er ist das Versöhnungsopfer, das Gott umstimmte und den Himmel wieder öffnete. Dieses Gottesbild aber ist aus seiner Zeit zu verstehen in der es entstand. Es ist ein sehr vermenscheltes Gottesbild. Wir haben über diese Gottesbilder schon gesprochen. Herbert Haag, ehemals Professor für alttestamentliche Exegese der Universität Tübingen, sagt dazu in seinem Buch „Den Christen die Freiheit", Zitat: *Und wenn der Beter vom Psalm 51 zu Gott schreit :"Sei mir gnädig mein Gott! In deiner großen Barmherzigkeit tilge meine Schuld"!, hat ihm da Gott nicht verziehen? Hat er ihm die kalte Schulter gezeigt? Hat er ihm geantwortet: Warte noch 500 Jahre, bis mein Sohn am Kreuz gestorben ist? Die Theologen, die immer eine Antwort finden, sagen dann: Gewiss, Gott hat ihm sofort verziehen, aber nur weil er den Tod seines Sohnes voraussah - eine Erklärung, die uns schwerlich befriedigen kann. Ist denn Gott so grausam und unversöhnlich, dass er nur verzeiht, wenn zuvor sein Sohn geschlachtet wird? <u>Ist das nicht ein grässliches Gottesbild, von dem wir uns mit Schauder abwenden müssen?</u>* Zitatende [051].

Von was hat uns Christus erlöst?

Aber die Kirche und auch die Bibel sprechen vom Erlöser. Wenn nun die Schöpfungstheologie sagt, dass es die Erbsünde mit ihrer Erbschuld in der bisher gedachten Form nicht gibt, dann steht die Frage: Von was hat Christus uns erlöst? Wir haben schon darüber gesprochen, dass uns Christus von der Zerrissenheit durch jenes ambivalente Gottesbild befreit hat das gleichzeitig einen drohenden und einen liebenden Gott zeichnet. Jesus hat uns durch seine Botschaft über den bedingungslos liebenden Vater- Gott, von Angst und Unfreiheit gelöst. Er hat sich als Prophet und Reformer mit Leidenschaft bedingungslos dieser Botschaft hingegeben und ist dafür sogar in den Tod gegangen, in den Tod am Kreuz. Gott selber, jener bedingungslos liebende Gott, der Vater, hat mit ihm und durch ihn und in ihm gelitten, ja er ist auch mit ihm gestorben und er ist mit ihm auferstanden. Wir aber haben nun die Möglichkeit den Dualismus abzulegen und den Glauben an jenen bedingungslos liebenden Gott anzunehmen. Wir haben die Möglichkeit die Botschaft Jesu im Glauben zu hören und in ihr zu leben. Er hat uns von der Unfreiheit gelöst, erlöst, befreit. Er hat uns zur Freiheit geführt. Zitat aus dem NT: *Der Geist des Herrn ist über mir. Er salbte mich dazu den Armen frohe Botschaft kund zu tun. Er sandte mich, Gefangenen Erlösung, Blinden das Augenlicht zu verkünden, Niedergebrochene in die Freiheit zu entlassen.* Zitatende [052]. Wir können uns vom Dualismus, dem Gegeneinander der Sündenfall-Erlösungstheorie lösen. Wir können anfangen zu begreifen, dass wir alle, die Welt um uns und alle Welten im Kosmos Teil eines großen Ganzen sind, Teil jenes großen Segens, den die Schöpfungstheologie uns aufzeigen möchte. Ich sehe im Glaubensbekenntnis den historischen Jesus von Nazareth und ich sehe den Christus den Erlöser auch in Ihm. Aber ich sehe diesen Christus, diesen Erlöser, diesen Atem Gottes ebenso auch in jedem Menschen. Für mich ist er der von Anbeginn an „eingeborene" Gott im Menschen, der Christus, der Erlöser. Jesus hat, nach meinem Glaubensverständnis, durch sein Leben, durch seine Lehre und durch sein Bekenntnis „Ich und der Vater sind eins" eine neue Zeit angestoßen.

10.   ... SEINEN EINGEBORENEN SOHN ...

10.01. Der „einzige" Sohn Gottes?

Die Kirche spricht vom „einzigen" Sohn Gottes. Wie sehr dieses Bild vom „einzigen" Sohn Gottes stümperhaft vermenschlicht ist wird deutlich, wenn man sich den unendlichen, unbegrenzten, freien, allmächtigen Gott, den Gott der überfließenden Fülle versucht vorzustellen, und diesem Gottesbild dann gleichzeitig den Mangel eines „einzigen" Sohnes gegenüberstellt. Nein, Gott hat nicht nur einen einzigen Sohn er hat unzählig viele Söhne und er hat auch Töchter. Das können sich einige zölibatäre Männer allerdings nicht vorstellen. Alle Menschen sind Kinder Gottes also Söhne und Töchter Gottes. Schon in der Genesis lässt die Bibel Gott sprechen, Zitat: *Lasset Uns den Menschen machen als Unser Bild, nach Unserm Gleichnis* , Zitatende [053]. Wesen die nach seinem Bild und Gleichnis geschaffen sind, sollen das keine Kinder Gottes sein? Sind die Menschen nun Kinder Gottes oder sind sie es nicht? Wenn alle Menschen aber Kinder Gottes sind, dann sind sie Söhne und Töchter Gottes. Wenn Jesus die Menschen lehrt zu jenem unendlichen kosmischen Bewusstsein „Vater" zu sagen, dann hat er indirekt auch bekräftigt, dass alle die so sagen Kinder dieses Vaters sind. Die Bibel spricht an vielen Stellen von den Kindern Gottes. Als Beispiel sei hier nur erwähnt die Aussage aus dem Johannesevangelium, Zitat: *Doch allen die ihn aufnahmen verlieh er Kraft, Kinder Gottes zu werden.* Zitatende [054]. Oder sehen wir uns die Aussagen der Urkirche an, Zitat aus dem Römerbrief: *Alle die sich vom Geiste Gottes leiten lassen sind Kinder Gottes. Ihr habt doch nicht den Geist der Knechtschaft empfangen sodass ihr euch von neuem fürchten müsstet. Nein! Ihr habt den Geist der Annahme als Kind empfangen, indem wir rufen: Abba, Vater. Der Geist bezeugt es selbst mit unserm Geist zusammen, dass wir Kinder Gottes sind. Und sind wir Kinder, alsdann sind wir auch Erben; nur müssen wir mit ihm auch leiden* (wachsen und werden) *um mit ihm verherrlicht zu werden.* Zitatende [055]. Ja, Jesus war Sohn Gottes aber nicht der „einzige". Gott hat viele Söhne und auch Töchter, denn alle Menschen sind nach seinem Bild und Gleichnis geschaffen, auch die Menschen aus anderen Religionen und Kulturen. Ich meine: Alle Menschen sind Kinder Gottes, nicht nur die Christen. Selbst Menschen die vom rechten Weg abweichen sind noch seine Kinder. Als Familienvater weiß ich wie sehr mancher irdische Vater darum bangt, ob seine Kinder wohl auch einen rechten Weg gehen werden. Und so wie jeder halbwegs gute Familienvater eines seiner Kinder das vom rechten Weg abkam nicht fallen lassen wird, so wird mit Sicherheit auch jener bedingungslos liebende Gott einen Menschen nicht fallen lassen der sich von ihm abwendet. Die Frage der Gerechtigkeit steht auf einem anderen Blatt. Ich bin sicher, dass Gott hierfür auch eine Lösung hat. War Jesus von Nazareth der „einzige" Sohn Gottes? Diese Frage muss ich mit einem klaren „Nein!" beantworten. Und doch er war „Sohn Gottes"! Ich kann den Glaubensartikel voll und ganz bekennen der da sagt: Ich glaube an ... Jesus Christus ... seinen „eingeborenen" Sohn. Christus ist für mich der in den Menschen „hin – eingeborene" Gott.

10.02. Der in den Menschen hin -eingeborene Gott.

Für mich ist diese Aussage vom „einzigen" Sohn ein besonderes Beispiel für die Bildsprache der Bibel die wir verstehen lernen müssen. Ich meine die Kirche spricht sehr leichtfertig vom „einzigen" Sohn Gottes. Im Glaubensbekenntnis aber sprechen wir vom „eingeborenen" Sohn Gottes. Also nicht vom „einzigen" Sohn. Als „Eingeborene" bezeichnen wir in unserer Sprache Menschen die in ein bestimmtes Land „hinein" geboren wurden. So sehe ich auch den Begriff des eingeborenen Sohnes Gottes. Christus, der Erlöser, ist für mich der in den Menschen seit Anbeginn der Welt hin-eingeborene Gott. In dem Augenblick in dem sich Gott (ich spreche im Bild) über die Erde beugte und ihr seinen Odem einhauchte um den Menschen zu machen nach seinem Bild und Gleichnis, in diesem Moment zeugte er seine Söhne und Töchter. Jesus Christus ist für mich deshalb „Sohn Gottes". Aber nicht nur er, alle Menschen sind wie ER Söhne und Töchter Gottes. Allerdings! Jesus von Nazareth war der erste Mensch der von sich sagen konnte „Ich und der Vater sind eins". Wir alle sind dazu berufen ihm, Jesus von Nazareth, zu folgen und so in Gott hinein zu wachsen, dass auch wir eines Tages sagen können wie ER, Zitat: *„Ich und der Vater* *sind eins"* [056]. Natürlich war Jesus von Nazareth in ganz besonderer Weise und zutiefst mit Gott verbunden, weil er sein Leben als Prophet und Reformer in ganz besonderer Weise und voll Leidenschaft für die Botschaft von diesem Gott einsetzte und hingab.

10.03. In jedem Menschen begegnet uns Gott.

Wenn alle Menschen Töchter und Söhne Gottes sind, dann begegnen wir in jedem Menschen dem unendlichen Gott. Sobald wir dieses Bild in unserem Unterbewusstsein verinnerlicht haben, werden wir sicherlich mit viel größerer Ehrfurcht unserem Nächsten begegnen. Die Kirche konnte oftmals so überaus grausam zu Menschen sein, weil sie diesen Gott im Menschen nicht sah. Ja sie hat vor allem jene Menschen die nicht ihrer Religion angehörten zeitweise als Tiere angesehen die keine eigene Seele haben. So geschehen durch Christoph Columbus und seine Helfershelfer. Welch ein Irrtum! In jedem Menschen begegnet uns Gott. Auch und vor allem in den Menschen die Mangel leiden. Ich denke hier in besonderer Weise an die Menschen in den Entwicklungsländern. Es ist beschämend wie viele Menschen in Europa heute auf hohem Niveau jammern, und sich auf Kosten der Armen einen hohen Lebensstandard leisten. Wir alle wären heute Kraft der Technik und der Wirtschaft in der Lage einen hohen Wohlstand für alle Menschen weltweit zu sichern. Wir müssten nur alle, aber wirklich alle ohne Ausnahme, eine Weltwirtschaftssteuer zahlen mit deren Hilfe die Armut bekämpft werden könnte. Aber nicht durch Almosen, sondern durch echte Hilfe zur Selbsthilfe. Eine solche Weltsteuer würde dann nicht nur den Armen helfen, sie würde auch die Weltwirtschaft ankurbeln. Viele Arbeitsplätze würden neu entstehen und somit würde die Arbeitslosigkeit bekämpft. Aber noch eines ist hier zu bedenken. Kraft der Technik sind wir heute in der Lage durch sinnvolles Recycling Grundstoffe zu sparen und viele Güter in kürzester Zeit zu erstellen. So bräuchten wir weltweit nicht mehr so lange zu arbeiten wie früher. Wir müssen lernen nur noch 35, oder noch weniger Stunden je Woche zu arbeiten. Allerdings ohne vollen Lohnausgleich!!! Die Industrienationen, und allen voran Deutschland, haben seit den siebziger Jahren des letzten Jahrhunderts im Gegensatz zu den Schwellenländern auf zu hohem

Niveau gelebt. Die Globalisierung der Weltwirtschaft reißt jetzt die Zäune nieder und so verlangen auch die Schwellenländer einen Teil vom Kuchen. Wir sollten uns darauf einstellen wenigstens einen Teil der durchschnittlich 2% bis 3% Produktivitätssteigerung pro Jahr bei gleich bleibenden Lohn (bzw. bei nur geringer Lohnsteigerung) in Arbeitszeitverkürzung umzusetzen. Dann könnten wir, bei gleichbleibenden Löhnen, in zehn Jahren z.B. etwa 10% Arbeitszeitverkürzung erreichen. Wir könnten dann Arbeitsplätze an Arbeitslose und an Schwellenländer abgeben. Wir könnten vielmehr als bisher spielen, nachdenken und feiern. Wir könnten dann aber auch viel mehr „Mensch sein" als bisher. Und das weltweit! Dieser Zukunftsaussicht steht nur unser Egoismus, unser Neid und unsere Missgunst im Wege. Technik und Naturschätze hat uns Gott in ausreichendem Maße gegeben. Warum nutzen wir diese Geschenke nicht? Warum zerstören wir Geist und Umwelt und damit langfristig uns selbst? Warum stoppen wir die Bevölkerungsexplosion nicht durch eine Verbesserung der wirtschaftlichen Situation in den Entwicklungsländern? In den reichen Industrieländern haben wir die Bevölkerungsexplosion schon gebremst. Hier wäre eine Aufgabe für die Kirche. Warum kämpft sie nicht für das Wohl der Menschen? Warum vergeudet sie ihre Zeit um ein kirchliches Gesetzbuch zu erstellen und Menschen nach diesen Gesetzen zu beeinflussen und abzuurteilen? Warum lässt sie die Einheit in der Vielfalt nicht zu? Warum versucht sie das Denken der Menschen zu uniformieren? Warum verbündet sich die Kirche nicht mit allen anderen Religionen der Welt um für die Menschen und deren Wohlergehen zu kämpfen? Nicht mit Gewalt, sondern mit Aufklärung, Schulung, und Förderung des Wachstums der Seele! Kurz durch Persönlichkeitsbildung. Aber wie schon angesprochen, die Kirche müsste sich in Demut einreihen in die Schar der Weltreligionen und müsste ohne Hochmut der Menschheit dienen. Das was heute die Amts-Kirche ausmacht, kann ich nicht als das erkennen was Jesus von Nazareth gewollt hat.

10.04. Jesus der Sohn (die Tochter) Gottes im Menschen

Der mit Gott zutiefst verbundene Mensch

Jesus zeigte durch sein Leben und Wirken wie machtvoll ein Mensch leben kann wenn er sein Bewusstsein, vor allem aber sein Unterbewusstsein so reinigt, dass er mit dem unendlichen kosmischen Bewusstsein, mit Gott, Verbindung aufnehmen kann. Unser Unterbewusstsein ist das Organ das uns befähigt in Verbindung treten zu können mit dem unendlichen kosmischen Bewusstsein. Dr.Joseph Murphy schreibt hierzu, Zitat: *Durch die Jahrhunderte hat es immer wieder Berichte über spirituelle Wunderheilungen gegeben. Jesus heilte Blinde und Lahme. Jesus war ein Mensch wie jeder andere. Der einzige Unterschied zwischen Jesus und den meisten anderen Menschen bestand darin, dass er intensiver meditiert hatte, intensiver die Wahrheiten Gottes in sich aufgenommen hatte, sodass er mehr Göttlichkeit in seinem Leben zum Ausdruck brachte. Und er hatte ein klares Gespür für sein Einssein mit Gott. Er sagte zu uns allen: „Wer an mich glaubt, wird die Werke, die ich vollbringe auch vollbringen, und er wird noch größere vollbringen ... ,,* [057]. *Auch sagte er: „ Und durch die, die zum Glauben gekommen sind, werden folgende Zeichen geschehen: In meinem Namen werden sie Dämonen austreiben; sie werden in neuen Sprachen reden; ... und die Kranken denen sie die Hände auflegen, werden gesund werden.* [058]*" Die Macht zu Heilen entsteht aus dem Glauben, dass mit Gott alle Dinge möglich sind.* Zitatende [059]. Diese Macht hat das Unterbewusstsein eines jeden Menschen auch heute noch. Kurt Tepperwein, Heilpraktiker und Therapeut, Dozent an der Akademie der Wissenschaften, Leiter des internationalen Arbeitskreises für Mental-Training. Er berichtet in seinem Buch „Loslassen was nicht glücklich macht" [060] über einen Fall von Spontanheilung eines Krebskranken Mannes der von den Ärzten schon aufgegeben war. Reinhart Stalmann, Journalist, Schriftsteller und Psychotherapeut, berichtet in seinem Buch „Um Leib und Seele" [061] über einen Fall von Heilung durch Lebenslust, in Finnland um das Jahr 1961. Damals ging es um eine Frau die, an Lymphdrüsenkrebs erkrankt, schwanger wurde, eine Strahlenbehandlung abbrach, ihr Kind gesund zur Welt brachte und anschließend zur Überraschung der Ärzte völlig geheilt war. Auch in meiner unmittelbaren Umgebung konnte ich solche Heilungen persönlich erleben. So bin ich überzeugt, es gibt auch heute noch jene Heilkraft von der die Bibel aus dem Leben Jesu berichtet. Voraussetzung für die Realisierung dieser Heilkraft ist die tiefe Verbindung mit dem unendlichen kosmischen Bewusstsein. Und diese Verbindung ist unabhängig von Konfession und Religion. Es ist eine ganz persönliche Verbindung zwischen Gott und Mensch.

Leben, Sterben und die Auferstehung Jesu ist ein Zeichen

Mit dem historischen Jesus fühle ich mich sehr verbunden. Ich kann IHN den Menschen und Reformer sehr gut verstehen, wenn er am Abend vor der drohenden Auseinandersetzung mit seinen Gegnern in Sorge war und mit seinen engsten Freunden das Abendmahl feierte. Ich kann verstehen, dass er im Glauben an die Allmacht Gottes Brot und Wein nahm und seinen Freunden sagte: „Wenn ich nicht mehr unter euch sein sollte dann tut dies zu meinem Gedächtnis". Er wollte auch nach seinem Tod ihnen nahe sein. ER, der mit Gott zutiefst verbundene Mensch der von sich sagen konnte Ich und der Vater sind eins. Bleibt nur die Frage: Warum konnte dieser Tod geschehen? Warum hat Ihn sein Glaube nicht gerettet? Die Antwort ist für mich einfach. Weil ER nicht nur mit Gott nahezu eins war, ER war auch ganzer Mensch mit all seinen inneren und äußeren Schwierigkeiten und Ängsten. Das Bild von der Todesangst am Ölberg zeigt es uns doch überdeutlich. Er ist an seinen menschlichen Ängsten zerbrochen. Aber dann im Augenblick des Todes ist Gott mit IHM gestorben und auferstanden. Durch IHN hat Gott gelebt, und mit IHM ist Gott gestorben, und in IHM ist Gott auferstanden. So und nicht anders geschieht es nach meinem Glauben mit jedem Menschen. SEIN Leben ist für alle Menschen ein Zeichen. Durch Dich lebt Gott, in Dir leidet und stirbt Gott und mit Dir wird Gott wieder auferstehen. Jeder Erfolg im Leben ist eine Auferstehung. Im Tod gibt es dann eine endgültige Auferstehung. Durch dich, mit deinem Geist in deinem neuen Leib wird Gott wieder auferstehen in jener neuen Erde und unter dem neuen Himmel, den ER mit Dir zusammen schafft. Das Christentum ist eine Auferstehungsreligion. Nicht das Kreuz ist des Ende, sondern die Auferstehung. So sehe ich Jesus den Christus im

Menschen. In jedem Menschen. Als Sohn Gottes, als Tochter Gottes im Menschen sehe ich IHN.

11.   ... UNSERN HERRN ...

11.01. Unser Herr wollte nie „Herr" sein.

Er wollte nicht herrschen

Wenn ich im Glaubensbekenntnis bekenne Jesus von Nazareth ist unser „Herr", dann meine ich er ist unser Vorbild, und sein Leben sowie seine Lehre sind das Zentrum unserer Glaubens- Gemeinschaft. Ich sehe ihn nicht als den „Herrn" im Sinne von einem Vorgesetzten, nicht im Sinne von einer Person die als Herr über andere steht und herrscht. Ich sehe das deswegen nicht so weil er selbst es nicht so wollte. Im Beispiel der Fußwaschung [062] hat er ja deutlich genug gesagt und praktisch gezeigt wie sehr er es ablehnte ein Herr im Sinne eines Herrschers zu sein. Leider hat die katholische Kirche diese Forderung vergessen. Der Papst hat sich zum Stellvertreter dieses Mannes aus Nazareth gemacht und hat dabei vergessen was Jesus gewollt und vorgelebt hat. Kaum war das Papsttum gegründet da haben viele Nachfolger des Petrus sich mit göttlicher Macht umgeben und haben begonnen wie Herren zu herrschen. Die Geschichte des Papsttums ist leider auf weite Strecken eine Straße der selbstherrlich herrschenden Herren geworden. Ganz besonders gefährlich ist dabei die Anmaßung von göttlicher Macht. Sie haben sich mit göttlicher Macht umgeben um unangreifbar zu werden. Wer den Papst kritisiert hat Gott angegriffen. Der Papst wurde zum „Heiligen-Vater" hochstilisiert. So einfach ist es Macht zu erhalten bis in die Zeit der Demokratie hinein, bis in die Zeit der 2000er Jahre hinein. Die Demokratie ist im profanen, weltlichen Bereich gewachsen. Eigentlich hätte die Kirche der Welt zeigen müssen wie man eine gut funktionierende Demokratie aufbaut und praktisch lebt. Das Leben und die Lehre des Jesus von Nazareth haben die Grundlagen dazu gelegt. Die Institution Kirche aber ist leider den Verlockungen der Macht erlegen.

Er wollte keine Kirche gründen

An dieser Stelle denke ich muss noch einmal eine überaus wichtige Frage angesprochen werden, es ist die Frage: „Hat Jesus von

Nazareth wirklich eine Kirche gründen wollen?" Viele Theologen sagen heute: Jesus von Nazareth war in erster Linie Jude. Er wollte in erster Linie, und dies mit glühender Leidenschaft, den jüdischen Glauben seiner Zeit reformieren. Für dieses Ziel ist er leidenschaftlich eingetreten und hat selbst sein Leben nicht geschont. Er ist an diesem Werk im Tod am Kreuz zerbrochen. Allerdings hat er noch im Sterben sein Werk, sein Wollen, sein Lebensziel in die Hände Gottes, seines und unseres Vaters, in die Hände des Urquells allen Seins gegeben. *Vater in deine Hände empfehle ich meinen Geist.* [063] Diese Worte kamen nicht aus ihm selbst, er nahm sie aus dem alten Testament, aus dem Psalm 31, [064] aber er hat diese Worte zu seinen eigenen Worten gemacht. Dass nach seinem Tod aus diesem Lebenswerk sich das Christentum entwickelt hat ist in meinen Augen eine Entwicklung Kraft des Wirkens des heiligen Geistes, jenes Geistes aus dem Kosmos, von dem er ja auch sprach. Und aus diesem Blickwinkel heraus erkennt man auch wie groß die Sünde der Kirche wider den heiligen Geist ist. Hätte die Kirche schon ab dem 3. Jahrhundert nicht permanent gegen den heiligen Geist gesündigt, wäre sie die Gebärmutter der Demokratie geworden.

11.02. Der neue Führungsstil in der Wirtschaft.

Moderator werden, nicht „Herr" sein

Heute wird in der Betriebswirtschaft oft darüber gesprochen, dass der Mensch Mittelpunkt im Unternehmen werden muss. Es gilt immer mehr die Aussage: „Der Mitarbeiter, unser wichtigstes Kapital". Das Führungssystem TQM (Total-Quality-Management [006] = Führung über ein in allen Unternehmensbereichen totales Streben nach Qualität), verlangt unter anderem vor allem eine totale Mitarbeiterorientierung. Die Führungskraft ist nicht mehr so sehr der „Vorgesetzte". Führungskräfte müssen in Zukunft wirklich führen, d.h. sie müssen dem Mitarbeiter helfen im Wachstum, im Werden voran zu kommen. Führungskräfte werden in Zukunft keine Herrscher, keine „Herren" im Sinne von Herrscher mehr sein, sie müssen Moderator werden. Genau das aber wollte dieser Jesus von Nazareth, er wusch seinen Freunden die Füße, er sagte der größte unter euch sei der Diener aller. Die freie Wirtschaft hat erkannt, dass der sechste Produktionsfaktor, das „Vertrauen" die Grundlage erfolgreicher Zusammenarbeit ist. Diese Grundsätze hat dieser Jesus von Nazaret schon vor 2000 Jahren gefordert. Die Bibel sagt dazu folgendes: In Lukas, Zitat: *Auch gab es bei ihnen Streit darüber, wer unter ihnen der Größte wäre. Er sprach zu ihnen: „Die Könige der Heidenvölker wollen über sie den Herrn spielen; ihre Mächtigen lassen sich 'Wohltäter' nennen. Bei euch soll es aber nicht so sein; vielmehr der Größte unter euch soll wie der Jüngste, der Vorsteher wie der Diener werden.* Zitatende [065]. Oder in Markus, Zitat: *Doch Jesus rief sie zu sich her und sprach: „Ihr wisst: Die Fürsten der Heidenvölker wollen den Herrn spielen und lassen ihre Untertanen ihre Macht fühlen. Bei Euch aber wird es nicht so sein: Wer unter euch ein Großer sein will, sei euer Diener.* Zitatende [066]. Oder in Matthäus, Zitat: *Ihr sollt euch nicht Rabbi* (Lehrer, Meister) *nennen lassen. Nur einer* (Gott) *ist euer Lehrer, ihr aber seid alle Brüder.* Zitatende [067].

Die Kirche muss ihr Führungssystem ändern

Die Betriebswirtschaft versucht nach 2000 Jahren jenes Führungsprinzip zu verwirklichen, das Jesus von Nazareth wollte. Die Kirche hat es leider bis heute noch nicht verstanden die Menschen in seinem Geist zu führen. Die Kirche führt die Menschen nicht zum „Werden", sie führt die Menschen nicht in die Evolution, sie führt sie in eine statische, diktatorische Abhängigkeit. Eine diktatorische Führung kann in ganz bestimmten Situationen, für eine bestimmte Zeit, sinnvoll sein. Ziel jeder Menschenführung aber muss langfristig immer das Werden der Einzelpersönlichkeit im Auge haben. Hier liegt meines Erachtens die gewaltige Sünde der Kirche und der wahre Grund des derzeitigen Niederganges im christlichen Glauben. Die Zeit ist reif für einen neuen Aufbruch. Den christlichen Kirchen kann man nur zurufen: Kehrt um ehe es zu spät ist!

11.03. Der Absolutheitsanspruch im westlichen Denken.

Nicht das christliche Glaubensbekenntnis bereitet mir Probleme, sondern der fundamentalistische Absolutheitsanspruch im westlichen Denken. Leider hat sich dieses absolutistische Denken auch in der Theologie festgesetzt. Betrachtet man das Fundament fernöstlicher Denkweise, so wird sichtbar, wir haben diese Gedanken eingangs schon angesprochen, dass in den fernöstlichen Kulturen eine größere Freiheit im Denken der Menschen herrscht. Nur die Theologen des Abendlandes spielen sich auf und tun so als könnten sie Kraft ihres menschlichen Geistes das Denken dessen ergründen der da ist der unendliche Urgrund allen Seins. Welch eine unglaubliche Überheblichkeit. Dabei hat Jesus von Nazareth durch seine Lehre und sein Leben ein Beispiel für diese Weite des Denkens gegeben. Er hat mit dem Blick auf geistige Auseinandersetzungen gesagt: *Lasst beides wachsen bis zur Ernte* [068], er hat den Kontakt mit Frauen nicht gemieden obwohl seine Zeit patriarchalisch war, er hat mit anders denkenden Menschen Kontakt aufgenommen z.B. mit der Samariterin am Jakobsbrunnen [069], er hat auch den Samariter (den Ausländer) [070] in seine Gleichnisse mit aufgenommen, er hat mit der Prostituierten gesprochen ja er hat sogar ihre persönlichen Küsse und Liebesbezeugungen angenommen [071]. Warum ist die katholische Kirche und ihr „Stellvertreter Gottes auf Erden" so engstirnig und untolerant? Warum treten die Führungskräfte der Kirche wie „Herren" auf? Warum lassen sie sich „Hochwürden" nennen, oder gar „Exzellenz"?

11.04. Ein Personenkult den Jesus von Nazareth nicht wollte.

Herrscher oder Moderator?

Wo Menschen zusammen arbeiten wollen brauchen sie einen Moderator. Wir haben schon zu Beginn unserer Überlegungen unter Punkt 03.12 darüber gesprochen. Ein Moderator aber dient der Gruppe, er herrscht nicht, er spielt sich nicht als „Herr" auf. Wenn ich sehe wie die Massen Papst Johannes Paul den II auf seinen Reisen zujubeln, dann werde ich immer sehr nachdenklich. Bei aller Achtung vor diesem Mann und seiner Lebensleistung habe ich dennoch Bedenken wegen dem Massenjubel. Ich habe als Kind und Jugendlicher erlebt wie die Massen dem Diktator Adolf Hitler zugejubelt haben. Viele Menschen suchen einen „Herrn" einen starken „Herrscher" oder eine starke „Institution" in deren Schutz man sich flüchten kann ohne in Eigenverantwortung sich selbst entscheiden zu müssen. Führer befiehl wir folgen dir. Das war eine Losung die in jener unseligen Nazidiktatur sehr weit verbreitet war. Und wie viele sind diesem Diktator blindlings gefolgt, wie viele haben sich nach dem Krieg in Prozessen auf den „Befehlsnotstand" berufen. Die Kirche wäre gut beraten wenn sie jeglichen Personenkult ablegen würde. Sie könnte eine starke Gemeinschaft der Glaubenden werden wenn sie über einen guten Moderator jene Einheit in der Vielfalt pflegen würde von der wir schon sprachen.

Einheit in der Vielfalt

Einheit in der Vielfalt aber verlangt, dass jeder Einzelne sich trotz aller Einheit ganz persönlich entscheiden muss. Es wird nicht ein vorgekautes Ergebnis vorgelegt sondern eine Vielfalt an Möglichkeiten angeboten. Aus diesem Angebot muss dann in Freiheit und in Eigenverantwortung ein ganz persönlicher Weg gewählt werden. Hier liegt aber die Bewusstseinsänderung die in naher Zukunft immer mehr von allen Menschen gefordert wird. Besonders im Wirtschaftsleben wird den Menschen in naher Zukunft diese Bewusstseinsänderung zur Eigenverantwortung immer häufiger abverlangt werden. Warum bieten die Kirchen den Menschen nicht die Möglichkeit des Einübens? Gerade die Kirchen müssten doch wissen, dass es so viele Wege zu Gott gibt wie es Menschen gibt.

11.05. Die andere Menschenführung

Selbstorganisation

Ob in der Wirtschaft oder im Bereich der Kirchen, in Zukunft werden Führungskräfte eine neue Art der Menschenführung akzeptieren müssen. Im Rahmen dieser Menschenführung werden die Führungskräfte keine „Herren" mehr sein im Sinne von Herrschern. Im Wirtschaftsleben wird in Zukunft die Turbulenz der Märkte zunehmen. Unternehmen die eine solche Bewegtheit, diesen "Tanz der Märkte" nicht wollen, werden untergehen. Zukunftsfähige Unternehmen lieben diese Bewegtheit. Ein neues Führungskonzept, genannt TQM, über das wir schon wiederholt gesprochen haben [006], ist die Antwort auf diese Turbulenz. Gesunde zukunftsfähige Unternehmen werden die starre, statische Form der Organisation aufgeben und Schritt für Schritt zu einer neuen flexiblen Selbstorganisation übergehen, die sich aus der täglichen Notwendigkeit ergibt. Da kann es z.B. geschehen, dass zwei Unternehmensbereiche plötzlich zusammenwachsen, weil sich am Markt eine Produktinnovation abzeichnet die ihre Produkte betrifft. Diese Bereiche dürfen nun nicht auf ihre Eigenständigkeit pochen. Sie müssen frühzeitig kooperieren, müssen rechtzeitig Commitments, Absprachen, treffen und ihr Handeln nach dem Markt ausrichten. Das kann zu Planabweichungen führen die bewusst in Kauf genommen werden und schon im Verlauf des Jahres werden sich neue Planziele herausbilden die in die kommende Jahresplanung wieder einfließen. Diese Kooperation kann soweit gehen, dass beispielsweise schon während des Jahres zwei verschiedene Bereiche ihre Zahlungen für eine Erfolgsbeteiligung zusammenlegen und aus einem Topf des gemeinsamen Erfolges zahlen, weil der Gewinn des einen Bereiches der Verlust des anderen ist.

Eine höhere Ordnung liegt in der Freiheit

Der Unternehmensberater und Zukunftsforscher Gerd Gerken spricht deshalb vom „Chaosmanagement". Er verweist auf Ergebnisse aus der Chaosforschung wo man erkennt, dass Chaos eigentlich als "höhere Ordnung" zu verstehen ist. Gerd Gerken schreibt in seinem Buch: "Manager... Die Helden des Chaos" wie folgt, Zitat: *Wir sehen also, dass die kommende kinetische Phase Ordnung und Chaos wechselseitig relativiert, weil Bewegung und Veränderung zur dominanten Konstante werden. Deshalb geht es beim Chaos-Management nicht mehr um die Organisation in Strukturen, sondern um die Organisation von Bewegung und Selbstüberwindung, genannt die "Organisation der Selbstorganisation".* Zitatende [072]. Es ist sicherlich auch für Außenstehende leicht erkennbar, dass Menschenführung in einem solchen Umfeld noch schwieriger sein wird als sie es bisher schon war. Unsere Führungskräfte werden deshalb jenen gewaltigen Bewusstseinswandel genau so hart spüren wie unsere Mitarbeiter. Wir alle müssen umdenken. Wir alle kommen aus einem Umfeld das von statischer Organisation geprägt war und wachsen in ein Umfeld hinein das dynamische Selbstorganisation fordert. In der Freiheit liegt eine höhere Ordnung. Wie aber sollen die Menschen, Führungskräfte und Mitarbeiter, diese Bewusstseinsänderung verkraften wenn im religiös, kulturellen Bereich der Kirchen noch eine Atmosphäre des Herrschens praktiziert wird die von einem gemeinsamen, unfehlbaren „Herrn" ausgeht? Einem Herrn der nicht im Sinne eines Moderators arbeitet sondern mehr als Herrscher?

Flexibilität in der Menschenführung

Es wird in der Wirtschaft heute viel über neue Führungssysteme, über "Management by ... " geredet und geschrieben. Es werden viele Führungsstile angepriesen. Die Frage ist nur: "Welcher Führungsstil ist der richtige?" In der Zeitschrift "Harvard Business manager" Heft 5/2000 berichtet Daniel Goleman [073] über eine wissenschaftliche Erhebung bei der weltweit fast 400 Manager zu ihrem Führungsdenken und Handeln befragt wurden. Hierbei konnten sechs charakteristische Führungsstile herausgeschält werden. Wie sich zeigte, sind vor allem jene Manager erfolgreich, die ihren Führungsstil der Situation entsprechend wechseln können. So kann selbst ein autoritärer Führungsstil in einer Notsituation, z.B. bei Feuergefahr, richtig sein. Diese sechs Führungsstile kann man (in Anlehnung an Goleman) wie folgt darstellen:

- Das Befehlen .. diktieren .. autoritärer Führungsstil .. verlangt Gehorsam .. „tun Sie was ich Ihnen sage" .. kann in einer Krise richtig sein .. ist aber auf Dauer negativ.
- Das Begleiten .. mitreißen .. Führungsstil mit Vorbildcharakter .. spornt an .. „gehen Sie mit mir den neuen Weg" .. ist gut wenn eine neue Vision anzustoßen ist .. kann auch längerfristig positiv wirksam sein.
- Das Verstehen .. harmonisieren .. von Humanismus geprägter Führungsstil .. „für mich zählt der Mensch" .. begünstigt ein motivationsfreudiges Klima .. wirkt langfristig positiv.
- Das Kooperieren .. werben, Demokratie .. auf Zusammenarbeit ausgerichteter Führungsstil .. „was halten Sie davon?" .. schafft Freiräume für wertvolle Mitarbeiter .. wirkt positiv.
- Das Fordern .. anspornen, leistungsbetont .. auf Tatkraft und Erfolgsdrang ausgerichteter Führungsstil .. „machen Sie es wie

ich" .. bringt unter Zeitdruck schnelle Ergebnisse .. wirkt langfristig bevormundend und daher negativ.
- Das Fördern .. trainieren, unterrichtend, coachend .. auf Evolution ausgerichteter Führungsstil .. „versuchen Sie doch den neuen Weg zu gehen" .. fördert die Mitarbeiter wenn in Umbruchzeiten ein neues Bewusstsein zu bilden ist .. wirkt langfristig positiv.

Emotionale Intelligenz

Hier taucht die Frage auf: „Was können Führungskräfte tun um ihr Führungsverhalten zu vervollkommnen"? Wie kann man dieses flexible Führen und ein erfolgreiches Spielen auf dem Klavier der sechs Führungsstile erlernen? Es zeigt sich, dass in Zukunft von unseren Führungskräften vor allem "emotionale Intelligenz" gefordert wird. Daniel Goleman definiert emotionale Intelligenz wie folgt, Zitat: *Emotionale Intelligenz ist das Vermögen sich selbst und seine Beziehungen zu anderen effektiv zu steuern. Sie setzt sich aus folgenden grundlegenden Fähigkeiten zusammen: Selbstreflexion, Selbstmanagement, soziales Bewusstsein und Sozialkompetenz.* Zitatende [074]. Führungskräfte müssen in Zukunft wirklich führen. Die geforderte Neuorientierung, der nötige Bewusstseinswandel fordert Führungskräfte ebenso wie Mitarbeiter. Das aber gilt nicht nur für die Wirtschaft, sondern auch im Bereich der Kirchen. Vor Gott gibt es keine Herren und auch keine Hochwürden.

11.05.   Der drohende Rückfall in alte Strukturen der Menschenführung.

Nur Einzelkämpfer siegen?

Derzeit gibt es in allen Bereichen des öffentlichen Lebens, egal ob in kirchlichen Kreisen oder in der Wirtschaft, auch die Tendenz des Rückschrittes im Führungsverhalten. In der Management Literatur werden z.B. auch Stimmen laut die einen Rückfall in alte autoritäre Strukturen fordern. Diesen Stimmen liegt eine menschenverachtende Ethik zugrunde, eine Führungskultur die den Versuch ein TQM-orientiertes Führungssystem zu installieren mit

Sicherheit zum Scheitern verurteilt. Als Beispiel sei das Buch von Prof. Reggie von Zugbach "Nur Einzelkämpfer siegen" angeführt. Offensichtlich gibt es im Kreis unserer Führungskräfte doch noch sehr viele Rambos. Es handelt sich hier um Führungskräfte die sich noch keine Grundkenntnisse in "Emotionaler Intelligenz" angeeignet haben. Menschen die in krankhaftem Zwang nur sich selbst sehen und andere höchstens dann akzeptieren wenn die sich "kaufen" lassen. Der ECON Verlag schreibt auf die Einband-Innenseite zum erwähnten Buch folgende Werbung, Zitat [075]: *Reggie von Zugbach, schottischer Wirtschaftswissenschaftler, Unternehmensberater und Managementcoach, schlägt zu: Mit diesem Buch von dem der Londoner "Sunday Telegraph" schreibt: "Millionen werden es lesen, weil sie endlich wissen wollen was im Berufsleben falsch gelaufen ist", zertrümmert er die jahrzehntelang gepflegten Bilder harmonischer und effektiver Hierarchien im Wirtschaftsleben. Nicht im Team, nicht durch Rücksichtnahme und feinfühliges Eingehen auf den Partner im Unternehmen erzielen wir die Erfolge: Nur der Rambo im Nadelstreifen hat eine wirkliche Überlebenschance. Nur wer - um fast jeden Preis - die Nummer eins sein will, wird nicht zu den Verlierern, zu den Versagern, zum öden Mittelmaß gehören. Gruppenarbeit? Ja doch - aber nur wenn die Gruppe sich für Ihre ureigensten Ziele einspannen lässt. Blutlachen in der Führungsetage? Warum nicht? - Solange das Blut nicht Ihr eigenes ist.* Zitatende. Wir haben über den Produktionsfaktor "Vertrauen" gesprochen. Dieser Produktionsfaktor hat mit Sicherheit keine Überlebenschance im Dunstkreis einer solchen Ideologie. Allerdings hat Herr Professor von Zugbach in einem ganz wichtigen Punkt recht wenn er sagt: "Ich muss wissen was ich will". Menschen die nicht wissen was sie wollen sind käuflich. Sie lassen sich von anderen benutzen. Menschen aber die zu Persönlichkeiten herangereift sind, wissen was sie wollen. Sie haben Ziele und sie können auch unbequem werden.

Zusammenarbeit auf gleicher Augenhöhe

Ein Unternehmer der gesunde Persönlichkeiten anwirbt, mit ihnen einen Vertrag über eine Zusammenarbeit schließt, wird sich bemühen auf gleicher Augenhöhe und mit Respekt vor jeder Einzelpersönlichkeit zu arbeiten. Er wird Freiräume schaffen in denen

Mitarbeiter selbstverantwortlich arbeiten können. Er wird Selbstorganisation zulassen und fördern. Nur in einer solchen freien Atmosphäre wird Wissen zum Wertschöpfungsfaktor. Natürlich hat der Unternehmer Ideen die er verwirklichen will. Natürlich muss der Mitarbeiter die Verwirklichung dieser Ideen auch wollen. Natürlich sind auch Commitments zu vereinbaren und natürlich kann, und soll, der Mitarbeiter auch noch seine eigenen Ideen einbringen. Es muss eine Schicksalsgemeinschaft entstehen. Unternehmer und Mitarbeiter müssen ihre Ziele gemeinsam formulieren, gemeinsam planen und gemeinsam umsetzen. Dabei kann es auch zu einem Ringen kommen, zu einem Ringen um den besseren Weg. Wenn in dieser Planungsphase, man könnte sie Wachstumsphase nennen, der Unternehmer abblockt und autoritär nur seinen Willen gelten lässt, nimmt er sich die Chance der Evolution. Warum gute Mitarbeiter, wenn deren Meinung nicht mit in den Planungsprozess einfließen darf?

Selbstbewusste Mitarbeiter sind nötig

In einem weiteren Punkt hat Herr Prof. von Zugbach allerdings auch Recht. Es ist Ihm zuzustimmen wenn er sagt, dass eine Person die Ziele erreichen will sich auch bewegen muss. Erfolge müssen erkämpft werden. Das ist richtig. Die Frage ist nur wie. In der Ideologie des Herrn von Zugbach hört sich das wie folgt an, Zitat: *Psychologisch ausgedrückt muss der siegreiche Manager paranoide und psychopathische Charakterzüge ausbilden. (Zitatende)* [076]. Psychopathisch meint hierbei laut Lexikon "Persönlichkeitsstörung unter der, der Betroffene und die Mitmenschen leiden". Paranoid meint laut Lexikon "wahnhaft". Schizophren, meint "das Vorherrschen von Wahnideen". Eine solche Wahnidee ist auch die Ideologie des Herrn Prof. von Zugbach. Die Wahnidee vom rücksichtslosen egoistisch, krankhaften Ich, das ausschließlich nur sich selbst kennt und ohne Rücksicht auf Andere nur sich selbst nach vorne bringt. Eine diktatorische Institution kann selbstständige, selbstbewusste Menschen nicht gut gebrauchen. Sie haben zu viele eigenständige Ideen. Sie lassen sich nicht gut von außen steuern. Sie lassen sich nicht fremdsteuern, sie lassen sich nicht kaufen, so wie es Herr Prof. von Zugbach gerne möchte. Der Produktionsfaktor „Wissen" wird in Zukunft immer deutlicher selbstständige und selbstbewusste Mitarbeiter fordern und fördern. Wir brauchen starke Persönlichkeiten um TQM, um „Management by love" wie es Gerd Gerken überspitzt formuliert, langfristig zu verwirklichen. Dieses Führungssystem aber ist das härteste das man sich vorstellen kann. Es fordert eine grundlegende Bewusstseinsänderung. Wer meint es sei ein "Softi-Management" der hat sich mit dieser Führungsmethode noch nie so richtig befasst.

Management by love ist kein leichtes Führungssystem

Herr Prof. von Zugbach hat Recht wenn er meint, dass Menschen die an die Spitze wollen klug und zielstrebig arbeiten müssen. Es ist Ihm voll zu zustimmen wenn er sagt, dass Henry Ford und Bill Gates sicher keine "fügsamen Organisationsmenschen" waren. Das ist richtig. Lebendige Unternehmen müssen immer wieder verhärtete Organisationsmuster aufsprengen. Wir müssen in Zukunft sicher noch manche Organisationsform einreißen. Auch im Bereich der Kirchen. Wir brauchen die lebendige Selbstorganisation. Wir brauchen die Organisation von Bewegung. Was zu verurteilen ist das ist die paranoide Falschheit mit der Herr Prof. von Zugbach seine Klienten anleitet zu arbeiten. Wenn diese krankhafte Falschheit von Prof. von Zugbach sich durchsetzt, dann ade Soziale Marktwirtschaft, dann ade TQM und Erfolgsbeteiligung, dann ade Europa. Dann würden wir wieder zurückfallen in den finstersten Kapitalismus mit rücksichtsloser Ausbeutung der Menschen. Hier verstehe ich auch die Sorge der radikalen Globalisierungsgegner. Allerdings, Herr von Zugbach würde die Menschen, laut seinen Äußerungen im genannten Buch, nicht "rücksichtslos" ausbeuten, nein, er würde sie mit viel Sachverstand "kaufen" und dann schamlos ausnutzen. Die Menschheit steht in einer Evolution und wird sich auch in Zukunft weiterentwickeln. Mit Sicherheit wird sie sich langfristig **nicht** in Richtung der Ideologie des Herrn von Zugbach, und anderer Autoren, entwickeln sondern in Richtung des Management by love. Und es wird sich lohnen für diese neue Richtung zu arbeiten und zu kämpfen. Dieses große Ziel begeistert sicher viele Menschen. Dieses Ziel entspricht auch dem Wollen jenes Revolutionärs aus Nazareth von dem das christliche Glaubensbekenntnis sagt er sei der Herr. In der Sprache der Gegenwart übersetzt meint dieses „Herr" jedoch: Er ist der Initiator, die Führungskraft, der Moderator jeder christlichen Glaubensgemeinschaft.

11.07. Die ICH-Aktie.

Das eigen ICH wieder finden

Wie sehr im allgemeinen Wirtschaftsleben, das uns alle umgibt, die Einzelpersönlichkeit in Zukunft gefordert wird zeigt auch die Diskussion um die ICH Aktie. Der Weg in die 2000er Jahre wird an alle Menschen neue Herausforderungen stellen. Die am Wirtschaftsleben teilnehmenden Menschen müssen ihr eigenes ICH wieder finden, ihre Stärken und Schwächen selbstverantwortlich prüfen und ihrer Umgebung ein Angebot machen. Ich spreche hier nicht von dem Unwort des Jahres 2002 von der ICH-AG. Ein ICH kann keine Aktiengesellschaft sein. Aber ich kann mein ICH, meine Persönlichkeit, so wertvoll machen, dass es wie eine Aktie an Wert gewinnt für meine Umgebung.

Mehr Selbstverantwortung wird nötig

Auf dem Weg in die turbulente Zukunft müssen wir alle über jene Bewusstseinsänderung gehen von der wir oben schon vielfach sprachen. Wir leben heute an der Schwelle einer neuen industriellen Revolution. Ob in einem Unternehmen zwei Mitarbeiter zusammenarbeiten oder Zwei-Tausend, ihre Existenz wird in Zukunft immer mehr davon abhängen ob sie es schaffen als Schicksalsgemeinschaft mit möglichst wenig internen Reibungsverlusten erfolgreich, flexibel und ideenreich zusammen zu arbeiten. Ob wir es wollen oder nicht, in Zukunft wird von jedem Einzelnen mehr Selbstverantwortung verlangt. Dies gilt sowohl für Führungskräfte als auch für die Mitarbeiter. Diese Forderung ist zwar schwer, aber sie hat auch ihr gutes. Der Mitarbeiter wird in Zukunft nicht mehr der anonyme Maschinenbediener sein (ein Diener der Maschine). Nein, er wird als wertvoller Wissensträger mit hoher Selbstverantwortung im Arbeitsprozess stehen und an der Steuerung der Arbeitsabläufe aktiv teilnehmen. Das heute oftmals nur oberflächliche Gerede vom Mitarbeiter der unser wichtigstes Kapital ist, wird bitterer Ernst werden.

Nicht Mitläufer bleiben

Diese Entwicklung fordert allerdings von jedem Einzelnen, egal ob Mitarbeiter oder Führungskraft, sowohl sachlich- fachliche- als auch menschliche Qualitäten. Der einzelne muss sich selbst wieder entdecken, er muss heraustreten aus der Masse, er darf nicht billiger Mitläufer sein, er muss wieder die eine, eigenverantwortliche, einmalige Persönlichkeit werden die er von Geburt an ist. Dr. Werner Lahntaler und Johanna Zugmann haben ein Buch veröffentlicht mit dem Titel "DIE ICH AKTIE" [077]. Wer in diesem Buch einen ICH -Egoismus erwartet der irrt sich. Die Autoren sprechen zu Recht von jenem ICH das in totalitären Institutionen ignoriert oder sogar des Egoismus verdächtigt wird. Aber gerade dieses ICH müssen wir wieder neu entdecken und fördern. Alle müssen ihr ICH ausbauen und wertvoll machen damit sie es auf den Markt bringen können. Wie eine Aktie die dann wertvoll wird wenn eine gute Idee, eine neue Vision, eine starke Wirtschaftlichkeit, ein gesundes Wachstum dahinter steht. Jeder Mensch will entsprechend seinen Fähigkeiten vorwärts kommen, will Kariere machen. In einer freien Wirtschaft hat er die Möglichkeit dazu. Er muss sich nur als ICH-Aktie einbringen. Entsprechend seinem Wert, den er jederzeit verbessern kann, wird er gehandelt werden. Werner Lahntaler und Johanna Zugmann schreiben in ihrem Buch zu Recht, Zitat: ... *Die Orientierung auf diese notwendige Kernkompetenz ist nicht einfach, hatte doch das alte Paradigma eine karrieristische Ellbogenkultur gepredigt. Doch mit Karriere Egomanen ist kein (erfolgreiches) Unternehmen mehr zu führen.* Zitatende [077]. Die ICH-Aktie hat also nichts mit Egoismus zu tun. Sie widerspricht der Ideologie des Herrn Prof. von Zugbach radikal. Wer sich als ICH-Aktie auf den Markt bringen will muss weg von jenem Mitläufertum, das immer die anderen verantwortlich macht für seine Misserfolge. Er muss hin wachsen zu selbstverantwortlicher Eigeninitiative die in Zusammenarbeit mit dem Nächsten eine gute Leistung erbringt. Betrachtet man diese Entwicklungstendenz, dann ist darin unschwer jener Wille zur Evolution, zum Werden jeder Persönlichkeit zu erkennen. Er, der unendliche

Gott, der Urgrund allen Seins, er fordert die Evolution. Der Sinn des Lebens ist Wachstum, ist Evolution, ist das eigene persönliche Werden.

11.08. Die ganz andere Herrschaft.

Macht und Ethik

"Wer über Macht nicht sprechen will, redet über Ethik" so lautet die provozierende Überschrift zu einer Veröffentlichung von Dr.Ulrich Thielemann, wissenschaftlicher Mitarbeiter am Institut für Wirtschaftsethik der Universität St.Gallen [078]. Weltweit fordern die Menschen im Wirtschaftsleben ethische Grundwerte einzuhalten. Viele haben Sorge, dass die fortschreitende Globalisierung der Weltwirtschaft ethische Wertordnungen verdrängt. Laut Thielemann ergaben jedoch Umfragen unter Managern, zu der Frage "Ist eine vernünftige Ethik langfristig gut fürs Geschäft?", eine Zustimmung von 98 bis 99%. Es scheint also weitgehendst Einigkeit zu herrschen darüber, dass Ethik im Wirtschaftsleben nötig ist. Auch TQM [006], wird es konsequent realisiert, setzt ein hohes Maß an Ethik voraus. Allerdings gilt auch: Ethisches Verhalten alleine bringt noch keinen Gewinn. Ein Unternehmer der voll des guten Willens ist wird eine Mitarbeiter- orientierte Führung, wird TQM, so wie es schon geschildert wurde, nicht einführen können wenn seine Mitarbeiter verunsichert und seine Führungskräfte Rambos sind. Er braucht eine kritische Masse Gleichgesinnter. Er braucht Mitstreiter. Er braucht Macht um sein Vorhaben durchsetzen zu können. Genau so geht es einem Unternehmen am Markt. Ein Produkt kann auf einem noch so hohen ethischen Betriebsklima erstellt worden sein, wenn der Preis nicht stimmt werden die Kunden es nicht kaufen. Deshalb ist zu sagen: Ein Unternehmen das jene neue Führungskultur einführen will muss die Macht dazu haben.

Machtgewinn über Einheit in der Vielfalt

Ein gesundes Unternehmen benötigt Macht nach innen. Mitarbeiter und Führungskräfte müssen für die Idee gewonnen werden. Es muss eine kritische Masse von Mitarbeitern zu der geforderten Bewusstseinsänderung bereit sein. Es wird immer eine bestimmte Anzahl von Mitarbeitern geben die nur lustlos mitmachen. Sie gilt es mitzutragen bis sie entweder überzeugt sind oder aus dem Unternehmen, aus welchen Gründen auch immer, ausscheiden. Weiterhin braucht ein Unternehmen auch Macht nach außen. Kunden und die öffentliche Meinung müssen überzeugt werden. Qualität und das Preis- Leistungsverhältnis müssen stimmen. Die Öffentlichkeit muss an der im Unternehmen gepflegten Ethik interessiert sein. Erfolge müssen erkämpft werden, dazu benötigt die Gemeinschaft eines Unternehmens Macht die sich über die Einheit in der Vielfalt aller Mitwirkenden bildet. Das Unternehmen braucht Macht auf mehreren Ebenen, es braucht Wissensmacht, soziale Macht, Finanzmacht und Marktmacht. Also brauchen wir doch eine „Herrschaft"? Ja, in gewissen Grenzen brauchen wir eine Herrschaft, eine Machtposition, eine Anerkennung. Wir müssen das Gute durchsetzen können. Was aber ist Gut? Was ist richtig? Die Natur zeigt es uns. Oder zeigt es uns Gott durch die Natur? In der Evolution wird langfristig immer das siegen, was dem Leben dient. So wird auch im Wirtschaftsleben langfristig das Unternehmen überleben das dem Leben besser gedient hat als die Konkurrenz. Dieser Ausleseprozess ist aktiv seit Erschaffung der Welt. Und diesem Ausleseprozess muss sich die ganze Natur und jeder Mensch und jede Institution stellen.

11.09. Die Antriebskraft im Führungssystem.

Woher kommt die mentale Kraft für den Fortschritt?

In der Diskussion um die praktische Einführung der neuen Menschenführung wird das „Management by love", das „Führen durch Liebe", oft angegriffen und als Softi-Management, d.h. als schwaches Führungssystem, abgewertet. Es wird ein Führungssystem mit einem starken „Führer" mit einem starken „Herrn" verlangt. Wir haben die Forderung nach dem paranoiden, dem krankhaften Manager gehört von dem Reggie von Zugbach spricht. Diese Stimmen aber sind nur möglich weil man sich mit „Management by love", das letztendlich dieser Jesus von Nazareth auch gewollt hat, nicht näher auseinandersetzt. Gerd Gerken stellt in seinem Buch „MANAGEMENT BY LOVE" die Frage, Zitat: *„Woher kommt die mentale Kraft für den Fortschritt im Unternehmen?"* Zitatende [079]. Er stellt diese Frage einer Studentin der Betriebswirtschaft, die mit ihm sprach weil sie ihre Diplomarbeit über das Thema „Management und Spiritualität" schrieb. Gerd Gerken berichtet in seinem Buch weiter, Zitat: *Ich ließ nicht locker. Immer wieder provozierte ich sie mit der Frage, woher die mentale Energie für den Fortschritts-Prozess in den Unternehmen kommt. Woher die geistige Kraft für die Transformation der Organisation kommt. Wieder dachte sie lange nach. Und dann verwies sie auf Pläne, auf Strategien, auf Ziele und auf das klassische Projektmanagement. Kurz: „Pläne erzeugen die Energie!"* Gerd Gerken berichtet weiter: *Dann schaute sie mich lange an, etwas ungläubig lächelnd, so als wollten ihre Augen ausdrücken wie sehr sie im Innersten selbst daran zweifelte. Ich antwortete ihr: „Nein, die Energie für Fortschritts-Fähigkeit kommt von Glauben und Liebe".* Zitatende [079].

Glaube und Liebe bringen die Kraft für den Fortschritt

Da denken nun einige Zeitgenossen das wäre so einfach. Man glaubt und liebt und schon läuft alles wie geschmiert. Aber gehen Sie einmal an den Rand einer steil abfallenden Klippe und heben Sie den Fuß im Glauben an die Zukunft, um über den Klippenrand hinaus zu gehen. Sie werden ganz schön auf die Nase fallen. Nein, Glaube und Liebe sind nicht so einfach zu verwirklichen. Dazu gehört die Evolution, die Entwicklung, das Werden. In dieses Werden müssen das ICH und die Organisation hineinwachsen bevor wir den Fuß in die Zukunft setzen können. Und auch die Liebe kann sehr fordernd sein. Da ist schon mancher Theologe erschrocken als er feststellen musste, dass der allmächtige und liebende Gott selber das Leid erschaffen hat (Schöpfungstheologie). Und Gott sagte, dass das gut sei. Siehe den Ausspruch der Bibel im Alten Testament (AT) in der Genesis. [080]. Es ist für uns Menschen sehr schwer zu begreifen, dass die Liebe in ihrer unendlichsten Form auch das Leid will. Der Druck des Leides, der Leidensdruck, die Existenzangst, hat die Menschheit im Verlauf der Evolution zur Weiterentwicklung, zum Werden, gedrängt. Und wenn der Leidensdruck noch etwas größer wird, dann werden die Menschen vielleicht auch noch begreifen, dass Krieg und Umweltzerstörung sowie Elend und Armut auch noch bekämpft werden müssen und bekämpft werden können. Ja, ich bin davon überzeugt, es ist so. Die Energie für die Fortschritts-Fähigkeit kommt aus Glaube und Liebe.

11.10. Die Angst vor dem Neuen und der Zwang zum Lernen.

Die lernende Organisation wird gefordert

Viele Menschen haben Angst den Fuß über den Klippenrand zu setzen, über die Bruchkante von der wir schon sprachen. Sie haben Angst alte Wertvorstellungen und Gewohnheiten aufzugeben und Neuland betreten zu müssen. Nun wird aber in unseren Unternehmungen, wegen der schon wiederholt angesprochenen Turbulenz der Märkte, in Zukunft ein permanentes Lernen gefordert. Zudem wird auch noch der Produktionsfaktor „Wissen" immer mehr in den Fordergrund rücken und der einzelne Mitarbeiter wird immer häufiger in die Mitverantwortung eingebunden. Immer häufiger und immer lauter wird die „lernende Organisation" verlangt.

Angst verhindert und fördert gleichzeitig das Lernen

Im „Harvard Business manager" Heft 5/2000 wird von einem Gespräch berichtet das die Redakteurin des Amerikanischen „Harvard Business Review" Diane L. Coutu mit dem emeritierten Prof. und Psychologen Edgar H. Schein geführt hat. In dem Gespräch erklärt der international renommierte Experte für Management und Organisationsentwicklung wie er über Forschungen mit amerikanischen Soldaten die im Koreakrieg als Kriegsgefangene einer großen Existenzangst und einer Gehirnwäsche ausgesetzt waren folgende Erkenntnisse gewonnen hat. Er sagt, Zitat: *Wir haben es mit einem Paradox zu tun: Angst verhindert das Lernen, aber Angst ist ebenso notwendig zum Lernen. ... Es gibt zwei Arten von Ängsten beim Lernen: Lernangst und Existenzangst.* Zitatende [081]. Es wird in dem besagten Gespräch darauf hingewiesen, dass der Begriff Gehirnwäsche im chinesischen Sprachgebrauch das Wort „xinao" benutzt, das „Reinigung des Geistes" bedeutet. Jedes Lernen aber ist immer auch eine Reinigung des Geistes. Wann ist Lernen nun Gehirnwäsche und wann ist es eine sinnvolle Weiterentwicklung? Die Antwort ist einfach. Lernen ist immer dann Gehirnwäsche wenn es aufgezwungen wird. Der einzelne muss überzeugt sein von der Notwendigkeit des Lernens.

Geborgenheit fördert das Neulernen

Im Verlauf der Evolution hat die Existenzangst die Menschheit dazu gedrängt Lernangst aufzugeben und sich so weiter zu entwickeln. Das Lernen wurde also doch aufgezwungen? Oder haben einzelne schneller gelernt weil sie die Notwendigkeit des Lernens schneller eingesehen haben? Im oben genannten Gespräch wird Prof. Schein gefragt, Zitat: *Wie können Unternehmen dafür sorgen, dass ihre Mitarbeiter effektiver lernen und gleichzeitig weniger leiden?* Prof. Schein antwortet darauf, Zitat: *Das Grundprinzip ist: Lernen findet nur dann statt wenn die Überlebensangst größer ist als die Lernangst. Natürlich gibt es zwei Möglichkeiten. Entweder steigert das Management die Überlebensangst, indem es den Mitarbeitern mit dem Verlust ihrer finanziellen Vorteile oder gar ihrer Arbeitsplätze droht. Oder aber die Führungskräfte reduzieren die Lernangst, indem sie eine sichere Umgebung für das Verlernen und das Neulernen aufbauen. ... Wenn Führungskräfte wirklich Interesse daran haben, dass ihre Mitarbeiter Neues lernen, dann müssen sie ihnen die wirtschaftlichen Notwendigkeiten glaubwürdig vermitteln. ...* Zitatende [081]. Diese Gedanken sind sicherlich sehr ernst zu nehmen. Dennoch meine ich gibt es auch eine gesunde Neugier im Menschen und auch eine Freude am Neuen.

Den Forscherdrang im Menschen nutzen

Es gibt den Forscherdrang im Menschen. Warum gab es schon so viele Forscher und Abenteurer die Lust auf Neues hatten? Es gibt den Spaß am Lernen. Entscheidend aber scheint wieder einmal die Führungskraft zu sein. Unsere Führungskräfte müssen Freiräume schaffen in denen die Mitarbeiter sich in Freiheit entfalten können und von sich aus dem Unternehmen ihre Fähigkeiten und ihre

Lernwilligkeit anbieten. Wir müssen, so weit dies in den gegebenen Umständen irgendwie möglich ist, eine Atmosphäre der Sicherheit und Geborgenheit schaffen in der sich eine Schicksalsgemeinschaft entwickeln kann, eine Schicksalsgemeinschaft die Lust auf Lernen erzeugt. Dies ist eine überaus schwere Aufgabe. Eine Aufgabe die sehr viel emotionale Intelligenz erfordert. Viele Unternehmen gehen daher den einfacheren Weg. Sie erhöhen die Existenzangst, die Angst vor den Arbeitsplatzverlust, die Angst vor ewigen Höllenstrafen und schon sind viele Menschen bereit kritiklos zu lernen. Dies aber ist menschenunwürdig.

Gute Führungskräfte sind nötig

Wir brauchen also dringend gute Führungskräfte sowohl im Bereich der Wirtschaft als auch in den christlichen Kirchen, im Bereich der Pflege und Weiterentwicklung christlichen Kulturgutes. Unsere Zeit benötigt Führungskräfte die mit viel emotionaler Intelligenz als Moderatoren, nicht als „Herren", wirken. Diese Gedanken trage ich in mir wenn ich den Glaubensartikel bedenke der da sagt: Ich glaube an ... Jesus Christus UNSERN HERRN, ... an IHN der nie HERR sein wollte.

12. ... EMPFANGEN DURCH DEN HEILIGEN GEIST ...

12.01. Eine theologisch, philosophische Aussage.

Die Bildsprache der Bibel

Theologen können und dürfen keine biologischen Aussagen machen. Und ehrliche Theologen wollen dies auch nicht. Die Bibel will das auch nicht. Also ist die Aussage im christlichen Glaubensbekenntnis „empfangen durch den heiligen Geist" auch nicht biologisch zu verstehen. Zudem ist das Glaubensbekenntnis erst in der nachösterlichen Zeit, lange nach dem Tod Jesu, aufgrund der Aufzeichnungen der Evangelien entstanden. Die Bibel aber will Aussagen machen die wir mit unserem endlichen Menschenverstand nicht fassen können. Deshalb greift sie zur Bildsprache.

Das Bild vom königlichen Stammbaum

Das Matthäus Evangelium beginnt mit einem Bilderreigen der aussagt, dass Jesus von Nazareth königlichen Geschlechtes sei. Deshalb die Aufzählung seines Stammbaumes [082] von Abraham über König David bis Jakob-Joseph dem Mann Marias die Jesus gebar. Es ist nicht die Rede davon, dass Josef nicht gezeugt habe. Warum sollte man auch etwas anderes sagen, der ganze Stammbaum wäre ja dann plötzlich sinnlos. Zur Bekräftigung dieses Bildes wird noch einmal betont, dass dreimal 14 Geschlechter von Abraham über David bis Josef in diesem Stammbaum verzeichnet sind.

Das Bild von der göttlichen Abstammung

Dann aber kommt ein Bruch. Es beginnt plötzlich ein anderes Bild. Ein Bild das noch höher hinaus will. Das nächste Bild sagt, dieser menschliche Stammbaum ist gar nicht so wichtig. Noch wichtiger ist, dass dieser Jesus von Nazareth von Gott direkt gerufen und erwählt worden ist. Nun wird auf höchster Ebene der Gedanke weiter gesponnen. Jetzt wird gesagt dieser Jesus ist noch größer als König David, er wurde von Gott selbst „gezeugt" durch die Kraft des heiligen Geistes. Trotz aller im Orient üblichen Übertreibungen bei der Ausschmückung der Größe königlicher Menschen hat man nun aber doch eine Erklärung über die Schwangerschaft Mariens liefern wollen. Scheinbar war auch damals wie heute die Masse der Menschen doch auch sehr wissbegierig wenn es galt darzulegen wer da mit wem ein Verhältnis hatte aus dem das Kind gezeugt wurde. So entstand jene zärtlich rührende Geschichte zweier Liebenden.

Das Bild des liebenden Paares

Da waren zwei Liebende die verlobt waren [083]. Nun ist zu vermerken, dass in der damaligen Zeit es Sitte war nach der Verlobung schon sexuelle Liebesbezeugungen auszutauschen. Erst später kam man zusammen indem man zur Hochzeit ins Haus des Mannes zog und damit in die Sippe aufgenommen wurde. Es wäre also weiter nicht schlimm gewesen wenn das junge Mädchen jetzt überraschend schwanger wird. Da aber beginnt wieder ein orientalischer Bilderreigen um die beiden Liebenden. Man betont jetzt. „Noch ehe sie zusammen zogen" also in das Haus des Mannes zogen, wurde das Mädchen schwanger. Jetzt wird so getan als hätten sich die beiden noch nie berührt. Und es wird gesagt, dass die junge Frau durch den heiligen Geist empfangen hatte. Der Bräutigam erleidet nun Höllenqualen. Seine Geliebte wird schwanger obwohl er sie angeblich noch nie berührt hat. Ein Engel Gottes erlöst ihn endlich von all den Qualen und sagt ihm, dass das was in ihr gezeugt wurde vom heiligen Geist bewirkt ist. Gott selber also ist jetzt der Vater und somit wird das Kind noch größer sein als ein König. Um sicher zu gehen wird noch ein kleines Bild nachgeliefert [084] in dem gesagt wird, dass Josef eine solch große, heroische Liebe zu seiner Braut und zu dem Kind hatte, dass er seine Geliebte bis zur Geburt nicht mehr in zärtlich, sexueller Liebe „erkannt" d.h. geliebt hat.

Diese Bilder sollten wir in gläubiger Ehrfurcht bedenken

Hier sei noch einmal betont die Evangelien sind erst 65 bis 100 n. Chr. in der nachösterlichen Gemeinde entstanden. Was aber will das Bild nun eigentlich aussagen das hinter dem Glaubenssatz steht der da sagt: „Empfangen durch den heiligen Geist"? Dieses Bild kann und will nichts aussagen über die biologische Zeugung des Kindes Jesus. Die nachösterliche Gemeinde der Christen will aussagen, dass ihr Religionsgründer ein besonderer Mensch war. Ein Mensch der von sich sagen konnte „Ich und der Vater sind eins". Ein Mann von dem eine große Sicherheit, Ruhe und eine kosmische Kraft ausging. Ein Mann der gebrochene Menschen wieder aufrichten konnte. Ein Mann der das so lebensnotwendige Wasser des Alltags in den Wein der Freude verwandeln konnte. Sie wollten sagen: Er ist „wie" von Gott. Er ist „wie" ein Sohn Gottes. Und damit hatten sie gar nicht so Unrecht. Jeder Mensch ist im Grunde seines Seins „von Gott". Jeder Mensch ist nicht nur gezeugt aus dem Wollen seines leiblichen Vaters, er ist auch empfangen vom heiligen Geist. In jedem Menschen lebt Gott. Diese Gottesgeburt im Menschen aber, die kann nicht aus der Zeugung eines Mannes stammen. Die kommt aus der Kraft des heiligen Geistes. Und dies gilt für alle Menschen. Auch für die Frauen. Selbst wenn das einige zölibatäre Männer nicht begreifen können. Alle Menschen sind „Kinder Gottes". Alle Menschen sind Söhne Gottes und Töchter Gottes. Ob diese Gottesgeburt im Menschen, diese Empfängnis im heiligen Geist, im Augenblick der Verschmelzung von Same und Eizelle geschieht oder erst einige Wochen später oder erst im Augenblick der Geburt, wo das Kind durch den Geburtsschmerz zum ersten mal mit dem Leid konfrontiert wird, oder noch später, das können wir heute nicht beurteilen. Gott kennt keine Vergangenheit und Keine Zukunft. Er ist der ewig Gegenwärtige. Für uns endliche Wesen ist dies unbegreifbar. Wir haben die Zeit erfunden. Vor Gott und in Gott gibt es keine Zeit.

12.02. Die praktische Konsequenz dieser Aussage.

Der unendliche Gott kennt keine Grenzen

Überträgt man nun diese Gedanken in den realen Alltag, so muss man doch sagen: Alle Menschen sind Teil einer großen Menschheitsfamilie. Alle Menschen sind Brüder und Schwestern. Denn alle sind empfangen vom heiligen Geist. Wir alle gehören zusammen. Wieso können wir dann in Europa sorglos leben wenn unsere Brüder und Schwestern in den Entwicklungsländern in Hunger und Elend leben? Wieso können wir eiskalt Milliarden für Rüstungsgüter ausgeben anstatt die Wüsten dieser Erde zu bewässern um Lebensraum zu schaffen? Oder sind wir doch der Meinung, dass die Empfängnis durch den heiligen Geist nur für eine ausgewählte Menge der Menschen gilt? Wie die Leute des Christoph Columbus dachten als sie meinten die sogenannten Heiden hätten keine Seele und wären keine Menschen. Wie klein und vertrocknet war doch das Gottesbild dieser Menschen die da als aufgeklärte weiße Rasse kamen und fremde Hochkulturen vernichtet haben. Wir haben im Glaubensartikel, wo wir Gott als den Schöpfer Himmels und der Erde anerkennen seine unendliche Weite erkannt. Warum wollen wir die Menschen einteilen in Rassen, Religionen und Konfessionen? Der unendliche Gott kennt keine Grenzen.

Auch unsere Wirtschaft drängt in eine neue Bewusstseinsebene

Das Leben ist auch noch aus dem Blickwinkel der Wirtschaft zu betrachten. Ob Volkswirtschaft oder Betriebswirtschaft, es geht immer um den Menschen. Wir haben schon wiederholt über das neue Führungssystem TQM gesprochen, das in ganz besonderer Weise die Menschen, die Mitarbeiter, als wertvolle Wissensträger in das Wachstum des Unternehmens und der Weltwirtschaft einbeziehen will. Die Globalisierung der Weltwirtschaft wird ein Segen für alle sein wenn die Bedürfnisse der Menschen ernst genommen werden. Wir sollten deshalb die Bemühungen um ein „Management by love" um eine Führung durch Liebe in unseren Betrieben und in der ganzen Weltwirtschaft sehr ernst nehmen. Die derzeitige Entwicklung unserer Betriebswirtschaft drängt zu einer neuen Bewusstseinserweiterung. Sie drängt zu einem neuen Wissensmanagement. Sie drängt zu mehr selbstverantwortlicher Mitarbeit. Diese Entwicklung wird somit auch zu einem wertvollen Bestandteil des geistigen Wachstums der Menschheit. Die kommenden 2000er Jahre werden diesen Trend verstärken. Alle Schulungsmaßnahmen in unseren Betrieben werden auch diesem Ziel dienen.

12.03. Werde Du selbst und ICH will Dein sein, spricht der Herr.

Die ganze Schöpfung eine große Einheit

Aus den bisherigen Überlegungen um den Glaubensartikel „empfangen durch den heiligen Geist" sehe ich die Aussage bestätigt die da sagt: „ Die ganze Schöpfung ist eine große Einheit und jeder einzelne Mensch ist ein Teil dieser Einheit". Dies sah das Christentum in früheren Epochen nicht immer so. Der Jesuit, Physiker und Geologe Teilhard de Chardin (1881 – 1955) hat sich mit diesem Auseinanderklaffen von Welt und Gott im alten christlichen Glauben beschäftigt und wurde deswegen auch von der Institution Kirche gemaßregelt. N.M. Wildiers beschreibt in einem Buch über Teilhard de Chardin schon 1962 (erste Auflage) dessen Gedanken hierzu. Er zeigt auf wie aus dem Hinduismus und dem Islam als auch aus dem Christentum eine Weltverneinung gewachsen ist. Nach der Auffassung Teilhard de Chardin aber, so schreibt N.M. Wildier, kann man nur in der Einheit zwischen Welt, Mensch und Gott die wahre Lösung finden. Er schreibt wörtlich, Zitat: *Bei ihm (Teilhard de Chardin) ging es darum, in unserem Tun, in unserem Streben und in unseren Bemühungen die Einheit zu verwirklichen, für unser Tun eine gleichzeitige Ausrichtung auf Gott und die Welt zu finden. „Irgendwo muss sich – ein Standpunkt – finden, von dem aus Christus und die Erde derart aufeinander bezogen erscheinen, dass ich den einen nur zu besitzen vermag, wenn ich die andere umfasse, dass ich mit dem einen nur in Gemeinschaft treten kann, indem ich mit der anderen verschmelze, dass ich nur absolut Christ sein kann, wenn ich ganz Mensch bin.* Zitatende [085]. Wir alle sind Teil des Ganzen und jeder Einzelne kann dies nur vollkommen sein, wenn er zu sich selbst gefunden hat, wenn er „Selbst" geworden ist.

Die Geburt zum Selbst

Wir haben eingangs schon davon gesprochen wie heute noch die Institution Kirche das Selbst mit Argwohn betrachtet. Dieses Selbst aber hat auch der Theologe und Philosoph Nikolaus von Kues (1401 bis 1464) betont wenn er im Zwiegespräch mit Gott wie folgt formulierte, Zitat: *„Wie vermöchte mein Gebet zu dir*

gelangen, da du doch allen Versuchen, dir nahe zu kommen, unerreichbar bist? Wie könnte ich mich überhaupt nach dir ausstrecken? Denn was ist sinnloser als zu begehren, du möchtest dich mir schenken, wo du doch alles in allem bist? Und wie wirst du dich mir geben, gibst du mir nicht zugleich Himmel und Erde und alles in ihnen? Ja, wie wirst du dich mir geben, wenn du nicht erst mich selbst in mir gibst? – Und wie ich im Schweigen der Betrachtung versinke, antwortest du mir, Herr, in der Tiefe meines Herzens. Und du sagst: - Sei dich selbst, dann werde ich dein Sein!"
Zitatende [086]. Ja. Werde Du selbst und ICH will Dein sein, spricht der Herr. Diese Selbstwerdung verlangt die Evolution. Und diese Selbstwerdung wird zukünftig in unserem Wirtschaftsleben in verstärktem Maße von immer mehr Menschen gefordert. Wie aber ist das im Raum der Kirche? Dürfen wir Laien, das eigentliche Volk Gottes, auch einmal anfangen „selbst-ständig" zu denken?

Das vom Geist Gottes gezeugte Selbst

Gott ist das unendliche Sein, das unendliche Bewusstsein, ER ist in allem was sichtbar ist gegenwärtig, und auch in jenen unsichtbaren Fernen die unsere menschlichen Sinne nicht wahrnehmen können. Er ist aber auch, im christlichen Glauben, das persönliche DU zu jedem einzelnen Menschen. Allerdings nur dann wenn sich der Mensch der Geburt Gottes in seinem Selbst öffnet. ER, Gott, ist in jedem Menschen „empfangen durch den heiligen Geist" und jeder Mensch kann sich IHM öffnen, kann ja sagen zur Evolution, zum Werden Gottes in ihm, und kann damit verschmelzen mit Gott und dem Kosmos. Mit dem sowohl persönlichen Gott als auch mit der unendlichen kosmischen Energie. Und dies kann geschehen in jeder Religion und in jeder Konfession.

13. ... GEBOREN VON DER JUNGFRAU MARIA ...

13.01. Jesus, geboren von der jungen Frau.

Ein Bild sagt mehr als viele Worte

Die Bibel will, nach meiner Überzeugung, keine biologischen Aussagen machen. Wir haben schon mehrfach darüber gesprochen. Sie will in einer ausdruckstarken Bildsprache philosophisch, theologische Wahrheiten aufzeigen, die je nach dem Wissensstand der Menschen, interpretiert werden müssen. So muss ich auch bezüglich der Jungfrauengeburt wieder Biologie und Theologie strikt von einender trennen. Zunächst einmal ist für mich einwandfrei klar: „Jesus von Nazareth wurde gezeugt durch den Mann Josef und geboren von der jungen Frau Maria". Der Stammbaum Jesu aus dem Matthäus Evangelium will dies bezeugen. Ich habe den Eindruck, dass viele Christen im Alltag diese Trennung zwischen biologischer Sicht und theologisch-philosophischer Sicht nicht vollziehen können. Ich habe oft schon erlebt wie Christen eine große Scheu davor hatten über ihren Glauben zu reden. Ob Jungfrauengeburt oder Tod und Auferstehung. Sie wollen darüber nicht reden. Warum? Nach meinem Gefühl, weil sie unsicher sind. Und auch deshalb weil sie es nicht gewohnt sind über Glaubensfragen zu diskutieren. Glaubensfragen werden in der Kirche vorwiegend in einer Einbahnstrasse „gepredigt". Gespräch auf gleicher Augenhöhe, echte Diskussion wird nur selten gepflegt. Wenn ich sage echte Diskussion, dann meine ich, dass in diesen Glaubensgesprächen auch einmal eine abweichende Meinung geäußert werden darf ohne, dass sofort eine Maßregelung, oder Zurechtweisung kommt. Es fehlt nach meiner Erfahrung in christlichen Kreisen die Ehrfurcht vor Andersdenkenden. Es fehlt die gleiche Augenhöhe.

Selbständiges Denken in Glaubensfragen

Mitreden in Glaubensfragen das hat die Institution „Kirche" nicht gerne. Deshalb wird auch so kraftvoll eine Demokratie in Glaubensfragen abgelehnt. Als ich eines Sonntags nach dem Gottesdienst einen Bekannten sagte, dass ich mit dem Pfarrer noch einmal reden will weil ich mit einer Aussage in seiner Predigt nicht einverstanden bin, da sagte mir dieser, im kirchlichen Vereinswesen aktive Mann: „Warum willst du mit ihm reden? Ich habe da keine Probleme. Seine Worte gehen in das rechte Ohr hinein und über das linke Ohr wieder hinaus". So aber will ich meinen Glauben nicht leben. Ich will wissen was gemeint ist. Durch Presse, Rundfunk und Fernsehen sind die Menschen heute informierter als vor 100 Jahren. Dies muss auch die heutige Glaubensverkündigung berücksichtigen. Zudem kommt noch die wachsende Möglichkeit hinzu sich über das Internet weitere Informationen zu holen. In Zukunft wird die Zahl der kritischen Frager zunehmen. Auch die gegenwärtige Entwicklung in der Wirtschaft führt die Menschen in immer größere Mitverantwortung und somit auch in eine immer größere geistige Beweglichkeit. Wir haben schon wiederholt darüber gesprochen.

13.02. Christus, geboren aus der Kraft des Geistes

Der in den Menschen eingeborene Erlöser

Bezüglich der Jungfrauengeburt ist allerdings zu unterscheiden, so meine ich, zwischen Jesus dem Menschen und „Christus" dem Gesalbten, den Messias, den Erlöser. Die Menschen stehen unter der Last des Leides das die Evolution seit Anbeginn der Welt antreibt. Sie sehnen sich nach Erlösung von diesem Leid. In allen Religionen der Welt wird diese Sehnsucht, dieser Ruf nach Erlösung nach Erleuchtung nach Rettung aus der Unvollkommenheit hörbar. Der Mensch sieht Gott zu Recht als den Ursprung allen Lebens, als den allmächtigen und den unendlich liebenden Urquell des Seins. So entsteht die Paradiesesgeschichte die aussagt, dass Gott eigentlich die Welt ohne das Leid wollte. Aber durch die Sünde des Menschen wird das alles verdorben, der Mensch wird aus dem Paradies vertrieben und ein Messias, ein Erlöser verheißen, der alles wieder ins Lot bringt.

Das Bild vom Paradies ohne das Leid

Betrachtet man diese Paradiesesgeschichte etwas näher dann drängen sich doch folgende Gedanken auf: Der Ur-Mensch kommt mit seiner Umwelt nicht zurecht. Er erlebt seine Umwelt lustvoll aber auch schmerzlich. Tiere und Naturereignisse sind stärker als er. Der Mensch wird gezwungen seinen Geist zu gebrauchen. Er macht sich Werkzeuge und er schließt sich zu Gruppen zusammen um so gemeinsam mehr Schutz zu finden. Dann aber beginnt wirklich die Sünde. Innerhalb und außerhalb der Gruppen entstehen Neid, Missgunst, Hass und Feindschaft. Kain erschlägt seinen Bruder Abel. Und so müht sich nun die Menschheit seit Jahrtausenden ab und stöhnt unter der Last des Leides. Welches Leid ist nun größer? Das Leid das aus der Natur kommt, aus den Naturkatastrophen oder das, welches aus Missgunst, aus Achtlosigkeit, aus Verantwortungslosigkeit und aus Leichtsinn unter den Menschen selber erzeugt wird? Und wie viel Leid könnte man besiegen wenn die Menschheit nicht im Gegeneinander sondern im wohlwollenden Miteinander den Planeten Erde bewohnen würde? Ist das Bild mit der Vertreibung aus dem Paradies doch nicht so unrichtig? Nur, jetzt sieht es so aus als ob nicht Gott aus dem Paradies vertreibt sondern der Mensch selber, er selber nimmt sich auf weite Strecken die gemeinsame Sicherheit und Freude an der Natur und am Leben. Der Mensch selber zerstört auf weite Strecken das Paradies.

Die Erlösung vom Leid wird gesucht

Ob nun Gott oder der Mensch das Leid verursacht oder zugelassen hat. Eines ist sicher, wir alle fühlen, wir brauchen die Erlösung. Und wenn es nur die Erlösung vom Tod wäre. Warum müssen wir sterben? Ein Gedanke gegen den sich das Leben in uns wehrt. So entstehen die Sehnsucht und der Gedanke an den Erlöser der Mensch und Natur wieder mit Gott vereint. Dieser Erlöser ist nun nach kirchlicher Lehre gefunden in Jesus, dem Christus, dem Erlöser, der aus Maria geboren wird. Maria hat also eine große Tat für das Volk, für die Menschen, vollbracht.

Maria hat eine große Tat vollbracht

Nun machen uns die Wissenschaftler auf eine Besonderheit im Sprachgebrauch der damaligen Zeit aufmerksam. Sie sagen uns, dass der Begriff „Jungfrau" im damaligen Sprachgebrauch verwendet wurde wenn ein Mensch eine große Tat für das Volk bewirkt hatte. Selbst verdienstvolles Tun großer Männer wurde als „jungfräulich" bezeichnet. Das Geschlecht, die Biologie wurde also nicht berücksichtigt. Nur der Verdienst war ausschlaggebend. In diesem Sinne ist für die nachösterliche Christengemeinde auch Maria „Jungfrau", denn sie hat den geboren der als Erlöser gesehen wird. So habe ich keine Probleme zu bekennen: Ich glaube an Jesus Christus „geboren aus Maria der Jungfrau ,, . Weil Maria den Erlöser geboren hat war sie eine Frau die Großes für alles Volk getan hat, sie war in diesem Sinne Jungfrau. Ich sehe auch in Jesus von Nazareth den Christus, den Erlöser, aber nicht nur in IHM sehe ich den Erlöser, sondern auch in jedem Menschen sehe ich IHN den „eingeborenen" Gott und Erlöser.

Jede Geburt ist eine Gottesgeburt

Wie aber ist das für alle Mütter zu sehen wenn man erkennt, dass laut Schöpfungstheologie, so wie ich sie verstehe, in jedem Menschen Gott eingeboren ist? In diesem Sinne hat doch jede Frau die ein Kind geboren hat IHM, dem unendlichen Gott, ein Kind geschenkt. Ein Kind das als großer Segen in die Welt kam. Sie hat einen Menschen geboren der in sich den Atem Gottes trägt, und der zu einem Sohn, zu einer Tochter Gottes heranwachsen kann. Sie hat IHM dem unendlichen Gott die Möglichkeit gegeben Mensch werden zu können. In jedem Menschen über alle Generationen hinweg will Gott Erlösung bewirken. In jeden Menschen ist Christus, der Erlöser eingeboren. Jeder Mensch ist ein „Erlöser" weil durch sein Leben die Welt ein Stück weit erlöst wird auch wenn diese Erlösung noch so klein sein sollte. Jeder Erfolg den wir hier auf Erden für die Menschen bewirken ist nach meiner Überzeugung ein Stück Erlösung. Dies kann sowohl ein materieller als auch ein geistiger Erfolg sein.

13.03. Die unbefleckt Empfangene

Im Jahre 1854 hat Papst Pius der IX das Dogma von der unbefleckten Empfängnis Mariens verkündet. Aus Sicht der Sündenfall Erlösungstheologie kommt nun zu der jungfräulichen Mutterschaft Mariens noch hinzu, dass auch sie selbst ohne Erbsünde empfangen, und geboren wurde. Es wird also gesagt: Weil Maria den einzigen Sohn Gottes geboren hat, und weil in Ihr nicht durch die Zeugung eines Mannes, sondern durch die Zeugung des Heiligen Geistes dieses Gottes-Kind geboren wurde, deshalb ist sie selbst schon, durch eine besondere Gnade Gottes, ohne Erbsünde empfangen. Maria war also nach Lehre der Kirche „unbefleckt", d.h. ohne Erbsünde empfangen. Alle anderen Kinder werden nach offiziellem kirchlichem Verständnis, mit der Erbsünde „befleckt" empfangen. Hier ist für mich ein neuralgischer Punkt, zu dem ich wie folgt Stellung nehme: Erstens ist auch das Dogma von der unbefleckt Empfangenen in meinen Augen ein Bild das ich im Licht der heutigen Wissenschaft interpretieren muss. Und zweitens muss ich zwei Fragen klären um Glaubensbekenntnis und Dogma verstehen zu können. Es geht hierbei um die Frage nach der Erbschuld und um Frage nach der Praxis mit der Sexualität.

Die Frage nach der Erbschuld.

In der ersten Frage sehe ich das Auseinandertriften der Sündenfall Erlösungstheologie und der Schöpfungstheologie. Die Sündenfall Erlösungstheorie trennt nicht zwischen Biologie und Theologie. Sie behauptet die Natur hätte sich abnormal verhalten. Damit zwingt sie aber der Theologie eine unnatürliche Denkweise auf und deshalb waren Jesus und Maria vom Standpunkt der Kirche aus gesehen die einzigen Menschen die ohne Erbsünde geboren wurden. Für mich ist jedoch der Standpunkt der Schöpfungstheologie sehr einleuchtend. Dort wird gesagt, jedes Kind kommt als großer Segen in die Welt. Allerdings kommt dieses Kind in eine Welt die in einem labilen Verhältnis zu Gott steht. Nur der Mensch selber entscheidet in persönlicher Freiheit ob er mit Gott, dem Ursprung des Lebens, eins werden will. Hier aber beginnt Gottesferne, Schuld und Leid. In diese leidvolle, unvollkommene Schöpfung wird ein Kind hineingeboren. Es erbt die Gottesferne und es erbt die Schuld der vor ihm gelebten Generationen. Es erbt den drängenden Schmerz der Evolution. Deshalb nimmt die Gemeinschaft der Glaubenden, die Kirche, dieses Kind in der Taufe auf in ihren Kreis, und stellt sich schützend um dieses Kind. Sie gibt ihm den Schutz der Gemeinschaft. Sie führt es in den Schutz des unendlichen kosmischen Bewusstseins, in Gott, hinein. Damit übergibt sie dieses Kind der seit Anbeginn der Welt bestehenden Erlösung, die in Jesus Christus sichtbar wurde, und die in jeder Generation weiter getragen wird bis heute. Somit wird in der Taufe die Gegenwart des „eingeborenen" Gottes in dem Täufling wachgerufen. Das Zeichen der Taufe sagt ihm du bist eingetaucht in das Wasser des Lebens, in die Fülle göttlicher Kraft. Die Taufe will dem Täufling Mut machen das Wachstum des eingeborenen Erlösers, des eingeborenen Christus, anzunehmen und zu nutzen. So wird der Täufling selber, zu einem kraftvollen Glied der Gemeinschaft der Glaubenden das Erlösung in die Schöpfung bringt. Aufgrund dieser Überlegungen ist in mir die Überzeugung gewachsen, dass es die Erbschuld in den landläufig bekannten Sinn nicht gibt. Nein! Jedes neugeborene Kind tritt in die Welt als großer Segen. Es ist nicht befleckt durch die Erbsünde. Und so ist für mich das Dogma von der unbefleckt Empfangenen eine Feststellung die nicht nur für Maria gilt, sondern für alle Menschen. In dem Dogma von der unbefleckt Empfangenen ist für mich Maria ein Bild für alle Menschen.

Das Missverständnis mit der Sexualität.

Die zweite Frage beantwortet der Katholische Erwachsenen Katechismus von 1985. Er sagt, Zitat: *Dieses Dogma von der „unbefleckten Empfängnis" Marias begegnet dem offensichtlich unausrottbaren Missverständnis als sei der Akt der Zeugung und der Empfängnis normalerweise etwas Beflecktes oder Befleckendes.* Zitatende [087]. An diesem Missverständnis, so muss ich nüchtern feststellen, hat allerdings die Kirche selbst ein gerüttelt Maß an Schuld. Ich persönlich empfinde es sogar empörend, dass die deutsche Bischofskonferenz in diesem Katechismus dem Volk Gottes den schwarzen Peter zuschiebt, indem sie von einem „unausrottbaren Missverständnis" spricht, in der Art als hätten die Menschen an der Basis dieses Missverständnis ausgelöst. Die Kirche selbst hat doch Jahrhunderte lang die Sexualität bis in unsere Zeit hinein als verdächtig hingestellt. Dr. Wolfgang Bartholomäus, Prof. für Religionspädagogik an der Universität Tübingen, gibt in seinem Buch „Unterwegs zum Lieben" folgenden Hinweis, Zitat: *Zudem gab man lange Jahrhunderte den Rat, sich dessen zu enthalten, was eigentlich – zum Gattungszweck - erlaubt war. Die sexuelle Leidenschaft, selbst in der Ehe, erschien als Fehler und hätte es eigentlich gar nicht geben sollen. Schon Hieronymus mochte sagen: „Ehebruch begeht mit der eigenen Frau, wer sie zu brennend liebt."* Zitatende [088]. Des Weiteren berichtet Bartholomäus in dem gleichen Buch, Zitat: *Nun gibt es in der Tradition katholischer Sexualpädagogik nicht nur den Rat, die erlaubte sexuelle Lust möglichst nicht zu genießen. Es wurde der Geschlechtsverkehr auch zu bestimmten Zeiten und Tagen ausdrücklich verboten. So Lautet ein Beschluss der Synode von Agde aus dem Jahre 506: „Wer die Sakramente empfangen will, hat sich vorher des ehelichen Verkehrs zu enthalten.* Zitatende [089]. So hat die Kirche bis in unsere Zeit hinein den Eheleuten unsinnige Gebote auferlegt. Selbst Paulus sieht die eheliche Hingabe schon als etwas Niederes an wenn er im 1.Korinterbrief sagt, Zitat: *Den Ledigen und Witwen sage ich: Viel besser ist es für sie, wenn sie so blieben wie ich (unverheiratet) Doch können sie sich nicht enthalten, so sollen sie heiraten.* Zitatende [090] . Und wie sieht es in unserer Zeit aus? Professor Herbert Haag und Katharina Elliger schreiben in ihrem Buch „Zur Liebe befreit", Zitat: *Gerade am Thema Sexualität wird die Kluft zwischen der heutigen Wirklichkeit und den Forderungen der Kirche (vor allem seit der Enzyklika „Humanae vitae" 1968) deutlich. Insbesondere die katholische Kirche vermittelt den Eindruck, als sei Gott lust- und lebensfeindlich und die Liebe zu Gott mit der Liebe zu einem Menschen nicht vereinbar, als sei Sexualität schlecht oder doch gefährlich und Enthaltsamkeit der höhere Wert.* Zitatende [091]. Bartholomäus schreibt zur Neuzeit wie folgt, Zitat: *Noch 1980 hinterließ solches Denken seine Spuren in einer Ansprache Johannes Pauls II, in der er die Männer ermahnte ihre Ehefrau nicht lüstern anzuschauen, sie verkomme dadurch zum Objekt potenzieller Befriedigung des eigenen sexuellen Triebes.* Zitatende [092]. Unter Berücksichtigung dieser Äußerungen, die man noch weiter fortführen könnte, kommt mir die im Katechismus getroffene Aussage über das „scheinbar unausrottbare

Missverständnis" wie eine Heuchelei vor. Hier will die Kirche wieder einmal nicht zugeben, dass sie sich früher geirrt hat. So schiebt man dem Volk Gottes wieder einmal die Schuld zu und behauptet dort hätte sich das Missverständnis entwickelt. Für mein Gewissen gilt die Feststellung: Die Sexualität ist ein heiliges Gottesgeschenk. Ein Geschenk das ER, der Urquell allen Lebens, den Menschen mit auf den Lebensweg gab. Die Sexualität ist nach meinem Gefühl ein Abglanz der Liebe, der Hingabe und der Verschmelzung Gottes mit seiner ganzen Schöpfung. Die volle Hingabe eines Liebespaares das in zärtlicher Vereinigung sich im Orgasmus in einer unbeschreiblichen Woge der Lust vereint, ist für mich ein Beispiel für einen Splitter jener Lust mit der das unendliche Leben, Gott, seine Schöpfung liebt. Aufgabe des Menschen ist es dieses heilige Geschenk der Sexualität im Schutz der Liebe zu bewahren. Es ist unverständlich warum die christlichen Kirchen die Sexualität so abgewertet haben. Gerade die Erbsündenlehre hat mit dazu beigetragen. Durch die Zeugung wurde ja angeblich die Erbsünde weiter gegeben. Nachdem ich die Erbsünde in der oben geschilderten Weise sehe hat die Zeugung absolut nichts mehr mit der Erbsünde zu tun. Der Katholische Erwachsenen-Katechismus von 1985 bestätigt dies. Auch ein zölibatäres Leben ist nicht besser und nicht schlechter als ein eheliches Leben. So ist für mich auch die Frage nach der Sexualität geklärt und ich kann sowohl die unbefleckte Empfängnis als auch die Jungfrauschaft Mariens als Bild sehen und in der oben aufgezeigten Weise auslegen. Für mich steht Maria, ebenso wie Jesus, als Bild für alle Menschen.

13.04. Gott wird geboren in dir

Wie steht es nun aber mit jener Gottesgeburt in mir? Wir haben Eingangs über den Ausspruch von Angelus Silesius nachgedacht wo er sagt, Zitat: *Und würde Gott tausendmal in Bethlehem geboren aber nicht in dir, du wärest dennoch verloren.* Zitatende [008]. In der Tat ist ein Mensch geistig tot wenn er nicht eine Verbindung herstellt zwischen seinem Unterbewusstsein und dem unendlichen, ewigen, kosmischen Bewusstsein. Menschen die sich nicht bemühen über ihr aktives Bewusstsein ihr Unterbewusstsein von Verengungen und Fesseln zu befreien, werden keine Verbindung aufnehmen können mit dem kosmischen Bewusstsein, mit Gott. Solche Menschen lassen sich nicht von dem Naturgesetz der Evolution zum Werden und damit zum aktiven Leben drängen. Positive Entwicklungen, Erfolge können wir nur einleiten und realisieren wenn wir uns klar machen, dass wir alle Teil eines einzigen großen Ganzen sind, dass wir Teil der gesamten Schöpfung sind. Gott wird in mir geboren wenn ich bereit bin mich für IHN zu öffnen. Nicht nur Maria hat sich diesem Gott geöffnet indem sie sich bereit erklärte ein Kind zu gebären. Jeder Mensch der bereit ist an einem Fortschritt zu arbeiten, einen Erfolg zu gebären tut großes für seine Umwelt. So ist in der Bildsprache der Bibel ein Unternehmer der heute Arbeitsplätze schafft eine Jungfrau, er hat etwas sehr wertvolles für sein Umfeld getan. Er hat sich geöffnet sodass Gott in ihm und durch ihn geboren werden kann in Form eines Erfolges. Und dieser Erfolg bringt ein Stück Erlösung in die Welt.

14. ... GELITTEN UNTER PONTIUS PILATUS, GEKREUZIGT, GESTORBEN UND BEGRABEN

14.01. Der leidende Mensch

Die Erlösung ist in uns und um uns

Jesus hat als Mensch, als einer von uns, an der Gottesferne der Schöpfung gelitten wie wir alle daran leiden. Besonders in den Elendsvierteln der Schwellenländer und in Ländern der 3. Welt ist das Leid groß. Der Mensch leidet an der Unvollkommenheit und Unerlöstheit der Schöpfung. Jesus hat versucht die Menschen aufzurichten. Er hat als Reformer versucht in seinem Umfeld ein Stück weit Erlösung zu bringen. So wie wir alle mit unserem Leben diese Schöpfung in irgendeiner Weise, und sei es noch so unscheinbar, ein Stück weit erlösen können. Da ist eine Mutter die ihrem Kind Schutz und Liebe gibt. Sie hat dadurch die Welt ein Stück weit erlöst weil sie Leid von ihrem Kind ferngehalten hat. Da ist ein Vater der durch seiner Hände Arbeit seiner Familie finanzielle Sicherheit bietet. Er hat die Welt ein Stück weit erlöst weil er Leid von seiner Familie fern gehalten hat. Da ist ein Mitarbeiter in einem Unternehmen der durch seine Bereitschaft zum Mitdenken eine Idee einbringt die seiner Arbeitsgruppe Vorteile und Gewinn bringt. Er hat die Welt ein Stück weit erlöst. Da ist ein Unternehmer der neue Arbeitsplätze schafft. Er hat die Welt ein Stück weit erlöst. Und was ist mit jener neuen Führungsmethode über die wir schon verschiedentlich sprachen, dem TQM, das den Mitarbeiter in die Verantwortung mit einbezieht und eine neue Bewusstseinerweiterung fordert? Ist das nicht auch eine Erlösung der Welt in Richtung einer neuen geistigen Entwicklung? Nach meinem Gefühl hat sich die Kirche viel zu weit vom normalen Alltagsleben abgewendet. Sie hat das Leben aufgeteilt in sakral und profan. Sie ist in eine überzogene Frömmigkeit hinein geschlittert die keinen Bezug zum Leben mehr hat. Das Leben aber ist Gott. ER ist der Urgrund allen Seins. ER ist das Leben. ER, das Leben, bringt uns die Erlösung.

14.02. Der mit uns leidende Gott.

Gott ist kein Gott der Toten

Gott, das Leben, lebt in jedem Menschen und Gott leidet mit jedem Menschen. Das Leben des Jesus von Nazareth ist ein Gleichnis, ein Bild, mit dem jeder Mensch sein eigenes Leben vergleichen kann. Dieser Mann aus Nazareth hat durch sein Leben, und durch sein Leiden und Sterben am Kreuz, die Welt auf „seine" Weise erlöst. Er hat nicht nur gelitten. Er hat das Leben auch genossen. In der Geborgenheit seiner Familie, in den stillen Stunden der Einsamkeit auf den Bergen, in den Festen die er mit den Menschen feierte, wie auf der Hochzeit zu Kanaan, oder im Gespräch mit Freunden wie mit Lazarus und dessen Schwestern Martha und Maria. Seine Gegner nannten ihn einen Fresser und Säufer [093]. Was darauf schließen lässt, dass er es verstand mit den Menschen Feste zu feiern. Alle Christen sollten ihr Leben zu einem Fest machen und sich so wie ER einbringen. Jeder Mensch sollte, wie ER, auf seine Weise die Welt ein Stück weit erlösen. Nicht durch Verzicht und Selbstkasteiung, sondern durch ein lustvolles, aktives Leben. Jeder Mensch hängt auch am Kreuz seiner Zeit. Und Gott leidet und lebt und stirbt mit ihm, so wie er mit Jesus von Nazareth gelebt hat und auch gestorben ist. Aber Gott hat nicht nur das Leid zugelassen, ER hat auch die Lust des Lebens in die Schöpfung gelegt und er will sicher, dass wir dieses Geschenk auch nutzen. Die Bibel sagt, Zitat: *Gott ist kein Gott der Toten; sondern der Lebendigen; denn alle leben für Ihn.* Zitatende [094]. Er will, nach meinem Glaubensverständnis, mit uns sein. Er will die Welt mit uns und durch uns erlösen.

Gott will nicht das Kreuz, ER will die Erlösung

Nun sollen wir nicht am Kreuz sterben wie Jesus von Nazareth. Jeder Mensch muss sein eigenes Leben steuern und beeinflussen. Und er soll es in Freude leben, denn Gott ist in erster Linie das Leben, die Freude, die Lust und die Freiheit. Gott will in aller erster Linie die Erlösung. Die Auferstehung aus dem Leid und dem Tod. Die Tragik im christlichen Glauben der Gegenwart scheint mir im oft falsch verstandenen Kreuzestod Jesu zu liegen. Es wird in kirchlichen Kreisen immer sehr schnell auf den Kreuzestod Jesu hingewiesen. Er hat sich geopfert. Und so wird von allen Christen mehr oder weniger stark das Opfer verlangt. Gott aber will keine Opfer. Er will Evolution, Wachstum, er will das Werden. Auf dem Weg zum Werden aber gibt es natürlich viele Probleme, Mühen und auch das Kreuz. Diese sind zu bewältigen. Nicht der Kreuzestod ist das Ziel, sondern die Auferstehung, der Erfolg. Es hat nur dann einen Sinn ein „Opfer" zu bringen, wenn es um des Erfolges willen erbracht wird.

14.03. Es gibt keine Vorherbestimmung

Erkenntnisse aus der Chaosforschung

Jesus von Nazareth wurde unter Pontius Pilatus gekreuzigt, ist gestorben und begraben worden. Dieser Zusammenbruch war sein ureigenstes Leben. Das Leben eines drängenden Reformers und Revolutionärs. Er allein hat dieses Leben beeinflusst und vollendet. Er war, nach meinem Glaubensverständnis, nicht „vorherbestimmt" von seinem Vater um alleine die Welt zu erlösen. Jeder Mensch muss sein eigenes Leben steuern und beeinflussen. Ich weigere mich an eine Vorherbestimmung zu glauben. Dies würde nicht der Freiheit entsprechen die meinem Gottesbild zugrunde liegt. Wir haben die Möglichkeit unser Leben zu beeinflussen. Die Chaosforschung bringt heute sehr deutliche Hinweise darauf, dass eine Vorherbestimmung nicht realistisch ist. Die Chaosforschung weist nach, dass sich im atomaren Bereich die Vorgänge in der Natur nicht exakt vorhersagen lassen. Die Natur kann sich völlig chaotisch verhalten.

Erkenntnisse aus der Psychologie

Die neuesten Erkenntnisse der Psychologen sagen uns, dass die Gedanken die wir denken die Tendenz haben sich langfristig zu verwirklichen. Alle Gedanken, die wir aufgrund unseres Glaubens in unser Unterbewusstsein versenken, haben die Tendenz sich zu verwirklichen. So können wir durch unseren Glauben die Welt verändern. Viele Menschen möchten jedoch heute das Leid durch die Politiker oder durch die Unternehmer, oder durch die Gewerkschaften kurz um, durch „die da oben" wegdrücken. Die da oben sollen dafür sorgen, dass ich mehr verdiene, die da oben sollen dafür sorgen, dass ich eine neuen Job bekomme, die da oben sollen dafür sorgen, dass ich in Frieden leben kann etc.. Gott aber will die Evolution, ER will das Werden in jedem einzelnen Menschen. Der Druck zur Evolution liegt in der ganzen Schöpfung. Diesen Druck hat Gott gewollt und auch in seine Schöpfung hineingelegt. ER ist aber laut Bibel auch der Gott der Lebenden. ER ist im Leben eines jeden Menschen gegenwärtig und bietet sich an. Er ist gegenwärtig selbst wenn dieses Leben scheitert, wie das des Jesus von Nazareth am Kreuz gescheitert ist. Jesus von Nazareth hat gelitten unter Pontius Pilatus und ist am Kreuz gestorben, aber er ist dennoch auferstanden. Jedes menschliche Leben endet, nach meiner Glaubensüberzeugung, in einer Auferstehung. Darüber werden wir im übernächsten Glaubensartikel noch reden. Das Ende ist nicht der Tod sondern die Auferstehung. Diese Auferstehung beginnt aber hier und heute schon. Jeder Erfolg den ein einzelner Mensch in seinem Leben schafft ist schon ein Stück Auferstehung. Das ist, nach meiner Glaubensüberzeugung, die eigentliche christliche Botschaft die das Leben dieses Jesus von Nazareth uns zeigen will.

14.04. Gekreuzigt gestorben und begraben

Lehrt das Christentum eine Weltverneinung?

Ich habe den Verdacht, dass das Leben vieler Christen durch den Glaubensartikel der da sagt „ ... gekreuzigt, gestorben und begraben ... ", in eine Weltverneinung hineingeführt wird, die den Blick immer auf ein Jenseits nach dem Tod anstrebt, und nicht erkennt, dass der „Himmel" hier und heute schon beginnt. Nach dieser falschen Glaubenshaltung wird auf weite Strecken, überspitzt gesagt, nur „gekreuzigt, gestorben und begraben" anstatt gelebt. Sollen wir Christen die Sehnsucht begraben? Die Sehnsucht nach Erfolg, nach Freude, nach Lust, nach Reichtum, nach Anmut und Schönheit etc.. Ich denke wir Christen haben die Aufgabe für das Himmelreich, für die Erlösung dieser Schöpfung, zu kämpfen. Während dieses Kampfes wird sicherlich auch gekreuzigt, wird sicherlich auch gestorben und wird so manches Mal auch begraben. Christen müssen dieses Kreuzigen, Sterben und Begraben aber nicht als gottgegeben und endgültig hinnehmen. Als Christen können wir unser Selbst und unsere Sehnsüchte sterben lassen, sie werden zu gegebener Zeit auferstehen. Das Leben dieses Mannes aus Nazareth will es uns doch mitteilen. Sein Werk und sein Leben sind trotz Kreuzestod in eine Auferstehung hinein gewachsen. Wir haben den Auftrag die Welt zu erlösen und deshalb haben wir auch die Verheißung der Auferstehung.

Nicht der Tod ist das Ende

Nicht das Kreuz und nicht der Tod ist das Ende sondern die Auferstehung. Wir brauchen unsere Sehnsüchte nicht begraben. Gerade dieser Mann aus Nazareth hat eindrücklich darauf hingewiesen, dass wir Sehnsüchte haben sollen. Er hat darauf hingewiesen, dass wir bitten sollen und dass Gott auch auf die Bitten antwortet. Wer aber bittet muss seine Bitten, seine Sehnsüchte kennen und sie im Bittgebet formulieren. Wer bittet muss Pläne haben um deren Erfüllung er ringt. Wer keine Ziele, keine Bitten, keine Pläne und keine Sehnsüchte hat der wird allerdings auch nicht seine Wünsche formulieren. Ein solcher Mensch ist schon tot noch bevor er gestorben ist.

14.05. Der Ausweg aus Kreuz und Tod

Das richtige Bittgebet

Es gibt viele Christen die meinen sie müssen im Bittgebet Gott darauf hinweisen, dass sie einen Mangel haben. Sie meinen sie müssen Gott aufwecken, dass er ihr Anliegen sieht. Welch ein falsches Gottesbild haben doch diese Menschen. Gott wohnt nicht irgendwo im Himmel, irgendwo in der Unendlichkeit des Alls. Dort ist er auch zugegen, aber er wohnt vor allem in dir. ER der eingeborene Gott, ER wohnt in der Seele, im Unterbewusstsein des Menschen. Wenn der Mensch IHN annimmt, sein Denken mit dem Wollen Gottes vereint, dann werden seine Wünsche machtvoll werden, denn dann wird Gott durch den Menschen die Welt bewegen. ER selbst formt in den Menschen die Sehnsucht nach Erlösung, nach Erfolg. Jährlich versucht die Kirche im Weihnachtsfest die Geburt Gottes eindrucksvoll bildhaft zu schildern. Schon das in der Volksfrömmigkeit so lebhaft ausgeschmückte Bild der Herbergsuche [095] ist sehr eindrucksvoll. Gott sucht Herberge in Dir. Nicht irgendwo in Bethlehem, nein, in dir, im Menschen will er wachsen und mit ihm gemeinsam leben. ER ist das Leben. Und diesem Leben ist eine lustvolle Verheißung gegeben wie dies das Bild von der Verkündigung der Hirten sagen will, Zitat: *Da stand der Engel des Herrn vor ihnen und die Herrlichkeit des Herrn umleuchtete sie. Und sie gerieten in übergroße Furcht. Der Engel aber sprach zu ihnen: Fürchtet euch nicht. Seht, ich verkündige euch eine große Freude, die allem Volke zuteil werden soll.* Zitatende [096]. Die Christen müssen lernen die Bilder der Bibel zu verstehen, und sie müssen lernen die Aussagen der Bilder in das aktuelle Leben zu übersetzen.

Die Furcht vor der Herrlichkeit des Herrn

Das Bild von der Verkündigung der Hirten sagt für mich aus, dass uns Gott, das Leben, in den Erfolg, in die Erlösung, in die Herrlichkeit des Herrn, hineinführen will. Schon der Gedanke an den Erfolg lässt in uns die Herrlichkeit des Herrn aufleuchten. Lust und Freude am Erfolg leuchten in uns auf. Aber selbst im Augenblick da sich diese göttliche Herrlichkeit real auftut fällt der Mensch oftmals in eine große Furcht. Die Psychologen sagen uns heute, dass es eine Erfolgsangst gibt. Der Mensch der plötzlich „die Herrlichkeit des Herrn" sieht, der plötzlich nach langem Ringen den großen Erfolg aufleuchten sieht, den befällt Furcht. Denn ein großer Erfolg führt uns auch meistens aus einer altgewohnten Umgebung und Lebenshaltung heraus, führt uns in neue Bereiche des Lebens und Wirkens und das alles ängstigt uns. Deshalb ist es für mich auch so tröstend, dass der Engel im Bild der Bibel sagt „fürchtet euch nicht". Ich weiß damit, dass sich auch schon vor mir viele Menschen gefürchtet haben, dass sie erschüttert waren als sich die Möglichkeiten positiver Entwicklungen nach denen sie sich sehnten plötzlich auftaten.

Man darf die Bibel nicht wörtlich übersetzen

Wir müssen aus den Bildern der Bibel die Botschaft lesen die aus der Unendlichkeit des Kosmos kommt. Die Bibel darf man nicht wörtlich übersetzen. Wenn man eine Nachricht die in fremder Sprache übermittelt wurde rein wörtlich übersetzt, kann der Inhalt der Nachricht verfälscht werden. Die Bibel sendet uns Nachrichten in Form von Bildern, die das Leben, die Gott, ausgesendet hat, durch Menschen die in ihrer Zeit und Kultur lebten. Wir müssen den Sinn verstehen der hinter den Worten steht. Ich bin nicht einverstanden mit dem Abschiedsbrief den der Professor für evangelische Theologie an der Universität Göttingen, Gerd Lüdemann, an Jesus schrieb [097]. Dieser Brief steht als Einleitung in seinem Buch „Der große Betrug". In diesem Buch versucht Gerd Lüdemann wissenschaftlich exakt auseinender zu halten was Jesus wirklich sagte und was ihm nur in den Mund gelegt wurde. Er findet aufgrund seiner Forschungen viele Jesus Worte die dieser Reformer aus Nazareth gar nicht gesagt haben kann. Sicher ist diesem Mann aus Nazareth vieles in den Mund gelegt worden was die nachösterliche Gemeinde der Christen aussagen wollte. Sie meinten es in seinem Sinne aussagen zu dürfen. Deshalb meine ich um so deutlicher sagen zu müssen: Wir dürfen die Bibel nicht wörtlich lesen. Wir müssen sie immer vor dem Hintergrund der neuesten Ergebnisse aus Forschung und aktuellem Leben zu verstehen suchen. Wir dürfen die Bibel nicht lesen wie man einen Reisebericht liest. Wir müssen die Bibel meditieren. Jede Nachricht die über die Bibel oder über eine andere heilige Schrift aus einer andern Religion zu uns kommt müssen wir im Gespräch mit dem Urgrund allen Seins, mit Gott, bedenken, meditieren, und so verstehen lernen.

Die zeitlose Aussage der Weihnachtsgeschichte

Alle Jahre wieder bin ich enttäuscht, wenn zu Beginn der Adventzeit die Weihnachtsgeschichte in Form von Engels- und Krippendarstellungen und weihnachtlichem Singsang die Kaufhäuser erfüllt. Hier wird ein erschütterndes Ereignis das heute noch den Erdkreis erfüllt verantwortungslos zu Werbezwecken missbraucht. Die meisten Menschen verstehen nicht was diese rührende Geschichte eigentlich aussagt. Sie verstehen den Inhalt dieser Botschaft nicht, weil sie an dem äußern Bild hängen bleiben. Die Weihnachtgeschichte ist nicht historisch. Sie ist kein Reisebericht. Sie ist nicht die Dokumentation einer Geschichtsschreibung. Sie ist historisch gesehen nicht wahr. Die Weihnachtsgeschichte ist eine philosophisch, theologische Aussage die in meinen Augen einen unschätzbaren Wert in sich trägt. Wie wir schon oben besprochen haben ist das Bild von der Herbergsuche die Aussage, dass Gott dich sucht. ER will in dir geboren werden. Er will leben, ER will wachsen in dir. Und die Verkündigungsszene auf den nächtlichen Feldern vor den Hirten sie berührt mich immer wieder. Wir haben über die Auslegung dieses Bildes oben schon gesprochen. Ich will diese Bibelstelle trotzdem noch einmal zitieren, weil sie mir so wichtig erscheint. Zitat: *Da stand der Engel des Herrn vor ihnen und die Herrlichkeit des Herrn umleuchtete sie. Und sie gerieten in übergroße Furcht. Der Engel aber sprach zu ihnen: Fürchtet euch nicht. Seht, ich verkündige euch eine große Freude, die allem Volke zuteil werden soll.* Zitatende [096]. Da ist auf der einen Seite die übergroße Furcht vor der Herrlichkeit des Herrn. Bedenkt man, dass diese Geschichte erst 65 bis 100 nach Christus, also etwa 35 bis 70 Jahre nach seinem Tod, geschrieben wurde, dann kann der aufmerksame Leser von heute, noch stärker als der Schreiber von damals, das Erschrecken vor der Erkenntnis der Zeitenwende fühlen. Die Menschheit steht vor einem geistigen Durchbruch. Sie erkennt wie die von Gott gegebene Erlösung verstehbar wird. Nicht nur in dem einen Kind und durch das eine Kind das in Bethlehem geboren ward, sondern in allen Menschen. Und es wird ausgesagt, dass diese Freude die da verkündigt wird „allem Volke zuteil werden soll". Denn es wird ja die Erlösung verkündet, Zitat: *Heute ist euch in der Stadt Davids der Heiland geboren; es ist Christus der Herr.* Zitatende [096]. Alles Volk, alle Menschen können in die Erlösung, in den Erfolg hineinwachsen. In jedem Menschen will Gott als Christus, als Erlöser, wachsen. Die Stadt Davids, das ist das Unterbewusstsein des Menschen. Dort will Gott wachsen. Aber wie? Auch darüber berichtet die Weihnachtsgeschichte, Zitat: *Und dies soll euch zum Zeichen dienen: Ihr werdet ein Kind finden das in Windeln gewickelt ist und in einer Krippe liegt.* Zitatende [096]. Gott tritt nach dieser Aussage nicht als Herr und schon gar nicht als dominierender Herrscher in das Leben des Menschen. Er tritt ein, als hilfloses Kind das in Windeln gewickelt ist. ER der

Urgrund allen Seins, ER kommt zum Menschen als hilfloses Kind. Seine Ehrfurcht vor der persönlichen Freiheit des Menschen ist eben unendlich groß. Am einzelnen Menschen liegt es ob er diesen „hilflosen" Gott annimmt und ihm Herberge gibt.

Wie entscheide ich mich?

Am einzelnen Menschen liegt es nun wie er sich entscheidet. Ob er sich für Gott entscheidet und mit IHM zusammen auch wieder Kind wird, ein Kind das in Gemeinschaft mit IHM bereit ist weiter in die Evolution, in das Werden, hinein zu wachsen. Die nachösterliche Christengemeinde sagt in der Apostelgeschichte dazu. Zitat: *Alle die sich vom Geiste Gottes leiten lassen sind Kinder Gottes. Ihr habt doch nicht den Geist der Knechtschaft empfangen, so dass ihr euch von neuem fürchten müsstet. Nein! Ihr habt den Geist der Annahme als Kind empfangen, in dem wir rufen: Abba, Vater. Der Geist bezeugt es selbst, mit unserm Geist zusammen, dass wir Kinder Gottes sind.* Zitatende [098]. Wenn wir in diesem Geist meditieren, dann treten wir mit unserem Unterbewusstsein in Verbindung. Dort können wir dann alle unsere Wünsche und Sehnsüchte unsere Stärken und Schwächen mit dem Urgrund allen Seins, mit Gott besprechen. Dort lassen wir unsere Sehnsüchte von Gott prüfen und dann geben wir sie über unser Unterbewusstsein an das kosmische Bewusstsein, an Gott weiter. Wenn wir so meditieren, dann werden nach meiner Glaubensüberzeugung unsere Wünsche und Sehnsüchte, in welcher Form auch immer, reale Wirklichkeit werden.

Die Kraft des Glaubens im Unterbewusstsein

Nach meinem Glaubensverständnis kann der Mensch in der Tiefe seiner Seele über sein Unterbewusstsein mit dem unendlichen, kosmischen Bewusstsein, dem Urgrund allen Lebens, mit Gott, in Verbindung treten. Hier, so meine ich, liegt der Urquell zur Kraft des Glaubens. Diese Aussage wird noch einmal unterstrichen durch die Aussage des nächsten Satzes aus dem oben zitierten Römerbrief, Zitat: *Und sind wir Kinder, alsdann sind wir auch Erben; Erben Gottes und zugleich mit Christus Erben; nur müssen wir mit Ihm auch leiden (wachsen und lernen) um mit Ihm verherr-*

licht zu werden. Zitatende [099]. Ja wir können die Kraft des Glaubens erben, wenn wir bereit sind zusammen mit Gott wieder Kind zu werden und in die Evolution hinein zu wachsen. Diese Evolution aber, dieses Werden, das verlangt seit Anbeginn der Menschenzeit auf diesem Planeten einen Wachstumsprozess. Dieses Wachstum bringt jedoch einen Lernschmerz mit sich. Wir alle, jede Generation muss in einem Lernprozess Altes ablegen und Neues bewirken. Hier beginnt das Leiden. Altes ablegen bringt Unsicherheit und Ängste. Und es bringt die Mühe neue unbekannte Wege in einem neuen Lernprozess zu gehen. Nach meinem Gefühl wollte Gott als er den Menschen schuf keine glücklichen Idioten schaffen. Die Genesis legt Ihm ja die Worte in den Mund die da sagen, Zitat: *Lasset uns den Menschen machen nach unserem Bild und Gleichnis.* Zitatende [053]. ER wollte Persönlichkeiten, Partner mit denen er in Freiheit Beziehung aufnehmen kann. Partner die mit Ihm gemeinsam an seinem Schöpfungswerk aktiv arbeiten. An diesem Werk sollen diese Persönlichkeiten wachsen. Und während dieses Wachstums gibt es auch Leid und Schmerz und Misserfolg. Das Leben des Jesus von Nazareth liefert ein erschreckend extremes Bild von diesem Leid. Allerdings bezeugen wir im Glaubensbekenntnis auch, dass Er, Jesus von Nazareth, dass Er und sein Werk auferstanden ist, aus der Kraft des Glaubens. Und dieser Glaube der reicht bis über den Tod hinaus, das bezeugt uns das Leben und das Werk des Jesus von Nazareth.

14. ... HINABGESTIEGEN IN DAS REICH DES TODES ...

15.01. Gott stirbt mit uns.

Das Reich des Todes wird überwunden

Jesus von Nazareth ist hinabgestiegen in das Reich des Todes. Dieser Glaubensartikel sagt mir persönlich: Jesus von Nazareth ist gescheitert. ER wollte das Judentum seiner Zeit reformieren. Mit großer Leidenschaft hat er dieses Ziel seines Lebens gewollt. Sein Leben, sein Wollen, seine Sehnsucht ist jedoch in das Reich des Todes hinabgestiegen. Dorthin wo nichts mehr geht, wo nichts mehr zu bewegen ist. Nun hat aber die nachösterliche Gemeinde in dieses Hinabsteigen in das Reich des Todes den Gedanken gelegt, dass ER, der während er lebte die Menschen aufrichtete, dass ER nicht untätig in das Reich des Todes hinab gestiegen ist, sondern dort hin ging um selbst das Reich des Todes zurück zu holen in das Leben. Dieser Gedanke ist sehr gewagt, aber er ist mir doch sehr wichtig. Jesus der Mensch, der von sich sagen konnte „ich und der Vater sind eins", ER ist gescheitert und in das Reich des Todes hinabgestiegen. Aber selbst dort, wo alles erstarrt ist, wo nichts mehr geht, selbst dort hat SEIN Glaube noch Leben bringen können. Mir persönlich sagt dieser Glaubensartikel aus der Sicht meines Glaubens, dass jeder Mensch aus der Kraft seines Glaubens auch das Reich des Todes überwinden kann. Jenen Zustand an dessen Schwelle scheinbar nichts mehr geht. Ich meine durch die Kraft seines Glaubens kann der Mensch auch das Reich des Todes überwinden.

Wir und unsere Sehnsüchte werden nicht sterben

Diese Gedanken kann man nicht aus dem historischen Leben des Jesus von Nazareth ableiten. Es sind wiedereinmal theologisch, philosophische Deutungen die nur aus dem Glauben und aus dem Leben dieses Mannes aus Nazareth zu verstehen sind. Aus seiner Art zu leben und zu lehren. Es gibt keine Beweise. Es gibt aber Begründungen. In der Kraft seines Glaubens liegen diese Begründungen. Auch für mich persönlich gilt: Das Leben in mir wehrt sich gegen den Tod, gegen das Zerbrechen meiner Sehnsucht und meiner Ziele. Jeder Unternehmer hat Zeiten des Erfolges und auch Zeiten des wirtschaftlichen Abschwunges wo scheinbar nichts mehr geht. Ein guter Unternehmer hat auch für diese Zeiten vorgesorgt und hat Maßnahmenpläne die aus der Krise herausführen. Auch wenn alles Leben, aller Erfolg zu erstarren scheint. Ich habe eingangs jene Situation geschildert die ich in Weimar nach der Wende um 1992/93 erlebte. Da haben die Menschen die Unsicherheit der Freiheit erstmals in der freien Sozialen-Marktwirtschaft erlebt. Da ergab sich durch das Zusammenbrechen der Ostmärkte ein Wirtschaftsabschwung der große Unsicherheit mit sich brachte. Für die betroffenen Menschen sah diese Situation aus wie Scheitern. Und dennoch war für alle gerade in dieser Situation Glaubenskraft nötig um aus dem Tief, aus dem Reich des Todes, trotzdem aufstehen zu können. Glaubenskraft gibt es nicht zum Nulltarif. Das gilt auch im Hinblick auf die weltweite Globalisierung der Wirtschaft. Glaubenskraft muss sich jeder einzelne Mensch ganz persönlich selbst erkämpfen. Nach meiner Überzeugung will allerdings Gott den Menschen durch die Kraft des Glaubens in diesem Kampf unterstützen. Das Leben in mir wehrt sich gegen den Tod. Wer oder was aber ist das Leben? Das Leben ist Gott. Der unendliche Urgrund allen Seins. ER der eingeborene Gott im Menschen, ER will den Tod nicht zulassen. Weder den Tod an meinen Sehnsüchten noch den letzten Tod in meinem Leben. So wie er mit mir lebt, so stirbt er auch mit mir, weil er mich nicht im Scheitern und auch nicht im Tod lassen will. Das Christentum ist eine Auferstehungsreligion!

15.02. Das Leid ist die Unendlichkeit der Liebe.

Wir haben schon darüber gesprochen wie manche Theologen fassungslos dem Tod und dem Leid gegenüber stehen. Sie haben aus diesem Grunde sicherlich auch der Sündenfall Erlösungstheologie den Vorrang gegenüber der Schöpfungstheologie gegeben. Manche Theologen streichen da lieber das Wort „allmächtig" aus ihrem Glaubensbekenntnis. Sie sagen Gott ist gar nicht allmächtig. Er unterliegt auch der Willkür des Chaos im Universum. Zugegeben es ist schwer zu verstehen warum ein allmächtiger und bedingungslos liebender Gott den Tod und das Leid bis zur Grausamkeit zugelassen und damit faktisch gewollt hat. Mein persönlicher Glaube jedoch sagt ja zur Schöpfungstheologie. Ich glaube, wie das christliche Glaubensbekenntnis sagt: „An Gott den Allmächtigen, Schöpfer Himmels und der Erde". Diese Schöpfung wie wir sie heute auf unserem Planeten Erde erleben ist nach meiner Glaubensüberzeugung gut. Sie ist sogar sehr gut. Allerdings führt Gott in seiner Schöpfung nicht über ein Soft-Management. Er führt nicht über eine Softi-Führung, über ein schwaches Management, wie viele Leute das „Management by love" gerne nennen. Diese Zeitgenossen meinen, Liebe sei schwächlich. Das ist aber ein großer Irrtum. Die Liebe Gottes, und jede echte tiefe Liebe, ist nicht schwächlich. Dies ist deutlich zu erkennen wenn man versucht sich in die Schöpfungstheologie hinein zu denken. In dieser Schöpfung liegt ein Zwang zur Evolution. Existenzangst zwingt uns zum Lernen, zum Wachsen, obwohl auch eine Lernangst uns am Werden hemmen will weil jedes Lernen auch ein Gehen in Neuland ist und ein Loslassen alter Sicherungen fordert. Immer wieder werden wir gefordert. Und diese Forderung empfinden viele als Leid, als ein Hinabsteigen in das Reich des Todes.

15.03. Hinabgestiegen in die Hölle

In älteren Fassungen des Glaubensbekenntnisses ist die Rede von der Hölle. Dort wird dann nicht gesagt: „Hinabgestiegen in das Reich des Todes". Es wird stattdessen gesagt: „Hinabgestiegen in die Hölle". Sehen wir einmal ab von den Auswüchsen und Verirrungen so vieler Höllenpredigten mit denen im Volk oftmals Angst erzeugt wurde um die Massen besser lenken zu können. Diese Auswüchse waren in meinen Augen unverantwortlich und zutiefst unchristlich. Es gibt keine Hölle im Sinne eines ewigen Feuers in ewiger Verdammnis. Im Grunde war mit Hölle immer das Reich des Todes gemeint. Aber die Sündenfall-Erlösungstheologie sagt: Der Himmel war verschlossen seit dem ersten Sündenfall. Alle Verstorbenen waren sodann im Reich des Todes, in einer Vorhölle, gefangen bis Christus durch seinen Tod am Kreuz die Welt erlöst hat. Dann erst als ER nach seinem Kreuzestod in die Welt des Todes hinabgestiegen ist wurde das Tor zum Himmel wieder geöffnet. Betrachtet man dieses Bild vor dem Wissen um die Raum- und Zeitlosigkeit Gottes, dann ist unschwer zu erkennen, dass diese Vorstellung nur einem menschlichen Geist entspringen kann der mit der Dimension der Zeitlosigkeit nichts anzufangen weiß. Für Gott, dem Ursprung allen Lebens und allen Seins, gibt es keine Zeit. ER ist Gestern wie Morgen. ER ist der immer Gegenwärtige. Für IHN gibt es kein „Davor" und „Danach". Die Zeit ist eine menschliche Erfindung und sie existiert nur in unserem menschlichen Denken. Aber betrachten wir doch diese Schöpfung hier und heute. Ist sie nicht ein Reich des Todes? Wir alle müssen sterben. Ist diese Welt nicht manchmal wie eine Hölle? Wie eine Unterwelt, die unter dem Niveau jener Herrlichkeit liegt die in Gott ist? Und in diese Welt ist Gott hinabgestiegen. ER lebt und leidet und stirbt mit jedem Menschen. ER ist der Erlöser, der Gott im Menschen. ER will uns aus dem Reich des Todes in den Erfolg, in die Auferstehung hinein führen. Die Auferstehung geschieht hier und heute schon in dieser Welt. Jeder Erfolg den wir erringen ist eine Auferstehung. Und wenn wir genau hinsehen, dann haben wir täglich so manchen Erfolg. Ich meine, Gott will uns herausführen aus dem Reich des Misserfolges, aus dem Reich des Todes. Wir werden Auferstehen schon in Mitten unserer Lebenszeit und vor allem im Augenblick des persönlichen Sterbens, im eigenen Tod.

16. ... AM DRITTEN TAGE AUFERSTANDEN VON DEN TOTEN ...

16.01. Christlicher Glaube ist ein Auferstehungsglaube

Schon in den voraus gegangenen Kapiteln hat sich der Gedanke an die Auferstehung automatisch eingefügt. Das ist richtig, denn christlicher Glaube ist nach meinem Gottesbild ein Auferstehungsglaube. Der Christ darf und braucht nie Kreuz, Leid und Tod ohne die Auferstehung sehen. Im Gottesbild des Christen liegt die Zuversicht die sagt: Gott, das Leben, geht mit uns durch Kreuz und Tod, nicht nur um uns zu trösten, sondern um uns zum Leben, zur Auferstehung, zum Erfolg zu führen. Die von Gott gewollte Evolution führt in die Auferstehung.

16.02. Warum glaube ich an die Auferstehung des Jesus von Nazareth?

Die Berichte der nachösterlichen Gemeinde

Ich bin überzeugt davon, dass Jesus von Nazareth von den Toten auferstanden ist. Mit welchen Fakten begründe ich diesen Glauben? Die Bibel bringt zum Beweis der Auferstehung dieses Mannes aus Nazareth eine Reihe von Bildern die dieses Ereignis bezeugen wollen. Da gibt es Auferstehungsbekenntnisse aus der nachösterlichen Gemeinde. Und es gibt Auferstehungserzählungen, Erscheinungserzählungen und die Erzählungen vom leeren Grab. Diese Erzählungen sind allerdings wieder einmal Bildberichte die rein philosophisch, theologisch zu verstehen sind. Über diese Bilder will die nachösterliche Gemeinde ihre Überzeugung von der Auferstehung Jesu mitteilen. Das sind in meinen Augen keine leeren Erzählungen sondern erschütternde Zeugnisse von Menschen die zutiefst überzeugt waren, dass er Auferstanden ist. Ich kann mir vorstellen, dass sie diese Bilder durchlebt haben. Physikalisch, historisch bringen uns diese Bilder jedoch keine Beweise. Ich will mich auch deshalb nicht mit den Bildern aufhalten. Ich persönlich bin, genau so wie es die nachösterliche Gemeinde war, überzeugt davon, dass dieser Reformer, dieser Jesus von Nazareth, dass ER und sein Werk auferstanden sind. Die Begründung dieser meiner Überzeugung liegt in seiner Lehre, in seinem Leben und natürlich auch in der Glaubensüberzeugung der nachösterlichen Gemeinde.

Die Erkenntnisse aus der Atomphysik

So wie die Bibel in Bildern spricht, um eine Aussage machen zu können über Erkenntnisse die wir nur über den Glauben verstehen können, so geht es auch der Atomphysik heute. Auch die Atomphysiker erklären uns ihre Erkenntnisse in Bildern. So versuchen sie uns heute das Atom, dieses kleinste Teilchen der Materie, wie folgt zu erklären. Sie sagen es ist wie eine in sich pulsierende Kugel. Es ist also kein festes Materieteilchen, sondern es lebt. Um den Atomkern kreisen die Elektronen mit nahezu Lichtgeschwindigkeit. Würde man den Atomkern vergrößern auf eine Kugel mit etwa 10 Millimeter Durchmesser, dann müsste man um maßstabgerecht zu bleiben die Elektronen in der Größe eines Sandkornes in etwa 100 Meter Abstand vom Atomkern kreisen lassen. Dieses Bild sagt uns, dass das meiste an der Materie Kraftfeld ist. Nun meinte man lange Zeit, dass mindestens der Atomkern ein Masseteilchen sei. Aber in neuester Zeit sagen uns die Atomphysiker, dass auch der Atomkern nur als eine Art dichter Energienebel zu verstehen ist. So kommen wir zu dem Ergebnis: Materie ist im wesentlichen Energie. Wenn nun aber die Welt, wenn wir, wenn auch unser Leib im wesentlichen Energie ist, dann muss auch jener Geist der die Antriebskraft des ganzen Systems ist, uns sehr nahe sein. Dieser Geist aber ist nach unserem Glaubensbekenntnis der allmächtige Schöpfer Himmels und der Erde. Wir haben darüber schon diskutiert. Wenn wir diesen Glaubenssatz verinnerlicht haben und wenn wir zudem noch diesen allmächtigen Gott, nach der Lehre des Jesus von Nazareth als Vater, als Abba, ansprechen. Dann müssen wir, als seine Kinder, genau so wie ER unsterblich sein. Jesus von Nazareth war mit diesem Gott so tief verbunden, dass er sagen konnte „ ich und der Vater sind eins". Aus diesem Grunde, so meine ich, ist er auch unsterblich. Also muss er auferstanden sein.

Masseteilchen oder Energiewelle

Wir haben über das Paradoxon, die Widersprüchlichkeit, gesprochen von der Fritjof Capra berichtet. Unsere Forscher stoßen auf diese Widersprüchlichkeit wenn sie Materie und Licht untersuchen. Ich wiederhole noch einmal die Aussagen die Fritjof Capra in seinem Buch Wendezeit macht. Er schreibt dazu, Zitat: *Die doppelte Natur von Materie und Licht ist sehr merkwürdig. Es scheint unmöglich den Gedanken zu akzeptieren, dass etwas gleichzeitig ein Teilchen sein kann, also eine auf ein sehr kleines Volumen begrenzte Einheit, und eine Welle, die sich über einen weiten Raum erstreckt. Und doch mussten die Physiker genau das akzeptieren. Die Situation schien hoffnungslos paradox, bis man erkannte, dass die Ausdrücke „ Teilchen" und „Welle" sich auf klassische Vorstellungen beziehen, die nicht völlig ausreichen, um atomare Erscheinungen zu beschreiben.* Zitatende: [050]. Hier wird also wieder deutlich, dass alle Materie und damit auch unser Leib eine Doppelnatur haben kann. Teilchen und Welle. Hier meine ich persönlich, kommen wir nicht nur an die Grenze von Materie und Licht, von Teilchen und Welle, sondern auch an die Grenze zwischen Materie und Geist. So wie die Vorstellungen der Physiker nicht ausreichten um die Doppelnatur von Teilchen und Welle, Materie und Licht zu verstehen, so reicht auch unsere Vorstellungskraft nicht aus um die Doppelnatur von Materie und Geist zu verstehen. Meine Vorstellungskraft reicht nicht aus um zu verstehen, dass Jesus von Nazareth zwar nicht mehr im Leib aus Materie gegenwärtig ist, aber mein Glaube sagt mir, im Einvernehmen mit der Meinung der nachösterlichen Gemeinde, dass er lebt.

Was sagt mir die Psychologie?

In der Psychologie wird nach meinem Verständnis zuerst einmal der Begriff Himmel korrigiert. Unter Himmel verstehen die meisten Menschen (wenn sie überhaupt an ein Weiterleben nach dem Tod glauben) ein Jenseits von dieser Schöpfung. Ein Leben nach dem Tod in der Unendlichkeit des Kosmos. Die Psychologie aber sieht den Menschen hier und heute als ein Wesen aus Leib und Seele. Sie sagt uns, der Leib wird normalerweise nur dann krank, wenn die Seele krank ist. Und der Leib wird nur dann gesund wenn die Seele gesund wird. Damit sagt sie aber, der Himmel oder die Hölle die sind schon hier, vor allem der Himmel, er beginnt schon hier in dieser Welt. Die meisten Krankheiten haben einen psychosomatischen Hintergrund. Die „Psyche", der Lebenshauch, die Seele, ist eng verbunden mit dem „Soma", dem Körper. Die Funktionen unseres Körpers werden gesteuert vom Unterbewusstsein. Atmung, Herzschlag, Blutdruck, Körpertemperatur, Hormonausschüttungen, Lebertätigkeit usw. alle diese Funktionen und noch viele mehr werden durch das Unterbewusstsein gesteuert. Sie sind schon im Säugling angelegt und umsorgen das Wachstum des Lebens in uns. Das Unterbewusstsein steuert diese lebenswichtigen Funktionen ohne, dass wir ihnen unsere Aufmerksamkeit widmen müssen, auch im Schlaf erfolgt diese vollautomatische Steuerung. Entscheidend ist nur was unser waches Bewusstsein dem Unterbewussten im laufe der Jahre eingeprägt hat. Wenn unser Unterbewusstsein mit negativen Botschaften geprägt wurde, dann wird es auch negative Steuerungsimpulse geben. Im umgedrehten Fall ist es ebenso. So wie es Krankheiten gibt so gibt es auch Heilungen. Menschen die alle ihre inneren und äußeren Widerstände, ihre inneren und äußeren Ängste loslassen können, leben gesünder als Menschen die voller Ängste und Verkrampfungen stecken. Jede Heilung ist ein Stück Himmel schon hier und heute. Jeder Erfolg ist ein stück Himmel schon in dieser Schöpfung. Unser Unterbewusstsein steht in Verbindung mit dem unendlichen kosmischen Bewusstsein, mit Gott, seit unserer Geburt. Diese Verbindung aber, so meine ich, das ist die Verbindung mit dem Himmel. Es ist die Grundlage die Jesus von Nazareth sagen lässt „Ich und der Vater sind eins". Ein Mensch aber der so mit dem unendlichen kosmischen Bewusstsein verbunden ist der kann nicht sterben. Dies ist, für meinen persönlichen Glauben, eine weitere Begründung dafür, dass Jesus von Nazareth von den Toten auferstanden ist.

17. ... AUFGEFAHREN IN DEN HIMMEL ...

17.01. Was ist Himmel?

Wie ist das mit dem Bild der Himmelfahrt Jesu das uns die Bibel zeigt? Hier ist wieder einmal mehr, eine philosophisch, theologische Aussage gegeben. Mit einem Bild wird den Menschen der damaligen Zeit eine Tatsache gezeigt die man nicht mit Worten schildern kann. Am anschaulichsten wird das Bild in der Apostelgeschichte gezeichnet, Zitat: *... Nach diesen Worten ward ER vor ihren Augen emporgehoben, und eine Wolke entrückte IHN ihren Blicken. Unverwandten Auges schauten sie gen Himmel, während ER emporfuhr. Doch siehe da standen zwei Männer in weißen Gewändern bei ihnen. Sie sprachen: „Ihr Galiläer! Was steht ihr da und schaut zum Himmel hinauf? Dieser Jesus, der aus eurer Mitte in den Himmel aufgenommen ward, wird in der selben Weise wiederkommen wie ihr ihn in den Himmel habt auffahren sehen".* Zitatende [100]. Nach der damaligen „Weltanschauung" war die Erde eine Scheibe. Der Himmel war oben die Hölle unten. Heute wissen wir, dass die Erde eine Kugel ist. Und wo ist nun bitteschön der Himmel? Nach meiner Glaubensüberzeugung beginnt der Himmel hier und heute in dieser Schöpfung. Er ist noch nicht vollkommen, er ist noch nicht beständig, aber er beginnt. Mit jedem Erfolg erleben wir eine Auferstehung, ein hinein Wachsen, ein Auffahren in den Himmel. Der Sinn unseres Lebens ist, uns an dieser Schöpfung zu erfreuen und sie zu erlösen. Und in der Tat, seit der Steinzeit haben wir schon einige positive Entwicklungen eingeleitet. Aber wir sehen heute auch mit Erschrecken, dass der gleiche Mensch, der die Welt in noch weiteren Schritten erlösen könnte, dass er auch in der Lage ist die Welt in ein vernichtendes Chaos zu stürzen. Das Bild der Auferstehung Jesu sagt mir, nach meinem Glaubensverständnis: Da ist eine transzendente Wirklichkeit, ein Himmel, um uns herum. In diese Transzendenz können wir hineinwachsen.

17.02. Die neue Erde, der neue Himmel

In der Geheimen Offenbarung unternimmt die Bibel noch einmal einen Versuch den Himmel zu beschreiben. Dort wird gesagt, Zitat: *Dann sah ich den neuen Himmel und die neue Erde. Der erste Himmel und die erste Erde waren vergangen, und auch das Meer ist nicht mehr. Dann schaute ich die heilige Stadt, das neue Jerusalem. Wie es von Gott, vom Himmel niederstieg, ausgestattet wie eine Braut, die sich für ihren Bräutigam geschmückt hat. Vom Throne her hörte ich eine laute Stimme rufen: „Siehe das Gezelt Gottes bei den Menschen; ER wird unter ihnen wohnen, sie werden seine Völker sein, und ER, Gott selber wird bei ihnen sein. ER wird jede Träne aus ihren Augen wischen; der Tod wird nicht mehr sein, noch Trauer noch Klage noch Mühsal wird sein; das Frühere ist ja vorüber". Der auf dem Throne saß, sprach: „Siehe ich mache alles neu".* Zitatende [101]. Die Geheime Offenbarung spricht in Form einer Vision. Sie macht erst gar nicht den Versuch ein Glaubensbild in der Form einer historischen Begebenheit zu zeichnen. Aber auch hier wird versucht jene Transzendenz zu beschreiben die uns umgibt und um die wir uns kümmern sollten. Wir haben über die Erkenntnisse unserer Wissenschaftler gesprochen die heute vor der Schwierigkeit stehen akzeptieren zu müssen, dass Materie auch gleich Welle ist, also Materie auch gleich Licht und Energie. Wir erahnen heute immer mehr jene transzendente Wirklichkeit die uns umgibt und die wir bisher im Glauben „Himmel" nannten.

17.03. Die transzendente Wirklichkeit

Im Jahre 1950 hat Papst Pius der XII das letzte Dogma der katholischen Kirche verkündet. Das Dogma von der leiblichen Aufnahme Mariens in den Himmel. Als Katholik bin ich verpflichtet diesen Lehrsatz in meinen Glauben anzunehmen. Und ich habe mich gefragt ob ich das kann. Meine Antwort ist: Ja, ich kann diesen Glaubenssatz akzeptieren weil er für mich ein Hinweis ist auf die Transzendenz in die unser Leben hineinwächst. Hier wird gesagt, dass Maria so wie Jesus nicht nur in ihrem Geist sondern auch leiblich in den Himmel aufgefahren ist. Nun habe ich allerdings

Schwierigkeiten mit der Sprache in die dieses Dogma gekleidet ist. Das Dogma bezieht sich wieder einmal auf nur einen bestimmten Menschen und auf nur einen bestimmten Zeitpunkt. Es bezieht sich auf Maria die Jesus geboren hat und die aus Sehnsucht nach ihrem mit Gott zutiefst vereinten Sohn in die Transzendenz überging ohne den leiblichen Tod erleiden zu müssen. Ich sehe diesen Glaubenssatz in Bezug auf jeden Menschen der die Geburt Gottes in sich annimmt. Egal ob Mann oder Frau. Egal aus welcher Religion oder Kultur dieser Mensch kommt. Entscheidend ist, dass der Mensch in sich die Geburt Gottes zulässt. Das Werden annimmt, sich der Transzendenz öffnet, die Erleuchtung sucht. Maria steht hier, wie Jesus in seinem Leben, Sterben und Auferstehen, als Bild, als Gleichnis für alle Menschen. Ich meine das Dogma von der leiblichen Aufnahme Mariens in den Himmel sagt mir persönlich, dass uns eine transzendente Welt, ein Himmel, umgibt. Dieser Himmel reicht bis über die Grenzen des Universums in dem Milliarden von Galaxien mit Milliarden von Sternen in jeder Galaxie existieren. Und heute schon sagen uns die Forscher, dass unser Universum vermutlich nicht das einzige ist das in der Unendlichkeit des Alls existiert. Diese transzendente Welt ist unendlich. Bedenkt man als endlicher Mensch diese gewaltige Unendlichkeit des Seins und des Lebens, die Unendlichkeit Gottes, dann wird man erahnen wie schwer es ist in unserer endlichen Sprache von dieser Unendlichkeit zu sprechen. Dazu brauchen wir nun mal Bilder. Wir können nur sagen unser Leben ist in seiner Transzendenz „wie", Zitat *... die heilige Stadt, das neue Jerusalem. Wie es von Gott, vom Himmel niederstieg, ausgestattet wie eine Braut, die sich für ihren Bräutigam geschmückt hat.* Zitatende [101]. Das Dogma von der leiblichen Auffahrt Mariens in den Himmel sagt für mich aus, dass nicht nur Jesus sondern auch Maria, und mit ihr alle Menschen, auch über eine reale Wirklichkeit in die Transzendenz des Lebens, in den Himmel hineinwachsen werden. Dieses Hineinwachsen beginnt nach meinem Glauben schon hier und heute in dieser Schöpfung und es vollendet sich vollkommen in jenem Übergang den die Mensche fälschlicherweise Tod nennen.

18. ... ER SITZT ZUR RECHTEN GOTTES, DES ALLMÄCHTIGEN VATERS ...

18.01. Der neue Mensch, Mitgestalter im Kosmos.

Dieser Glaubensartikel bedient sich einer allgemein üblichen Redewendung. Ein Mensch der für einen anderen sehr wichtig ist, der wird als dessen „rechte Hand" bezeichnet. In früheren Zeiten als es noch Herrscher, Fürsten, Könige und Kaiser gab da war oft die Rede davon, dass sein Vertrautester zu „seiner Rechten" sitzt. Damit wollte man sagen, dass diesem Vertrauten Macht übertragen wurde mit der er im Auftrag des Königs wirken sollte. Ich nehme nicht an heute noch jemanden erklären zu müssen, dass die Worte dieses Glaubensartikels nicht wörtlich sondern in übertragenem Sinn zu verstehen sind. Aber haben nicht doch viele Menschen ein so verkrampftes Gottesbild, dass sie sich immer wieder nur an den erhabenen Wortlaut von Aussagen halten anstatt das Bild zu verstehen das hinter dieser Aussage steht? Das gilt für alle Glaubensaussagen und vor allem für die Bildsprache mit der die Bibel zu uns spricht. Was aber will dieser Glaubensartikel nun wirklich aussagen? Nach meinem Glaubensverständnis sagt dieser Artikel im christlichen Glaubensbekenntnis aus, dass der Mensch als Christus, als Erlöser, berufen ist im Auftrag des „allmächtigen" Schöpfers an der Gestaltung des Universums teil zu nehmen. Jesus, der Christus, steht stellvertretend für alle Menschen. Ich denke hierbei vor allem an eine Ikone vom Berg Athos die Christus als den Pantokrator, den Allherrscher, darstellt. So lange man dieses erhabene Bildnis nur auf den einen Menschen Jesus von Nazareth bezieht, verliert es nach meinem Glaubensverständnis seine Aussagekraft. Die orthodoxen Christen haben wunderbare Bilder entwickelt die von der Hoheit und Würde sprechen die in Christus, dem Erlöser, liegen. Jesus von Nazareth aber wollte kein Herrscher sein. Sein Leben und seine Lehre (siehe Fußwaschung) haben das deutlich gemacht. Es geht deshalb nach meinem Glaubensverständnis, hierbei zuerst wieder einmal um den „neuen" Menschen und um den „neuen" Himmel und um die „neue" Erde. Der „neue" Mensch das ist dann jener Mensch der wie Jesus von Nazareth sagen kann „ich und der Vater sind eins". Dieser neue Mensch, der geformt durch ein Leben in der heute sichtbaren Schöpfung, und vollendet durch den Tod, eingetreten ist in die neue Schöpfung. Er wird dann, „ *... vom Himmel niedersteigen, ausgestattet wie eine Braut, die sich für ihren Bräutigam geschmückt hat ...* " und er wird, lustvoll und in großer Freude, in Gott, in tiefer Verbindung mit IHM, gestaltend im unendlichen Universum leben. Vor diesem Hintergrund, so meine ich in meinem ganz persönlichen Glaubensverständnis, steht unser Leben heute. Aber ich gehe in meinem Glaubensverständnis noch einen Schritt weiter. Ich meine unser Leben heute ist schon der Anfang von dem Leben das nach unserem Übergang in die Transzendenz Realität sein wird.

18.02. Nicht Mitläufer, Mitgestalter sollen wir sein.

Mitgestalter

Das christliche Glaubenbekenntnis spricht in diesem Glaubensartikel Gott zum zweiten Mal als „allmächtiger Vater" an. Gemeint ist das unendliche Sein im Kosmos. ER, dieser allmächtige Gott lebt im Menschen und mit ihm und durch ihn. Dieser „allmächtige" Gott will, nach meinem Glaubensverständnis den Menschen als Mitgestalter im Kosmos haben. Für unsere Vorstellungskraft ist die Raum und Zeitlosigkeit Gottes nur schwer zu verstehen. Aber sie ist eine Tatsache von der wir ausgehen müssen. So meine ich: Der sechste Schöpfungstag ist, menschlich gesprochen, noch nicht vorüber. Wir stehen heute noch mitten im sechsten Tag der Welterschaffung. Mittlerweile erkennen wir, Kraft des Geistes der aus dem Fortschritt der Wissenschaften zu uns spricht, wie sehr wir Menschen an der Gestaltung der Welt schon heute mit teilhaben können. Während ich diese Zeilen schreibe ist Krieg im Irak. Tausende von Menschen gehen auf die Straße um gegen den Krieg zu demonstrieren. Dies ist ein hoffnungsvolles Zeichen. Auch Papst Johannes Paul II hat seine Stimme mahnend erhoben. Er hat gesagt: Krieg ist immer eine Niederlage für die Menschheit. Wie Recht er doch hat. Allerdings habe ich dennoch einen Einwand gegen die Demonstranten und auch gegen das Wort des Papstes. Ich frage, wo waren sie die Demonstranten und wo war das Wort des Papstes als der Diktator Saddam die UNO- Kontrolleure 1998 des

Landes verwiesen hat? Warum hat damals niemand demonstriert? Warum hat die Weltgemeinschaft dem Diktator nicht Einhalt geboten als er nach dem ersten Golfkrieg seine eigenen Landsleute zu Tausenden töten ließ weil sie im Krieg aufständisch waren? Der neue Golfkrieg wäre mit großer Wahrscheinlichkeit zu vermeiden gewesen wenn die gesamte freie Welt einmütig und rechtzeitig gegen den Diktator aufgestanden wäre. Ich meine deshalb die Aussage des Papstes muss ergänzt werden. Sie muss lauten: Krieg - und Diktatur - sind immer eine Niederlage für die Menschheit. Krieg zerstört materielle Güter, die Umwelt und tötet den Leib und das Leben. Diktatur aber tötet den Geist, die Seelen und die Freiheit. Und dieser Tod ist genau so schlimm und so grausam wie der Tod des Leibes.

Nicht Mitläufer

Wie erschütternd muss es doch für einen Menschen sein, wenn er am Ende seines Lebens erkennt, dass er dieses herrliche Angebot der Mitwirkung am WERDEN der Schöpfung nicht angenommen hat. Wenn er feststellen muss, dass er nur Mitläufer war. Ein Mitläufer der im Strom der Masse kritiklos mit geschwommen ist, seine eigenen Wünsche und Sehnsüchte, seine Träume nicht verwirklicht hat. Menschen die nie heraustreten aus dem Denkschema der Masse, Menschen die nie Selbstbewusst und in Selbstverantwortung gelebt und gehandelt haben das sind Mitläufer. Wir haben eingangs darüber gesprochen. Meine Frau und ich, wir haben in unserer Jugendzeit den Zusammenbruch der unseligen Hitlerdiktatur erlebt. Viele Menschen haben sich damals auf den Befehlsnotstand berufen und sind deshalb als Mitläufer eingestuft worden. Wir wollten nie Mitläufer sein. Wir wollten eigenverantwortlich, als Christen unsere Welt und Zeit mitgestalten.

Eigenverantwortung stärken

Leider müssen wir heute erkennen, dass die christlichen Kirchen, und in unseren Augen vor allem die katholische Kirche, nicht bereit sind die Menschen in diese Freiheit hinein zu führen. In die Freiheit die das eigenverantwortliche Mitgestalten ermöglicht. Wir brauchen eine Einheit in der Vielfalt. Der heilige, der gesunde,

Gottesgeist der aus jedem Menschen sprechen kann, ER darf nicht permanent getötet werden. Nicht nur die Lehrweisheit einiger Theologieprofessoren garantiert uns die Wahrheit zu finden, sondern auch der aus dem gesamten Volk Gottes sprechende Geist. Alle Menschen sind nach meinem Glaubensverständnis gerufen Mitgestalter zu sein. Das beginnt natürlich zuerst im eigenen Leben. Dieses Leben muss jedoch Verbindung aufnehmen zu jener Transzendenz die uns umgibt. Dann aber muss es auch Verbindung aufnehmen können zur Gemeinschaft der Glaubenden, also zur Kirche. Von hier aus stelle ich die Frage an alle verantwortlichen Führungskräfte in der Kirche: Warum lasst ihr nicht eine Demokratie in Glaubensfragen zu? Warum stärkt ihr nicht die Eigenverantwortung? Warum unterdrückt ihr das Wirken des heiligen Geistes? Glaubt ihr der heilige Geist braucht einen Filter, eine Zensur? Ja, sicher wird es unterschiedliche Meinungen geben in einer demokratischen Kirche. Der Filter den ihr dann wünscht der ist aber gegeben. Das permanente Glaubensgespräch ist der Filter. Das Petrusamt hätte dann die Aufgabe im Rahmen dieses permanenten Glaubensgespräches Moderator zu sein. Eine abweichende Meinung würde dann nicht mehr sofort vernichtet. Denn es könnte ja sein, dass der andere auch einen Splitter jener Wahrheit in Händen hält die wir selber suchen. Die Kirche muss in Zukunft die Voraussetzungen dafür schaffen, dass der einzelne Christ Mitgestalter werden kann. Eine Kirche die das nicht anstrebt wird untergehen.

Die Not des heiligen Geistes

Der Heilige Geist hat heute, menschlich gesprochen, mit der Diktatur der katholischen Kirche seine große Not. Die Institution, die sich kath. Kirche nennt, ist derzeit noch eine Diktatur. Das Lehrschreiben „Dominus Jesus" [102] aus dem Jahre 2000 zeigt dies sehr deutlich. Dieses Lehrschreiben richtet sich in besonderer Weise gegen jene Theologen die versuchen ein Gespräch, eine Ökumene, unter den Religionen anzustoßen. Hier ist insbesonders jene Denkrichtung der „pluralistischen Theologie" zu nennen. Da gibt es Theologen die, sogar im Auftrag der Kirche, den Dialog mit den anderen großen Weltreligionen suchen. Diese Theologen sind zu der Einsicht gekommen, dass ein ehrlicher Dialog nur auf gleicher Augenhöhe entstehen kann. Dies meint: Eine Gemeinschaft die von sich sagt, dass sie alleine die absolut richtige Meinung hat ist nicht dialogfähig. Sie kann nicht dialogfähig sein, weil sie noch bevor ein Gespräch überhaupt erst begonnen hat den Partner schon als den Irrenden abstempelt. Wie kann aber der Mensch „in Christus zur Rechten des Vaters sitzen" und Mitgestalter im Kosmos sein wenn er nicht in Freiheit denken darf? Ich habe über 40 Jahre lang mitgearbeitet um eine Ökumene unter den christlichen Konfessionen zu ermöglichen. Obwohl Fortschritte erzielt wurden ist nach meiner Meinung diese Ökumene bis heute noch nicht verwirklicht. Sie kann auch unter dem gegenwärtigen Blickwinkel nie voll realisiert werden. Der Grund liegt in der Tatsache, dass man die Einheit nicht in der Vielfalt sucht, sondern in einem Einheitsdenken. Warum herrscht unter den frommen Katholiken heute noch die Ansicht, dass der Besuch eines evangelischen Gottesdienstes am Sonntag nicht der gebotenen katholischen Sonntagspflicht genügt? Warum wird die evangelische Abendmahlfeier nicht als eine andere Form der Eucharistiefeier unter den Christen anerkannt? Warum meint die Katholische Kirche, dass nur sie die eine unfehlbar richtige Meinung hat? Dies ist eine unerhörte Überheblichkeit die jedem freiheitlichen Denken, und damit dem heiligen Geist, im Wege steht. Dieses eingeengte Denken steht auch dem Dialog mit den Weltreligionen im Weg. Ökumene, ob sie unter den Konfessionen oder unter den Weltreligionen angestrebt wird, darf nie etwas verwischen. Die wahren Schätze der Konfessionen und der Weltreligionen werden erst sichtbar wenn wir sie in Ehrfurcht betrachten. Niemand darf etwas aufgeben, weder Buddhismus, noch Hinduismus, noch Islam, noch Judentum noch Christentum etc. Im Gegenteil, je tiefer die einzelne Religion ihren Gottesbezug lebt umso mehr können die anderen von ihr lernen.

Vielfalt, die Voraussetzung zum Dialog

Die gesamte Schöpfung trägt nicht nur eine ungeheure Vielfalt der Arten und Formen in sich sondern auch eine große Vielfalt des Geistes. In einem Bericht über den Besuch des Jesuiten, Pater Painadath aus Indien, hat das katholische Sonntagsblatt der Diözese Würzburg am 02.03.2003 einen Hinweis über die Vielfalt veröffentlicht. Der kleine Artikel stand unter der Überschrift „Vielfalt kein bedauerlicher > Unfall < Gottes". Pater Painadath hat 1986 im Auftrag des Jesuitenordens in Kalady (Südindien) ein Zentrum für indische Spiritualität gegründet. Dieses Zentrum widmet sich besonders dem Dialog zwischen Hindus und Christen. In dem angesprochenen Artikel schreibt das katholische Sonntagsblatt über die Vielfalt unter anderem wie folgt, Zitat: *Nach Ansicht Painadaths darf man von der theologischen Grundvoraussetzung ausgehen, dass die Vielfalt der Religionen kein bedauerlicher „Unfall" in Gottes Schöpfung sei. In einer „Kultur des Dialogs" der gegenseitige Achtung verlange, würden die Grenzen jeder geschichtlich bedingten Religion deutlicher. Gleichzeitig reiße der Geist Gottes die Mauern nieder, die Menschen aufgrund ihrer kulturellen Herkunft aufgebaut hätten. Der Dialog der Weltreligionen sei ein Prozess, auf den man sich nur einlassen könne, wenn man sich in Offenheit verwundbar mache und aus ihm verändert hervorgehe. Man verliere dabei seine Identität nicht, sondern gewinne im Gegenteil zum Partner ein neues Profil. „Wir brauchen den Mut zum Dialog". Denn man habe die Chance, das Misstrauen und die Ängste zwischen Christen, Muslimen, Buddhisten und Hindus zu verringern.* Zitatende [103]. Wir kommen nach meiner Meinung in Zukunft an der Vielfalt in der Einheit nicht mehr vorbei.

Die notwendige Bewusstseinsänderung

Dieses Umdenken von einer zentralistischen Einheit in eine selbstverantwortliche Vielfalt erzeugt Ängste in der Führung der Kirchen und auch im Kirchenvolk selbst. Wo ist da der Glaube, das Vertrauen, auf die Kraft des „allmächtigen Vaters"? Wie wir schon Eingangs gesehen haben ist aber gerade heute in unserer Wirtschaft immer mehr die Selbstverantwortung gefragt. Die in unserer abendländischen Wirtschaft tätigen Menschen müssen in eine neue Selbstständigkeit hineinwachsen. Vom Mitarbeiter zum Mitdenker kann sich ein Mensch nur wandeln wenn er bereit und in der Lage ist in Freiheit selbstständig zu Denken. Die in unserer freien Öko-Sozialen-Marktwirtschaft tätigen Menschen sind heute gefordert einen Bewusstseinswandel zu vollziehen. Hier hätte die Kirche eine wichtige Führungsaufgabe. Selbstverantwortung ist gefragt. Wie kann ein Mensch im Beruf lustvoll Selbstverantwortung übernehmen wenn er in seinem kulturell, religiösen Umfeld immer dazu angehalten wird sich nach dem Denkschema einer „vorgesetzten" Instanz zu richten? Es ist sehr schwer Menschen aus einer Diktatur in die Freiheit zu führen. Ich habe dies in den Jahren 1991 bis 1993 persönlich erlebt. In der Diskussion mit arbeitslosen Ingenieuren die aus der diktatorischen Planwirtschaft in eine freie Marktwirtschaft hinein gehen wollten habe ich dies erlebt. Warum kann man in der Kirche keine Glaubenskraft erwerben? Warum versagen die christlichen Kirchen wieder einmal weil sie der Zeit nicht voraus sind, sondern wieder einmal hinterher hinken? Wie zur Zeit des Galilei Galileo! Diese Gedanken entstehen in mir wenn ich den im christlichen Glaubensbekenntnis befindlichen Satz bedenke der da sagt: ... „ER sitzet zur Rechten Gottes, des allmächtigen Vaters" ... .

Den Menschen in die Mitte stellen

ER, der in Christus neu gewordene Mensch. ER sitzet zur Rechten des allmächtigen Vaters. Er der neue Mensch, der jenen Bewusstseinswandel zur Selbstständigkeit vollzogen hat von der wir oben sprachen, er gestaltet als „rechte Hand des allmächtigen Vaters" seine Umwelt schon hier und heute. Nach meinem Glaubensverständnis weist das christliche Glaubensbekenntnis immer auf den im Menschen „eingeborenen" Christus, den Erlöser, hin. Dieser Erlöser tritt ein in das Leben eines jeden Menschen, empfangen durch den heiligen Geist, geboren aus der großen Tat Gottes, der Jungfrau. Dieser neue Mensch leidet auch heute unter Pontius Pilatus, dem Leid der Welt. Er wird oftmals auch gekreuzigt, gestorben und begraben. Er muss oftmals auch hinabsteigen in das Reich des Todes. Aber er wird auch am dritten Tage, wenn seine Zeit gekommen ist, auferstehen zum Erfolg. Er wird auferstehen von den Toten. Er wird auch auffahren in den Himmel des Erfolges und er wird sitzen zur Rechten des allmächtigen Vaters. Und dies alles gilt sowohl in dieser heute schon sichtbaren Schöpfung als auch für die neue Erde und den neuen Menschen. So meine ich stellt das christliche Glaubensbekenntnis den Menschen in die Mitte. Aus diesem Grunde bin ich sehr glücklich darüber, dass die neuen Erkenntnisse in der Betriebswirtschaft auch den Menschen in die Mitte stellen. Das Führungssystem Total Quality Management, das TQM [006], über das wir schon wiederholt sprachen, es will neben der Kundenorientierung und der Prozessorientierung vor allem auch die Mitarbeiterorientierung. Der Mensch soll im zukünftigen Führungssystem vom Mitarbeiter zum Mitdenker werden. Überspitzt formuliert könnte man auch sagen: der Mensch soll vom Obrigkeitsdenker zum Mitdenker geführt werden. Jetzt aber beginnt schon das Kreuz. Das Kreuz des Lernens ist zu bewältigen. Eine Bewusstseinsänderung ist zu leisten. Altes muss zurückgelassen werden, Neues ist zu lernen. So müsste auch die Kirche bereit sein Altes zu verlassen und Neues hinzu zu lernen, damit sie nicht wieder wie im Falle des Galilei Galileo 400 Jahre zu spät kommt. Der lernende Mensch braucht sehr dringend eine Gemeinschaft der Glaubenden, aber nicht über eine zentralistische Einheit, sondern über eine Einheit in der Vielfalt.

19. ... VON DORT WIRD ER KOMMEN, ZU RICHTEN DIE LEBENDEN UND DIE TOTEN ...

19.01. Woher wird er kommen?

Von „dort" vom Himmel, aus der Transzendenz wird ER kommen. Durch seine Lehre durch das Beispiel seines Lebens hat er, Jesus von Nazareth, zu uns gesprochen. Und durch die Aufzeichnungen der nachösterlichen Gemeinde, über die Evangelien, spricht er heute noch zu uns. Unsere Aufgabe ist es nur, sein Wort, in unsere heutige Zeit zu übersetzen. Er spricht durch seine uns überlieferte Lehre. Allerdings hat er auch sehr oft gesagt, dass er uns den Geist senden wird, den Geist der uns in alle Wahrheit einführt. Dieser Geist aber spricht zu uns auch über die Erkenntnisse der heutigen Wissenschaft. Unsere Aufgabe besteht also in aller erster Linie darin, IHN verstehen zu lernen, auch aus dem Wissen der heutigen Zeit heraus. Wir müssen die Transzendenz verstehen lernen die uns umgibt. Das Wort transzendent meint: „Die Grenzen des sinnlich wahrnehmbaren überschreiten". Es meint: „Über das Sinnliche sich erheben". Wir müssen versuchen die übersinnliche Welt um uns herum verstehen zu lernen, und in diese Welt, in diesen Himmel geistig hinein zu wachsen. Dieser Himmel ist das „Dort" von dem ER kommen wird. In diese raum- und zeitlose Daseinsform vor Gott gehen alle Menschen ein wenn sie sterben. In diesem Zusammenhang mag ich allerdings das Wort „sterben" nicht. Denn das was die Menschen sterben nennen ist genau betrachtet eigentlich ein Übergang in die transzendente Welt, eine Auferstehung in eine neue Daseinsform. Jesus der Mensch ist in diese Daseinsform eingegangen und alle Menschen gehen diesen Weg mit IHM. Wir haben darüber schon gesprochen. Nach meinem Glaubensverständnis ist nicht nur Jesus auferstanden sondern alle Menschen gehen in diese Auferstehung hinein.

19.02. Wann wird er kommen?

In der Kirche herrscht sehr weit verbreitet die Ansicht, dass ER am Ende der Welt *„von dort kommen wird zu richten die Lebenden* *und die Toten"*. Es wird also in der Glaubensvorstellung vieler Menschen nicht nur gesagt von woher, sondern auch wann er kommen wird. Nämlich am so genannten „Jüngsten Tag". Das ist, so meine ich, eine sehr menschlich irdische Auffassung. Denn für Gott, den „Allmächtigen-Vater" gibt es weder Raum noch Zeit, wir haben darüber schon mehrfach gesprochen. ER ist der Allgegenwärtige. Er ist zugegen sowohl in den unendlichen Fernen der fernsten Galaxien als auch in der Seele jedes einzelnen Menschen in dieser uns sichtbaren Schöpfung. Genau so aber wie er raumlos ist, so ist er auch zeitlos. Die Zeit gibt es eigentlich nicht, sie ist nur eine Erfindung der Menschen. Wir Menschen sind eingebunden in die Zeit. In die Zeit zwischen Geburt und Tod. ER, Gott, der „Allmächtige- Vater", ER ist zeitlos. Nach meiner Glaubensüberzeugung wird ER deshalb nicht am sogenannten „jüngsten Tag" kommen. Nein, sein Kommen ist hier und heute schon gegenwärtig. Für mich ist der „jüngste Tag" der heutige Tag, das „Jetzt". Jesus und alle verstorbenen Menschen sind uns heute schon in der Transzendenz nahe.

19.03. Wie wird er „richten"?

Mit Sicherheit wird er nicht nach dem kirchlichen Gesetzbuch der römisch katholischen Kirche, dem römischen Kodex, richten. So wie die unendliche Liebe heute das Leid zulässt, so wird diese unendliche Liebe mit Sicherheit auch den Richterspruch wesentlich beeinflussen. Das erlittene Leid wird manchen Menschen der sich in diesem Leben irrte zur Umkehr und zum Eingang in die ewige, zeitlose unendlich Lust und Freude verhelfen. Ich meine ER, wird nicht kommen um im Sinne eines Richters zu richten. Dazu meine ich ist die Liebe Gottes viel zu unendlich. Er wird kommen, und er ist in der Transzendenz heute schon da, um unser Leben aus zu „richten". Jener Höllenschmerz von dem so manche Prediger sehr gerne reden, dieser gewaltige Schmerz wird nach meinem Glaubensverständnis jene Menschen treffen die ihr Leben in rücksichtslosem Egoismus verbrachten. Dieser Schmerz aber wird nicht durch ein Höllenfeuer erzeugt, sondern der einzelne Mensch der vor der Unendlichkeit des kosmischen Bewusstseins die Sinnlosigkeit und Bosheit seines Lebens und Handelns erkennt, dieser

Mensch selber wird in unsagbarem Schmerz sich selbst anklagen. Was dann geschieht, wie Gott dann reagiert, darüber wage ich nicht zu urteilen. ER, Gott, das ewige unendliche Bewusstsein, ER will unserem Leben eine sinnvolle Richtung geben. Durch IHN können alle Lebenden und Verstorbenen eine neue Richtung für ihr Leben finden, und dies nicht erst am jüngsten Tag, sondern hier und heute schon. Denn ER ist zeitlos.

20. ... ICH GLAUBE AN DEN HEILIGEN GEIST ...

20.01. Der Heilige Geist, das Kraftfeld Gottes

Die Dritte göttliche Person

Es wird von Theologen oftmals betont, dass es für die Menschen so schwierig sei den Dreieinigen Gott zu verstehen. Den Gott der in drei Personen dennoch Einer ist. Vater, Sohn und Heiliger-Geist. Für mein Glaubensverständnis ergibt sich aber gerade in diesem Punkt kein Problem. Ich denke, wenn wir uns der Transzendenz bewusst sind die uns umgibt, dann haben wir auch mit dem Begriff eines dreieinigen Gottes keine Verständnisschwierigkeiten. Gott ist in meinen Augen in dreifaltiger Weise erlebbar. Ich sehe IHN in jenem unendlichen, kosmischen Bewusstsein, IHN den Vater, von dem uns Jesus von Nazareth in seiner Lehre berichtet, und von dem auch das alte Testament spricht. Dieses kosmische Bewusstsein kann ich als Person, als Vater, als Mutter, sehen. Weiterhin sehe ich in Jesus von Nazareth und in jedem Menschen den Sohn, die Tochter Gottes. In jenem Gespräch aber das zwischen dem Vater und dem Sohn, zwischen Gott und dem Menschen fließt, sehe ich den heiligen Geist.

Das Kraftfeld Gottes

Diese Zwiesprache mit Gott, dem unendlichen kosmischen Bewusstsein, ist für mich so erschütternd und so real, dass ich sie wie in personhafter Gestalt sehe. Dieses immerwährende Gespräch zwischen Gott und dem Menschen ist in meinen Augen wie ein Kraftfeld Gottes. Ein Kraftfeld das in diese Schöpfung hineinwächst und einen realen kraftvollen Glauben ermöglicht.

Die Kraft der Engel

In der selben Weise wie ich den Heiligen Geist als Person verstehen kann, so kann ich auch die Engel, jene Gedanken, jene Botschaften Gottes aus dem unendlichen, kosmischen Bewusstsein als personhafte Boten sehen. Engel sind Boten Gottes, Boten aus der uns umgebenden Transzendenz. Es sind Ideen, Visionen, die uns plötzlich berühren und unser Leben aus- richten wollen. Ich wollte es gelänge gerade in dem heute schwelenden Streit um die Globalisierung unserer Weltwirtschaft jene Ideen und Visionen, jene Botschaften einfließen zu lassen die uns einen idealen Weg zeigen könnten. Nicht hasserfüllte Demonstrationen mit ihrer zerstörenden Wut bringen uns weiter, sondern das sinnvolle Streitgespräch unter dem Wirken des gesunden und heilen Geistes der sich uns anbietet und der uns Boten der Erkenntnis senden kann.

20.02. Der heilige Geist, ein Querdenker

Während ich diese Zeilen schreibe war ich eingeladen zur Feier der Firmung unserer Enkeltochter Maike. Die Kirche spendet das Sakrament der Firmung. Ein Sakrament ist, wie ich es im Religionsunterricht gelernt habe, ein äußeres Zeichen, das dem Empfänger eine innere Kraft verleiht und das nach unserem christlichen Glaubensverständnis von Jesus Christus eingesetzt wurde. Im Umgang der Kirche mit diesem Sakrament der Firmung und mit dem Hochfest des Heiligen Geistes, dem Pfingstfest, sehe ich allerdings eine sehr negative Entwicklung im Raum der heutigen Kirche. Als vor Jahren zur Einführung der Pflegeversicherung in Deutschland der Verzicht auf einen Feiertag nötig wurde da tauchte in der innerkirchlichen Diskussion der Gedanke auf den zweiten Pfingstfeiertag anzubieten. Diese Tendenz zeigt mir wie die Kirche das Hochfest des Heiligen Geistes weniger schätzt als die andern Hochfeste im Jahreskreis, das Weihnachtsfest und das Osterfest. Diese innere Haltung ist für mich verständlich, wenn ich bedenke, dass die Kirche in ihrer heutigen Organisationsform noch eine fest gefügte Diktatur ist. Alle Diktaturen haben Angst vor dem Wirken und der Freiheit des Geistes. So hat besonders die katholische Kirche auch dem Fest des heiligen Geistes gegenüber nicht das nötige wache Interesse. Denn auch er, der Geist Gottes, kann sich unverhofft als Querdenker äußern. Dieses Querdenken ist ein Markenzeichen für einen freien Geist. Aber noch etwas hat mich in dieser kirchlichen Feier zur Spendung des Firmsakramentes gestört. Da hat doch gerade dieser Jesus von Nazareth sehr oft darauf hingewiesen, dass wir alle Brüder sind, er hat sich nicht als „Meister" anreden lassen, er hat darauf hingewiesen, dass der höchste in der Hierarchie der Diener aller sein soll und er hat zudem noch das Beispiel der Fußwaschung gegeben. Und was macht die Kirche aus dieser Lehre? In einem Gottesdienst der dem Heiligen Geist in ganz besonderer Weise gewidmet ist, da wird der Bischof nicht als Bruder begrüßt, sondern mit den Worten: „Exzellenz, hochwürdigster, Herr, Bischof". Ich hatte immer gedacht er sei, wie Jesus es meinte, der Diener aller. Für mich war schon zu Beginn des Gottesdienstes das Ende in Form dieser Enttäuschung gekommen. Aber noch eine weitere Tendenz zeigt mir die sonderbare Nachlässigkeit der Kirche dem Sakrament des Geistes, der Firmung, gegenüber. Unsere Enkeltochter Rebecca ist heute im Alter von 15 Jahren. In diesem Alter wird meist das Sakrament der Firmung angeboten. Nachdem ich die ganze Entwicklung sehr kritisch verfolge sehe ich wie sich die Kirche nicht besonders aktiv darum kümmert diese heranwachsenden Jugendlichen zu gewinnen. Sie stellt es Eltern und Kindern frei das Sakrament zu beantragen oder es zu lassen. Nun ist diese Haltung auf der einen Seite richtig. Einen freien Geist kann man nur in Freiheit empfangen. Wenn ich aber den Drang und den Druck sehe wie die Kinder zur Erstkommunion gedrängt werden, dann ist dieser plötzliche Sinneswandel doch sonderbar. Zudem habe ich so den Eindruck als ob der Religionsunterricht für die betroffenen Jugendlichen nicht gerade darauf ausgelegt ist Begeisterung für die Freiheit und Selbstständigkeit im Glauben zu wecken. Wenn im Religionsunterricht gerade in diesem Alter nur stur die Geheimnisse des Rosenkranzgebetes auswendig zu lernen sind, dann vermisse ich die Diskussion um den Glauben sehr. Aber Diskussion ist ja wieder etwas Demokratisches. Das kann die Kirche nicht gut. Interessant ist für mich an dieser Stelle auch die Jugendweihe die an manchen Orten aus der ehemaligen DDR Diktatur mit in die Demokratie übernommen wurde. Hier zeigt sich doch ein Bedürfnis bei Erwachsenen und Jugendlichen den Schritt in die Selbstständigkeit des Lebens in besonderer Weise zu feiern. Diese Selbstwerdung, dieses Hinaustreten in ein eigenverantwortlich geführtes Leben ist sehr wichtig.

20.03. Der Heilige Geist ein Auslaufmodell?

Ich bin der Meinung, dass die Botschaft die uns Christen das Weihnachtsfest und das Osterfest bringen nicht lebendig wird wenn sie nicht durch das Fest des Heiligen Geistes gefestigt und zum Leben erweckt wird. Gott, das ewige unendliche, kosmische Bewusstsein, will geboren werden im Menschen, ER will auferstehen im Menschen, mit ihm und durch ihn. Dies aber kann nur bewirkt werden über seinen Geist der in der einzelnen Persönlichkeit wachsen und auferstehen will. Und dieses Wachsen und Auferstehen, das soll nicht erst am Todestag oder am jüngsten Tag geschehen, sondern hier und heute und jetzt. Die Kirche müsste das Fest des Heiligen Geistes den Menschen viel dynamischer und wirklichkeitsnäher vermitteln. Die Kirche ist nicht aktuell. Sie lebt in vergangenen Zeiten und in einer vergangenen Sprache. Warum.? Ich meine weil sie den Kontakt zu jenem Geist der Freiheit verloren hat. Nicht zuletzt ist dies geschehen durch die unselige Organisationsform einer Diktatur. Warum kann die Kirche nicht im Vertrauen auf die Kraft des heiligen Geistes die Einheit in der Vielfalt zulassen? Diese Umkehr allerdings würde eine drastische Bewusstseinsänderung an Haupt und Gliedern verlangen. Eine Bewusstseinsänderung wie sie heute im Bereich der Wirtschaft gefordert und schrittweise schon praktiziert wird. Ein sehr bedrückendes Beispiel ist in meinen Augen die oben schon angesprochene Jugendweihe die im diktatorischen Regime der ehemaligen DDR angeordnet wurde und die seltsamerweise nach der Wende von vielen Leuten bis heute freiwillig weiter gepflegt wird. Warum versteht es die Kirche nicht junge Menschen für den Schritt in die Selbstständigkeit, für den Schritt zum Selbst und zur Eigenverantwortung unter der Obhut des heiligen Geistes zu begeistern? Wo ist die Gemeinschaft der Glaubenden die aus der Kraft des heiligen Geistes lebt? Wo ist die Gemeinschaft der Glaubenden die es schafft junge Menschen für die Freiheit eines selbstständigen Lebens zu begeistern?

20.04. Der Geist weht wo er will

Wir haben gesehen wie heute im Bereich der Wirtschaft eine neue Beweglichkeit, eine neue Lebensdynamik von den Menschen gefordert wird. Die wachsende Dynamik der Märkte fordert eine wachsende Flexibilität von den Menschen. Die Globalisierung der Wirtschaft verlangt einen neuen Aufbruch. Das Führungssystem TQM fordert in unseren Unternehmen mit besonderem Nachdruck die Entwicklung einer neuen Mitarbeiterorientierung. Der Mitarbeiter wird mit in den Entscheidungsprozess eingebunden. Er wird mit in den Planungsprozess einbezogen. Es wird ihm Selbstständigkeit und Eigenverantwortung zugemutet. Eine Bewusstseinsänderung bahnt sich an. Eine Bewusstseinsänderung die den Menschen herausführt aus jener Abhängigkeit im Denken und Handeln die ein statisches, tayloristisches Führungssystem verlangte. In zunehmendem Maße wird eine neue geistige Beweglichkeit notwendig. Während in der freien Wirtschaft über Schulungsmaßnahmen die Dynamik des Geistes gefördert wird bekennt sich die Kirche nur halbherzig zu dem Glaubensartikel: „Ich Glaube an den Heiligen Geist". So wird der Geist auswandern aus der Kirche. Der Geist weht wo er will. Er wird sich nicht an die von der Kirche gezogenen Grenzen zwischen sakraler Welt und profaner Welt halten. Ich glaube an die Kraft und die Dynamik des gesunden, des heiligen Geistes. Und im Vertrauen auf diesen Geist sehe ich Erfolge wachsen in der freien Wirtschaft.

21. ... DIE HEILIGE CHRISTLICHE KIRCHE, GEMEINSCHAFT DER HEILIGEN ...

21.01. Was ist Kirche?

Kirche ist für mich nicht eine Institution. Kirche ist für mich die Gemeinschaft der Glaubenden. Eine Gemeinschaft von Menschen die sich zusammengefunden haben weil ihre Gemeinsamkeit ein bestimmter Glaube ist. Kirche das sind wir. Ich erinnere noch einmal an die Gespräche die ich in London im Rahmen eines Sprachseminars führen konnte. Während dieser Ausbildung hatte ich eines Tages die Aufgabe durch London zu bummeln und mit möglichst vielen Menschen ein Gespräch zu führen über das Thema: „Ist Kirche notwendig"? Im Verlauf der dabei entstandenen Interviews stellte ich auch einem Priester, den ich dort in der St. Pauls Kathedrale traf, diese Frage. Er gab sofort die Antwort: „Kirche ist nötig weil Jesus Christus sie gegründet hat". Nun sagen heute viele Theologen aufgrund von eingehenden Forschungen, dass Jesus von Nazareth in erster Linie Jude war und, dass er keine Kirche gründen, sondern das Judentum seiner Zeit reformieren wollte. Die Kirche wurde erst nach seinem Tod gegründet. Die nachösterliche Gemeinde hat die Kirche gegründet. Sie hat diesem Jesus von Nazareth viele Worte im Nachhinein in den Mund gelegt die diese Gründung bezeugen sollten. Wir haben schon über das Buch „Der große Betrug" von Gerd Lüdemann, Pof. für evangelische Theologie an der Universität Göttingen, gesprochen [097]. Er setzt sich kritisch auseinander mit dem was Jesus nach den neuesten Forschungserkenntnissen wirklich sagte und tat. Nun will ich der nachösterlichen Gemeinde nicht „Betrug" vorwerfen wie Lüdemann. Nein! Ich meine sie waren sehr überzeugt von IHM und der Notwendigkeit eine neue Glaubensgemeinschaft zu gründen. So haben sie IHM, aus Überzeugung, viele Gründungsworte in den Mund gelegt. Sie meinten aus seiner überlieferten Lehre herauslesen zu können, dass er diese neue christliche Kirche gründen wollte. Nach meiner Überzeugung hat somit nicht Jesus von Nazareth die christliche Kirche gegründet sondern der Geist Gottes der in den Menschen der damaligen Zeit wirkte. Allerdings gründet sich diese Kirche auf dem Fundament der Lehre dieses Mannes aus

Nazareth. Seine Lehre und das Alte Testament, die Bibel der Juden, ist das Fundament dieser Kirche.

21.02. Wozu ist Kirche nötig?

Wir haben schon darüber gesprochen, dass viele Menschen auf meine Frage nach der Notwendigkeit von Kirche geantwortet haben: „Ja, Kirche ist notwendig damit die Menschen besser zusammen leben können". Ich meine dazu allerdings noch einen Grund anführen zu müssen. Ich meine Kirche ist nötig, weil wir alle eine Gemeinschaft der Glaubenden brauchen. Wir alle, die gesamte Menschheit, ist unterwegs im Fluss der Evolution. Generation um Generation hat die Aufgabe zu wachsen und am Schöpfungswerk Gottes mitzuwirken. Alle haben die Aufgabe an der Erlösung der Schöpfung mit zu arbeiten. Diese Arbeit ist allerdings sehr anspruchsvoll und wir können sie nur leisten wenn wir uns gegenseitig unterstützen, wenn wir uns gegenseitig Mut zusprechen. Deshalb ist das Glaubensgespräch im Schutzraum der Kirche, im Schutzraum der Gleichgesinnten, so notwendig. Dieses Glaubensgespräch darf allerdings nicht nur ein einseitiges Berieseln von oben sein, es darf keine Predigt, keine Manipulation von oben sein. Das so notwendige Glaubensgespräch muss ein Gedankenaustausch auf gleicher Augenhöhe werden. Theologen haben die Aufgabe dem Volk zu dienen. Sie dürfen sich nicht als die Besserwisser hinstellen und das Volk von oben herab belehren wollen. Sie müssen auch auf die Sprache des Geistes hören, die auch aus dem einfachen Volk kommen kann. Und im Übrigen kann man das unendliche, kosmische Bewusstsein, den allmächtigen Vater, nicht durch reine Wissenschaft begreifen. IHN, Gott, kann der Mensch nur wie ein Blinder ertasten. Das Tastorgan aber ist die Liebe. Die Liebe zur Schöpfung, die Liebe zur Kreatur, die Liebe zum Nächsten, die Liebe zum Leben, die Liebe zu Gott. Um dieses Tastorgan zu schützen und zum Wachstum anzuregen, dafür meine ich brauchen wir Kirche und Religion.

21.03. Was meint „heilig"?

Das Glaubensbekenntnis spricht von der „heiligen" christlichen Kirche. Was will aber nun die Bezeichnung „heilig" eigentlich aussagen? Nach meinem Gefühl ist dieses Wort heute ziemlich abgedroschen und es hat einen sentimental, kitschigen Tatsch bekommen. Schuld daran ist die überzogene Darstellung von Heiligenlegenden in denen das Leben so mancher Heiligen in einem lebensfernen Licht gezeichnet wird. So wird heute im normalen Leben der Heilige oftmals als leicht bescheuert angesehen. Kein Mensch will doch heute als Heiliger gesehen werden. Im Ursprung meint der Begriff „heilig" jedoch nur schlicht und einfach „heil" sein, also gesund sein. Das Glaubensbekenntnis spricht somit von der „gesunden" christlichen Kirche. Betrachtet man nun heute die christlichen Kirchen, so kann man doch sicherlich nicht sagen sie seien gesund. Die Menschen sind kritischer geworden. Sie beobachten die Kirche und merken sehr wohl das Auseinanderklaffen von Lehre und Leben der Institution und deren Vertreter. Da kämpfen fundamentalistische Denkweisen gegen fortschriftliches Denken. Theologen die fortschrittlich denken werden verurteilt. Es gilt nur ein Einheitsglaube wie eine seelische Einheitsuniform. Der heilige Geist darf nicht mehr quer denken. Kirchenaustritte mehren sich. Viele Christen sind nur noch Mitläufer. Das Christentum wird oftmals nur noch als Verbrämung für Taufe, Hochzeit und Begräbnis gesehen. Ist das eine „heilige", eine gesunde Kirche? An dieser neuralgischen Stelle meine ich müssen wir uns alle besinnen und uns fragen was Kirche wirklich ist. Kirche ist nicht eine Institution. Kirche das sind wir. Wir alle, die sinnvoll leben wollen. Und deshalb meine ich, wir, das Volk Gottes, wir sollten uns aufmachen und gemeinsam wieder aufeinander zu gehen. In Ehrfurcht vor der Meinung jedes einzelnen. In Ehrfurcht vor dem Denken der Konfessionen und auch in Ehrfurcht vor dem Denken anderer Religionen. Kirche ist nötig um Glaubenskraft zu erzeugen. Kirche ist aber auch nötig um das Zusammenleben der Menschen zu ermöglichen zu erleichtern und zu fördern. Dies meinten viele Menschen die ich auf meinen Stadtbummel durch London schon vor Jahren fragte ob Kirche notwendig sei. Ja ich meine auch, Kirche ist notwendig, heute mehr denn je. Aber bitte eine gesunde, eine heile Kirche. Lasst uns aufbrechen sie zu heilen.

21.04. Die Gemeinschaft der Heilen, der Gesunden.

Gemeinschaftsbildung ist eine schwierige Arbeit.

Wir brauchen diese Gemeinschaft der Gesunden, der Heilen. Wir brauchen die Gemeinschaft der Glaubenden um den Glauben im Alltag leben zu können. Es ist sehr schwer im Alltag am Klippenrand zu stehen und dann dennoch einen Schritt hinaus in eine ungewisse Zukunft zu tun. Diesen Schritt in eine ungewisse Zukunft kann der Einzelne besser tun wenn er in der Geborgenheit einer Glaubensgemeinschaft sich Mut und Zuversicht holen kann. Auch in Industrie und Wirtschaft brauchen wir ein Wachstum in eine bessere Gemeinschaft sonst können wir TQM (Total Quality Management) niemals verwirklichen. Ich habe als Führungskraft im mittleren Management erlebt wie unsagbar schwer die Arbeit ist ein Klima zu erzeugen in dem Einheit in der Arbeitsgruppe möglich wird. Einheit im Denken und Handeln. Es ist einfach, diktatorisch zu herrschen im Stil eines rücksichtslosen Rambo. Viel schwieriger ist es Freiräume zu schaffen in denen Menschen sich selbstverantwortlich zu Persönlichkeiten entwickeln können. Zu Persönlichkeiten die in geistiger Freiheit leben können und so zu einer reichen Vielfalt im Denken gelangen. Es ist schwer diese Vielfalt dann wieder über eine sinnvolle Kooperation zur notwendigen Einheit zusammen zu führen. In der freien Wirtschaft versucht man heute diesen Schritt über das Führungssystem TQM zu realisieren. Die Realisierung dieser Einheit in der Vielfalt wird sich nicht im „Hau –Ruck –Verfahren" realisieren lassen. Diese Arbeit braucht Zeit, denn sie fordert von den Führungskräften gleichermaßen wie von den Mitarbeitern einen persönlichen Wachstumsprozess. Sie fordert eine Bewusstseinsänderung. Deshalb werden Unternehmen die es schaffen diese Einheit in der Vielfalt zu erzeugen ihrer Konkurrenz um Jahre voraus sein.

Die „gesunde" Gemeinschaft in Kirche und Wirtschaft

In kirchlichen Kreisen wo ich ehrenamtlich in der Erwachsenenbildung tätig war habe ich zu meinem Leidwesen erlebt wie die Menschen nicht fähig waren Gemeinschaft zu bilden. Ich habe erlebt wie in kritischen Situationen, in Augenblicken wo die Arbeitsgruppe sich hätte „auseinandersetzen" müssen weil es Meinungsverschiedenheit gab, der erlösende Streit abgeblockt wurde. Da hat die Mehrzahl der Gruppenmitglieder nicht die Kraft aufgebracht die schmerzende Wunde aufzuschneiden, und den für manchen schmerzlichen Weg der Kooperation und der Suche nach einer wahren Einheit, die jeder hätte akzeptieren können, zu gehen. Sie konnten die Einheitssuche und die Wahrheitssuche nicht vollenden. Ich habe es erlebt wie die Suche nach einer gemeinsam akzeptablen Lösung unterbrochen wurde durch das „Schlag" - Wort „Kindlein liebet einander". Jede weitere tiefere Aufarbeitung des Problems wurde damit abgebrochen und unter den Teppich einer falschen Liebe gekehrt.

Beraten, nicht Verurteilen

Bezeichnend war für mich auch die öffentliche Diskussion um den Beratungsschein für die Schwangerschaftsberatung in der katholischen Kirche. Da hat der damalige Bischof von Bamberg vor laufenden Fernsehkameras gesagt: Wer meine Argumentation ablehnt, der muss konsequenter weise auch sagen „Heiliger Vater du irrst". Nun ist in der katholischen Kirche der Papst in besonderer Weise geschützt, weil er sich einfach mit dem Glorienschein der Unfehlbarkeit umgibt. Aber man braucht doch nur in die Geschichte zurück zu blättern um zu sehen wie sich die Päpste in den vergangenen 2000 Jahren durch die Jahrhunderte hindurchgeirrt haben. Ich habe in diesem Buch nicht den Raum um alle Irrungen nachzuweisen und zu begründen, ich nehme nur immer wieder das Beispiel des Galilei Galileo. Und wenn es nur dieser eine Irrtum gewesen wäre der einen Menschen um sein Lebenswerk als Wissenschaftler, und einen Menschen um seine Gesundheit, und die Menschheit viele Jahre um die Erkenntnis einer Wahrheit brachte, es wäre für mich genug um zu beweisen wie irrig das Papsttum war.

Moderator werden

Nun meine ich aber nicht, dass wir das Papsttum abschaffen sollten. Nein. Weil Päpste irrten deshalb ist das Petrusamt nicht schlecht. Auch in der Betriebswirtschaft ist die Erkenntnis gewachsen, dass eine Hierarchie an sich nichts Schlechtes ist. Der gewaltige Unterschied zwischen neuem und altem Hierarchieverständnis ist nur der: Alle Führungskräfte in einer richtigen Hierarchie dürfen nicht Diktatoren sein, sie müssen Moderatoren sein. Sie müssen Vielfalt zulassen und diese Vielfalt über eine sinnvolle Kooperation in Freiheit zu einer Einheit führen. Wenn wir auf den Mann aus Nazareth schauen dann sehen wir, dass ER gesagt hat: *Wer unter euch der Größte sein will der sei der Diener aller.* Er hat also nicht gesagt, dass eine Hierarchie schlecht ist, nein, er hat nur gesagt, dass die, die in einer Hierarchie etwas weiter oben stehen, die Diener aller sein müssen. Warum hat man das in der katholischen Kirche 2000 Jahre lang übersehen? Andere Worte (angebliche Worte) des Jesus von Nazareth hat man doch auch nicht vergessen? Z.B. das Wort „ Du bist Petrus der Fels und auf diesem Felsen will ich meine Kirche bauen". Abgesehen davon, dass Jesus das Judentum reformieren, aber nie eine Kirche gründen wollte. Abgesehen davon, dass dieses Wort viel später erst in die Evangelien eingeflochten wurde, abgesehen davon hat die Kirche andere (wirkliche) Jesusworte die nicht so genehm waren einfach vergessen. So ist das halt in einer Diktatur. Aber Demokratie in Glaubensfragen das kann nicht sein weil es nicht sein darf. Es ginge ja an den Lebensnerv der Diktatur. Wo aber so frage ich die ganze Welt, wo kann der heilige Geist wirksamer sich äußern in einem Einzelnen oder in der Meinung der Vielfalt des Volkes Gottes das sich bemüht nach den ethischen Werten zu leben die aus dem tiefsten Innern des Herzens kommen?

22. ... VERGEBUNG DER SÜNDEN ...

22.01. Was ist Sünde?

Sünde schadet dem Leben

Sünde ist für mich eine Denkweise oder Handlung die dem Leben schadet. Das Leben aber, so meine ich, ist der Atem Gottes der in uns Menschen lebt und durch den wir leben. Das Fundament unseres Unterbewusstseins ist ein Teil vom Hauch seines Mundes über den wir Verbindung zu IHM dem Vater, dem unendlichen, kosmischen Bewusstsein haben. Alles was ein Mensch gegen dieses Leben unternimmt schadet ihm und seiner Umwelt und ist deshalb eine Verfehlung, eine Sünde.

Religionen definieren den Begriff Sünde

Das Leben, jenes ewige, unendliche, kosmische Bewusstsein, ist an keine Religion und schon gar nicht an eine Konfession gebunden. Dennoch meine ich, wir Menschen brauchen die Religionen und die Konfessionen. Religionen und Konfessionen sind wie Schutzräume in denen sich die Menschen ihr Gottesbild ertasten können. Die Menschheitsfamilie besteht aus unterschiedlichen Kulturen die jeweils eigene Weltanschauungen und Gottesbilder entworfen haben. Abhängig davon wird auch der Begriff Sünde weiter definiert. Es wird dort auch der Verstoß gegen kultische Richtlinien als Sünde angesehen.

Brauchen wir ein Weltethos?

Die Welt wächst zusammen. Dank der Weiterentwicklung der Technik können wir heute viel schneller und angenehmer als früher reisen. So werden persönliche Begegnungen unter den verschiedensten Kulturkreisen möglich. Aber auch die Nachrichtentechnik bis hin zum weltweiten Internet bringt immer mehr Kontakt zwischen Menschen unterschiedlichster Kulturen. Der Theologe Hans Küng fordert zu Recht ein Weltethos, ein Menschheitsethos, auf das sich alle Weltreligionen verständigen sollten. Dieses

Weltethos darf nicht die Grenzen zwischen den Religionen verwischen. Es muss aber den Kontakt zwischen den Menschen verschiedener Religionen ermöglichen. Hans Küng hat recht wenn er in seinem Buch „Spurensuche" [104] sagt, Zitat: *Wir müssen uns bemühen um den dringend erforderlichen Frieden zwischen den Menschen aus verschiedenen Religionen dieser Welt. Denn: - Kein Frieden unter den Nationen ohne Frieden unter den Religionen. - Kein Frieden unter den Religionen ohne Dialog zwischen den Religionen. - Kein Dialog zwischen den Religionen ohne globale ethische Maßstäbe. - Kein Überleben unseres Globus ohne ein globales Ethos, ein Weltethos.* Zitatende.
Wie viele Menschen haben Angst vor der aktuellen Globalisierung der Weltwirtschaft. Sie haben Angst vor einer Wirtschaft ohne Ethik. Sie haben Angst vor einer Machtanhäufung in den Händen von Führungskräften der Wirtschaft die ohne ethische Grundsätze Entscheidungen fällen und somit die Menschen und das Leben auf unseren Globus gefährden könnten weil sie sündigen.

Religionen und Konfessionen haben die Aufgabe zu dienen.

Schon zum Beginn der 50er Jahre des vergangenen Jahrhunderts hörte ich einen sehr fortschrittlich denkenden katholischen Missionar in einem Vortrag sagen: Unsere christliche Mission darf in Zukunft nicht mehr hinausziehen und die Kulturen fremder Völker zerstören, sie muss im Gegenteil den fremden Kulturen helfen sich in ihrem eigenen Glauben zu verbessern. Ich meine dieser Mann hatte Recht. Die Zeit der alleinseligmachenden Kirche ist vorbei. Oder glauben Sie, sehr verehrte Leserin, sehr geehrter Leser, der heilige Gottesgeist könne nicht auch in anderen Religionen wirken? Glauben sie, dass das unendliche, unbegreifliche, kosmische Bewusstsein nicht auch im Hinduismus oder im Islam zugegen ist? Papst Johannes-Paul II hat durch seine Friedenstreffen in Assisi mit Vertretern der Weltreligionen diese Entwicklung schon praktisch angestoßen. Wie klein werden doch die Sünden gegen bestehende Kirchengebote wenn man die große Sünde des Hochmutes sieht mit der Menschen auf die Religion einer anderen Kultur herabsehen ohne diese jemals richtig verstehen gelernt zu haben. Ich meine wir brauchen die Religionen der Welt und deren Definition von Sünde. Wir brauchen aber auch ein Weltethos das den Begriff von Sünde weltweit verständlich macht. Religionen und Konfessionen haben die Aufgabe den Menschen zu dienen. Sie dürfen nicht über einen Absolutheitsanspruch andere Kulturen ausgrenzen. Dies gilt allerdings auch für Menschen anderer Religionen die Ihre Religion in den christlichen Kulturraum hineintragen. Es ist mir unverständlich wenn Menschen die von außerhalb des christlichen Kulturkreises zu uns kommen und zu Recht die hier gewährte Religionsfreiheit auch einfordern aber gleichzeitig nicht bereit sind z.b. die neue Landessprache des Gastgeberlandes in den Predigten während ihrer Gottesdienste zu benutzen. Hier wird Integration verhindert. Das aber dient nicht den Menschen und dem Aufbau eines friedlichen Gemeinwesens. Religionen haben die Aufgabe den Menschen zu dienen.

22.02. Ist Vergebung möglich?

Vergehen ist vergebbar. Im Rahmen der Evolution ist jeder Mensch ein Suchender, und Suchende können irren. Wir alle können irren und falsche Wege gehen. Aber Einsicht und Umkehr (Buße) ist jederzeit möglich. Nicht vergebbar ist allerdings, laut Aussage der Bibel, die bewusste innere Abkehr vom Geist [014]. Vom Geist des Nachdenkens, des Forschens und der Toleranz. Viele Traditionschristen aber können heute nicht nachdenken weil sie in einer lebenslangen Gehirnwäsche von Seiten der katholischen Kirche immer nur das eine eingeimpft bekamen:
"Gehorsam !!!".
In jenem Glaubenslied das ironischerweise gerade auch bei der Firmung, der Aussendung des Heiligen Geistes, gesungen wird ließ die Kirche noch in den 50er Jahren des vergangenen Jahrhunderts ihre Gläubigen bekennen, Zitat: *„Fest soll mein Taufbund immer steh'n, ich will die Kirche hören. Sie soll mich allzeit gläubig seh'n und folgsam ihren Lehren".* Zitatende [105]. Diese von der Institution Kirche geformten Lehren aber darf man nicht anzweifeln. Wer sie anzweifelt, wer es wagt auch einmal quer zu denken, der wird sofort mit Rede- und Lehrverbot belegt oder er wird ausgegrenzt und exkommuniziert. Wie soll ein Mensch über seinen Glauben nachdenken wenn er nicht auch manches anzweifeln darf? Wenn er nicht kritisch denken darf? Wie ist Forschung

möglich wenn man nicht auch einmal quer denken darf? Ich weise in diesem Zusammenhang noch einmal auf den Fall des Theologen Tissa Balasuriya hin [047]. Dieser in Sri Lanka lebende Theologe wurde im Januar 1997 exkommuniziert, weil er sich gegen die fundamentalistische Auslegung der Erbsündenlehre gewandt hatte. Warum wurde er kurze Zeit nach der Exkommunikation wieder rehabilitiert? Warum kann man die Vielfalt der Gedanken nicht ertragen? Warum macht man aus dem lebendigen, dynamischen, unendlichen Gott einen Einheits-Gott? Mit einem Einheitsgesicht das für Inder, für Eskimos und für Europäer gleich sein muss? Interessanterweise hat die Kirche das oben zitierte Lied über den Taufbund, in den 70er Jahren wie folgt geändert, Zitat: *Fest soll mein Taufbund immer steh'n ich will die Kirche hören. Ich will den Weg des Glaubens gehen und folgen Gottes Lehren.* Zitatende [106]. Die Kirche ist lernfähig. Nur leider etwas zu langsam. Sie hat erkannt, dass nicht sie, die Kirche lehrt, sondern Gott, sein Geist. Wenn ich nun aber in Meditation und Gespräch mit diesem Gottesgeist zu einer Erkenntnis komme, dann will ich nach dieser Erkenntnis auch leben. Mein Gewissen ist für mich die höchste Instanz. Natürlich muss ich immer auch bereit sein zum Gedankenaustausch. Jede introvertierte Verstocktheit ist eine Sünde wider den heiligen Geist, weil es eine Sünde wider die Freiheit ist.

22.03. Wer ohne Sünde ist der werfe den ersten Stein auf Sie.

Wie könnt Ihr eine junge Frau verurteilen die in Verzweiflung ihr Kind abtreiben will weil sie es nicht lieben kann? Warum verweigert ihr dieser verzweifelten Frau euere Liebe, eueren Rat, eueren Beistand? Warum steigt ihr aus der Staatlichen Schwangerschaftsberatung aus? Warum wollt ihr nicht beraten, warum wollt ihr nur Verurteilen? Ihr dürft und ihr müsst sagen "das ist nicht richtig"! Aber ihr dürft nicht ver- urteilen. Warum überlasst ihr die Entscheidung nicht der Frau? Sie allein muss sich vor ihrem Kind und Gott verantworten. Könnt ihr immer richtig entscheiden? Wer von euch ohne Sünde ist der werfe den ersten Stein! Der unendliche Gott, das unendliche kosmische Bewusstsein weiß um die Schwachheit der Menschen. Deshalb sind Sünden und Irrungen auch vergebbar. Nicht vergebbar ist die Sünde wider den heiligen

Geist, das meint die Sünde gegen das Nachdenken. Und gerade diese Sünde die begeht die Institution Kirche am häufigsten. Jesus war viel toleranter als die Kirche heute. Er hat das Beispiel von dem Sämann erfunden dem ein Widersacher Unkraut unter das Saatgut gemischt hat. Und bezeichnender weise sagt ER dann: Reißt das Unkraut nicht aus, lasst beides wachsen bis zur Ernte [012]. Das wäre der Anfang für eine Einheit in der Vielfalt, denn das was wie ein Unkraut aussieht könnte doch ein gesundes Pflänzchen sein.

22.04. Die Inflation um den Sündenbegriff.

Die Kirchengebote

Inflation macht das Zahlungsmittel wertlos. Der Sündenbegriff wird meines Erachtens auch entwertet durch die Aufstellung von viel zu vielen kleinlichen Kirchengeboten. Da gibt es das Sonntagsgebot, da gibt es die Fastengebote, da gibt es vor allem die vielen Gebote und Verbote rund um die Sexualität. Eheleuten wird die Freiheit der Familienplanung genommen und ihnen in ihre intimsten Beziehungen hineingeredet. Da gibt es das Zölibat-Gebot für die Priester. Da gibt es den römischen Codex, das kirchliche Gesetzbuch, mit hunderten von Geboten und Vorschriften. Viel wichtiger als die Pflege dieser kleinlichen Sündenbegriffe wäre es die Menschen auf die großen Verfehlungen in der gegenseitigen Toleranz und die gegenseitige Achtung aufmerksam zu machen. Ganz besonders aber sollten wir darauf achten, dass wir nicht in die Sünde wider den heiligen Geist verfallen.

Können wir überhaupt sündigen?

Aus den Kreis der Neurobiologen kommt heute die Nachricht: Der Mensch sei nicht Herr seiner Handlungen – das Gehirn schreibe ihm vor was zu tun ist. Gerhard Roth, Professor für Verhaltensphysiologie und Direktor am Institut für Hirnforschung an der Universität Bremen sagt: *Alle Prozesse im Hirn laufen nach Naturgesetzen ab. Einen freien Willen der sich darüber hinwegsetzt gibt es nicht* [107]. Diese Aussage scheint mir etwas journalistisch überspitzt formuliert zu sein. Wenn das so ist, kann der Mensch dann überhaupt sündigen? Sünde setzt ja einen freien Willen voraus. In einem Gespräch mit dem P.M. Redakteur Andreas Séché sagt Professor Roth, Zitat: *Das Limbische System „errechnet" aufgrund unserer Erfahrungen, welche Entscheidungen wir treffen. Prozesse im Hirn bestimmen also unser Tun – und erst eine bis zwei Sekunden später habe ich das Gefühl, es zu wollen. ... Straftäter können im moralischen Sinne nichts für das was sie tun...*Zitatende. Unser Tun wird demnach vom Unterbewusstsein bestimmt. Das Unterbewusstsein aber besteht laut Gerhard Roth aus einem genetischen Sockel von etwa 20% und dem Rest von etwa 80% der aus Erfahrungen geprägt ist die von der Kindheit bis zur Gegenwart gemacht wurden. Aus diesen Fakten „errechnet" somit unser limbisches System welche Entscheidung wir im konkreten Fall treffen werden. Das zitierte Gespräch wurde im P.M. (Peter Moosleitners Magazin „Die Welt des Wissens" - Aprilheft 2004) veröffentlicht [107]. In diesem Gespräch wird im Grunde gesagt:

1) Unser Unterbewusstsein steuert unser Verhalten. Diese Aussage ist verständlich denn auch alle unsere Körperfunktionen werden vom Unterbewussten vollautomatisch gesteuert. Auch im Schlaf. Ob Herz oder Leber, ob Nieren oder Milz oder Bauchspeicheldrüse, alle unsere Organe arbeiten ohne, dass wir bewusst darauf achten müssen. Sie werden vom Unterbewusstsein gesteuert.
2) Verstand und Vernunft werden nicht vom limbischen System (vom Unterbewusstsein) gesteuert sondern von Zentren die in der Großhirnrinde sitzen.
3) Verstand und Vernunft können Eingaben in das limbische System (in das Unterbewusstsein) machen aber für unsere Handlungen ist nur das Rechenergebnis aus dem limbischen System bestimmend.

Betrachtet man den Sündenbegriff von dieser Warte aus, dann muss man doch sagen, dass die einzelne Person aufgrund einer einzelnen Fehlentscheidung nicht alleine gesündigt hat, denn ihre Fehlentscheidung ist ausschließlich nur das Rechenergebnis aus genetischer Erbfolge und Lebenserfahrungen aus der bisherigen

Umwelt. Von dieser Überlegung her ist es doch sehr einleuchtend wenn das christliche Glaubensbekenntnis von einer Vergebung der Sünden spricht. Allerdings müssen wir an dieser Stelle uns fragen was es mit der Sünde wider den Heiligen-Geist (den gesunden Geist) auf sich hat.

Die Sünde die niemand vergeben kann.

Wenn es so ist, dass das limbische System aufgrund von Erbanlagen und aufgrund von Prägungen vergangener Ereignisse aus dem Unterbewusstsein unsere Entscheidungen steuert, dann ist eine Fehlhaltung, also eine Sünde, nicht nur eine Fehlentscheidung der Einzelpersönlichkeit. Denn dann wird jede Entscheidung auch beeinflusst von Erbanlagen und vor allem von Ereignissen an denen auch viele andere Menschen Teil hatten. In dem oben zitierten Gespräch mit Professor Gerhard Roth wird abschließend gesagt: *Der einzelne Mensch ist nicht im moralischen Sinne verantwortlich für sein Tun, aber die Gesellschaft ist sozial verantwortlich für das, was ihre Mitglieder tun.* [107]. Hiermit wird ausgesagt, dass eine Eingabe in das Unterbewusstsein möglich ist. Die Gesellschaft wird aufgeordert etwas zu unternehmen um das Unterbewusstsein ihrer Mitglieder positiv zu beeinflussen. Hier wird auch sichtbar wie sinnvoll Strafe ist wenn sie nicht als Bestrafung einer moralisch verwerflichen Tat erfolgt, sondern als Umerziehung gesehen wird. Durch die Strafe soll eine einprägsame Eingabe in das Unterbewusstsein erfolgen. Sehen wir einmal ab vom Straftäter und stellen wir uns einen einfachen, unbescholtenen Bürger vor, dann wird durch das Gesagte doch deutlich, dass jeder Mensch in der Lage ist durch freiwillig gesteuerte Eingaben sein Unterbewusstsein zu ergänzen und auch zu verändern. Diese Eingaben, die von Verstand und Willen geprägt sind verändern das Unterbewusstsein (das limbische System) des Menschen und lassen ihn so reifen. Hier beginnt das Werden, die Evolution der Einzelpersönlichkeit. Durch die Anreicherung des Unterbewusstseins mit positiven Prägungen werden die „Rechenergebnisse" des limbischen Systems immer richtiger und positiver. Menschen die nicht bereit sind an dieser Selbsterziehung mit zu arbeiten, die versündigen sich gegen den gesunden (den heiligen) Geist. Solche Menschen verschließen sich. Diese Sünde aber ist eine ganz persönliche Angelegenheit die niemand vergeben kann.

Die Erb-Sünde

Von dieser Warte aus gesehen bekommt für mich der Begriff der Erbsünde eine ganz neue Gestalt. Ich sehe wie der Mensch durch Erbanlagen im Unterbewusstsein geprägt sein kann, wie er durch diese Veranlagungen fehlgeleitet werden kann. Auch seine Erfahrungen von frühester Kindheit an können ihn negativ geprägt haben. Umso wichtiger scheint mir das von der christlichen Kirche angebotene Sakrament der Taufe zu sein. Hier tritt eine Gemeinschaft von glaubenden Menschen auf den Täufling zu, spricht ihn los von den Sünden, den Fehlhaltungen die er ohne sein eigenes Verschulden in sich trägt und nimmt ihn auf in die Gemeinschaft der Glaubenden. Und diese Gemeinschaft der Glaubenden will ihn auch auf seinem weiteren Lebensweg begleiten. Sie will ihm helfen sein Unterbewusstsein zu vervollkommnen. Sie will ihm helfen, ihm Schutz bieten, damit er in diesem Schutz die positiven und negativen Seiten seines Unterbewusstseins ergründen und beeinflussen kann. Sie will ihm helfen zu wachsen und zu Werden.

Der gegenwärtige Umdenkungsprozess in der Wirtschaft

Wir haben eingangs von dem sich anbahnenden Paradigmenwechsel in der Menschenführung gesprochen der sich heute in der Wirtschaft bemerkbar macht. Im Rahmen der Globalisierung der Weltwirtschaft wird in den alten Industrienationen von Mitarbeitern und Führungskräften gefordert einen Bewusstseinswandel zu vollziehen. Es wird ein Umdenkungsprozess verlangt, der vom tayloristischen Gehorsamsdenken in ein selbstverantwortliches Mitdenken hineinführt. Die ISO Norm 9000 ff [007] verlangt dieses Umdenken. Nach dieser Norm werden heute Europaweit Unternehmen zertifiziert. In diesem Zusammenhang wird die im Wirtschaftsprozess stehende einzelne Person gefordert eine Änderung im Unterbewusstsein zu vollziehen. Dort muss vom Gehorsamsdenken in ein selbstverantwortliches Mitdenken umgepolt werden. Dieser Umdenkungsprozess betrifft aber nicht nur Verstand und Willen, er fordert einen Eingriff in das Unterbewusstsein, denn dort ist durch Erziehung und Erfahrung das alte Gehorsamsdenken gespeichert. In den Industrienationen wird diese geistige Leistung den Menschen heute in immer stärkerem Maße abverlangt. Dieses Umdenken wird nötig um das Abwandern konventioneller Arbeitsplätze zu verlangsamen und gleichzeitig neue Arbeitsplätze mit hoher Produktivität und Produktqualität zu schaffen. Die alten Industrienationen werden den Wettlauf um die Arbeitsplätze verlieren wenn die im Wirtschaftsprozess stehenden Menschen nicht bereit sind diesen Umdenkungsprozess aktiv mit zu gestalten.

Eine wichtige Aufgabe für die Gemeinschaft der Glaubenden

An dieser Stelle sei noch einmal auf die so wichtige Aufgabe der Gemeinschaft der Glaubenden, der Kirche, hingewiesen. Die Schöpfungstheologie sagt, jedes Kind tritt im Augenblick der Geburt als großer Segen in die Welt. Denn das kosmische Prinzip des Lebens, Gott, will in diesem Kind und mit ihm und durch es in die Welt eintreten und diese Welt ein Stück weit erlösen. Betrachten wir aber nun die Aussage der Neurobiologie und die oben von Prof. Roth zitierten Forschungsergebnisse, dann muss doch zu gegeben werden, dass jedes Kind sowohl positive als auch negative Erbanlagen mitbringen kann und, dass es zudem noch durch erste Kindheits- Erfahrungen nicht nur positiv, sondern auch negativ geprägt werden kann. Aufgrund dieser Tatsachen ist es nach meiner Glaubensüberzeugung sehr sinnvoll und heilsam wenn sich die Kirche, die Gemeinschaft der Glaubenden, schützend um dieses Kind stellt und es im Ritus der Taufe in die Gemeinschaft aufnimmt und ihm so Schutz und Kraft zukommen lässt. Die Arbeit des Menschen an seinem Unterbewusstsein ist sehr schwierig, sie benötigt viel Zeit und Geduld. Sehr hilfreich bei dieser Arbeit ist auch ein stärkender Zuspruch von Gleichgesinnten die schon die eine oder andere positive Erfahrung machten und davon berichten können. Hier sehe ich eine sehr sinnvolle, wertvolle und unverzichtbare Aufgabe der Gemeinschaft der Glaubenden, der Kirche. Allerdings muss diese Gemeinschaft der Glaubenden sich freimachen von der Vorstellung die Menschen zwingen zu können.

23.   ... AUFERSTEHUNG DER TOTEN
UND DAS EWIGE LEBEN ...

23.01. Das Christentum ist eine Auferstehungsreligion.

Wir haben den Gedanken der Auferstehung von den Toten in den vorangegangenen Kapiteln schon mehrmals berührt. Warum aber, so frage ich mich, wollen viele Christen nicht über Tod und Auferstehung reden? Es ist mir schon oft passiert, dass ich in froher Runde beim Bier oder bei Gartenfesten mit Menschen zusammen saß und dann kam plötzlich das Gespräch auf den Tod. Immer wieder hatte ich den Eindruck, dass dies den Leuten peinlich war und das Thema wurde möglichst schnell wieder gewechselt. Warum sind Christen sich nicht sicher darüber, dass es eine Auferstehung gibt? Wie oft hörte ich schon von Christen die Aussage: „Nach dem Tod ist alles aus" oder „Was ich hier in dieser Welt habe das weiß ich, was nach dem Tod kommt das weiß ich nicht" oder „Wo sollen denn die vielen Menschen hin die bisher schon gestorben sind und die noch sterben werden? Für so viele ist doch kein Platz". Warum denken so viele Christen nicht nach über den Sinn des Lebens und über die Unendlichkeit des Kosmos in die wir hineinwachsen? Ich persönlich meine, mein ganzer christlicher Glaube wäre sinnlos wenn es nicht die Auferstehung in eine neue Welt, in ein neues Dasein gäbe. Was soll ich mit einer Transzendenz anfangen in die ich nicht hineinwachsen werde? Was soll ich mit einem Gott anfangen in dessen Unendlichkeit ich nicht auch eingehen werde? Was soll denn die ganze Religion wenn sie mich nicht in das unendliche ewige Leben hineinführen wird? Wenn nach dem Tod alles aus ist, dann brauche ich keine Religion und auch keine Moral. Dann lebe ich wie ein Tier, das frisst wenn es Hunger hat. Wen oder was es dann frisst ist ihm egal, wichtig ist nur, dass der Hunger gestillt ist.

23.02. Warum wollen viele Christen nicht Nachdenken?

Tiere leben ohne nachzudenken. Sie haben keinen Geist. Sie leben ihrem Instinkt nach und sind glücklich. Von Leben und Tod wissen sie nichts. Ich denke im Normalfall ist das so. Dennoch meine ich kann es auch Grenzfälle geben, wo auch Tiere nicht nur körperlichen Schmerz sondern auch so etwas wie Angst, also seelischen Schmerz fühlen können und damit wird auch im Tierreich eine Sehnsucht nach Erlösung wach. Hier, so scheint es mir, kann es eine fließende Grenze geben. Wir alle sind mit der ganzen Schöpfung verbunden. Die gesamte Schöpfung ist eine Einheit die das ganze All umschließt. Für uns Menschen ist die unmittelbare Schöpfung unser Planet Erde. Wir Menschen sind ja aus dem Tierreich heraus gewachsen. Die Tiere sind unsere Verwandten. So meine ich gilt die Erlösung nicht nur für uns Menschen sondern für die ganze Schöpfung. Auch für die Tiere, die Pflanzen und die leblose Materie. Die ganze Schöpfung sehnt sich nach Erlösung. Im Römerbrief schreibt Paulus von dieser Sehnsucht der Schöpfung nach Erlösung und Auferstehung. Er schreibt, Zitat: *Ich bin jedoch der festen Überzeugung dass die Leiden dieser Zeit nicht zu vergleichen sind mit der Herrlichkeit die an uns offenbar wird. Und so erwartet auch die ganze Schöpfung in heißer Sehnsucht die Offenbarung der Kinder Gottes. Ist doch die Schöpfung der Vergänglichkeit unterworfen, nicht freiwillig, sondern des willen der sie unterwarf mit der Hoffnung, dass einst auch sie, die Schöpfung, von der Knechtschaft der Vergänglichkeit erlöst wird zur Freiheit der Herrlichkeit der Kinder Gottes. Wir wissen ja, dass die ganze Schöpfung voll Seufzen und Wehen ist bis auf diesen Tag.* Zitatende [108]. Und wir Menschen, wir haben die Gabe des Geistes, wir sind die Krone der Schöpfung. Unsere Aufgabe ist es nachzudenken und die Erlösung voran zu treiben. Jede Generation hat dafür ihre eigene Aufgabe. Wir Menschen können Kraft unseres Geistes über unsere Zeit hinaus denken. Hier meine ich können wir schon ein wenig die Zeitlosigkeit Gottes praktisch erleben. Wir können in Jahrhunderte und Jahrtausende zurückdenken die einmal waren als wir noch nicht gelebt haben. Wir können auch voraus denken in zukünftige Zeiten die kommen werden wenn wir nicht mehr in dieser Welt leben. In uns lebt der Hauch Gottes von dem die Genesis spricht, wenn sie sagt, Zitat: *Und Gott schuf den Menschen als sein Bild. Als Gottes Bild schuf er ihn* [109]. Und weiter sagt die Genesis, Zitat: *Da bildete der Herr Gott den Menschen aus Staub vom Erdboden und blies ihm Lebensodem in die Nase, so ward der Mensch zu einem Lebewesen.* Zitatende [110]. Dieses Bild will uns doch in großer Deutlichkeit sagen, dass wir „wie" Gott sind, dass wir den Hauch SEINES Atems in unserem irdischen Körper tragen. In unserem Körper der aus dem Staub, aus den Atomen, der Materie unseres Planeten gemacht ist. Der Hauch SEINES Mundes aber hat uns zum Leben erweckt. Und jetzt haben wir, verdammt noch mal, die Aufgabe diese Schöpfung zu erlösen. Schritt für Schritt. Generation um Generation. Wir sollten endlich einmal anfangen nachzudenken. Wie könnte diese Schöpfung schon heute aussehen wenn wir unsere gesamte Welt-Wirtschaftskraft und unseren Geist dem Leben und nicht dem Krieg und undurchsichtigen Diktaturen widmen würden? Wir sollten endlich einmal anfangen nachzudenken.

23.03. Haben wir den Bezug zum Sinn des Lebens verloren?

„Die Sinn - Macher" so nennt Frau Prof. Dr. Gertrud Höhler ihr Buch [111] in dem sie darauf hinweist, dass unsere Unternehmen in der Wirtschaft eigentlich so organisiert sein müssten, dass sie für ihre Kunden und Mitarbeiter, d.h. für die Menschen in ihrem Umfeld, Sinn stiften können. Mit anderen Worten gesagt, unsere Unternehmen dürften nicht nur auf Produktqualität achten sie müssten auch Lebensqualität erzeugen. Dieses Trachten nach Sinn, nach Lebens-Sinn, ist aber heute leider sehr abhanden gekommen. Nicht Lebens-Sinn sondern gnadenloses Profitstreben ist angesagt. Shareholder value, der Aktienwert eines Unternehmens, ist das große Ziel nicht die Lebens-Qualität die das Unternehmen bieten könnte. Unsere Gewerkschaften verlangen heute trotz weltweiter Globalisierung der Wirtschaft stur und unbeugsam mehr Geld, mehr Kohle. Sie sehen nicht, dass sie hiermit in den alten Industrienationen rücksichtslos und äußerst wirksam Arbeitsplätze und damit oft auch Lebenssinn vernichten. Sie säen Hass und Zwietracht und zerstören so wertvolle mentale Kräfte in unserer Wirtschaft. Und unsere großen Unternehmen weichen aus. Sie unterschreiben lächelnd weitere Lohnforderungen der Gewerkschaften weil sie die Abwanderung in Niedriglohnländer als Ausweg sehen. Zurück bleibt in den alten Industrienationen eine sterbende „Soziale Marktwirtschaft". Der Wirtschaftsjournalist Günter Ogger beschreibt in seinem Buch „Die EGO AG" wie sich heute ein unheilvoller Egoismus in unserer Wirtschaft breit macht [112]. Werden die mentalen Kräfte in unserem christlichen Abendland noch einmal die Kraft haben aufzustehen? Glauben wir an: „Die Auferstehung der Toten und an das ewige Leben"? Ist dieser Glaubensartikel in unserem Denken noch so real, dass wir das Steuer herum reißen können? Wird es eine kritische Masse Gleichgesinnter geben, Arbeitnehmer und Arbeitgeber, die gemeinsam einen neuen Weg gehen? Einen Weg der geprägt ist vom Glauben an die Auferstehung der Toten? Aber nicht erst irgendwann im Jenseits, sonder hier und heute schon. Auferstehung und ewiges Leben diese Beiden beginnen hier und heute. Sie beginnen, wenn die geistig Toten aufwachen und erkennen, dass ein maßloses, nicht ein vernünftiges, sondern ein hemmungsloses, egoistisches, skrupelloses Gewinnstreben nicht zum Leben führt. Wird die angeblich „christliche" Gesellschaft noch einmal die Kraft haben einen wahren Glauben an die göttlichen Kräfte um uns zu erzeugen, damit die mental Toten wieder zum Leben erweckt werden und das ewige Leben wieder gesehen wird? Liegt da nicht der Schlüssel warum heute so wenige Menschen an das Leben glauben und noch weniger an ein ewiges Leben? Welche Qualität hat denn das Leben heute im wirtschaftlichen Alltag? Die ISO 9000 ff und das auf diese Norm fußende Managementsystem TQM [006] gehen in Richtung dieser Entwicklung von neuer Lebensqualität. Das Management soll kundenorientiert, prozessorientiert und vor allem auch mitarbeiterorientiert handeln. Der Mitarbeiter soll zum Mitdenker werden. Der Mensch soll als Person in das Unternehmensgeschehen mit einbezogen werden. Diese Forderungen lassen hoffen. Sie zielen auf eine neue Lebensqualität im Wirtschaftsgeschehen. Eine Lebensqualität die hier in dieser Schöpfung schon beginnt und die übergehen wird in jene Transzendenz die uns alle schon heute umgibt. Der dazu in der Praxis erforderliche Weg ist allerdings nicht einfach, er fordert die Bereitschaft zum Lernen und er verlangt zielstrebige Schulungsarbeit. Angestoßen durch die ISO 9000 ff haben viele Unternehmen heute schon begonnen diesen Weg zu erkunden. Heute schon gibt es eine Zen Akademie für Führungskräfte [113] wo versucht wird neue Wege in der Menschenführung zu gehen. Sehr hilfreich auf diesem Weg sind auch die Bemühungen des Benediktiner Paters und Zen Lehrers Willigis Jäger. In seinem Buch „Suche nach dem Sinn des Lebens" [114] sind viele Gedanken über den „Bewusstseinswandel auf dem Weg nach innen" aufgezeigt. Wir müssen uns aufmachen und den Fuß vorsichtig heben um über die Bruchkante hinaus zu gehen von der wir schon wiederholt sprachen. Wir müssen einen neuen Trend anstoßen.

Der anstehende Paradigmenwechsel

Der Glaube an „Die Auferstehung der Toten und das ewige Leben" verlangt ein Umdenken das wegführt von dem heute so weit verbreiteten engstirnigen Profitdenken. Damit wir uns nicht missverstehen: Ich meine hiermit nicht den richtigen Gewinn, den richtigen Profit, den richtigen Erfolg. Wir alle brauchen den Gewinn, den Erfolg, er ist ein Teil der Auferstehung die wir hier und heute in dieser Schöpfung schon erleben können. Um diesen Erfolg müssen wir kämpfen. Wenn ich von „engstirnigen" Profit rede, dann meine ich jenes Profitstreben das die Lebensqualität vernachlässigt oder gar zerstört. Hier meine ich muss jenes Umdenken anfangen und hier meine ich wird auch jener Paradigmenwechsel sichtbar an dessen Schwelle wir heute stehen. Was ist nun aber unter „Paradigmenwechsel eigentlich zu verstehen? Ein Paradigmenwandel ist ein grundlegender Wandel im Weltbild und auch im Gottesbild der Menschen. Im christlichen Europa gab es bis heute keine Demokratie in Glaubensfragen. Die Menschen sind im Bereich des Glaubens nicht zu selbstverantwortlicher Mitsprache sondern zu Gehorsam erzogen worden, wie im alten Taylorismus. Das Umschalten vom Gehorsamsdenken zum selbstverantwortlichen Mitdenken wird deshalb nicht so einfach sein. Europa steht vor einem Umbruch, vor einem Paradigmenwechsel in der Menschenführung. Dieser Paradigmenwechsel trifft sowohl die Wirtschaft als auch die kulturell religiöse Entwicklung. Als Beispiel sei an das Ringen innerhalb der römisch katholischen Kirche um Freiheit in der theologischen Forschung erinnert. Dort werden fortschrittlich denkende Professoren wie Hans Küng, um nur ein Beispiel zu nennen, mit Lehrverbot belegt, weil man sich eine Einheit in Vielfalt nicht vorstellen kann. In diesem Zusammenhang sei an die von Professor Thomas Kuhn, dem amerikanischen Wissenschaftshistoriker, angestoßene Diskussion um den praktischen Vollzug eines Paradigmenwechsels erinnert. Kuhn stellt fest, Zitat: *Dass die Wissen-*

schaftsentwicklung nicht als kontinuierliche Anhäufung immer größerer Mengen von Wissen zu betrachten sei, sondern, dass es in der Wissenschaftsgeschichte immer wieder radikale Brüche (>Paradigmenwechsel<) gebe. In diesen verändern sich sowohl die methodologischen Grundannahmen als auch die unter den Wissenschaftlern als verbindlich geltenden Interpretationen der wichtigsten Begriffe. Als Beispiel nennt Kuhn die Kopernikanische Wende und den Übergang von der Klassischen zur relativistischen Mechanik. Zitatende [115]. Der gegenwärtige Paradigmenwechsel in der Menschenführung scheint in einen solchen radikalen Umbruch hinein zu führen. Ein Umbruch der Wirtschaft und Religion gleichermaßen trifft, und somit auch bis in die kulturellen Grundlagen in Europa hinein wirkt.

23.04. Was ich persönlich glaube.

Schon eingangs habe ich darauf hingewiesen, dass ich meinen persönlichen Glauben nicht beweisen kann, weil ein bewiesener Glaube kein Glaube ist. Aber ich kann meinen Glauben begründen. Ich habe das in den vorangegangenen Kapiteln zum christlichen Glaubensbekenntnis schon versucht zu tun. Im Folgenden will ich über meinen persönlichen Glauben an die „Auferstehung der Toten und das ewige Leben" nachdenken und diesen Glauben noch einmal begründen. Die einzelnen Glaubensschritte sehe ich wie folgt:

Ich denke, also bin ich

Wie schon erwähnt können wir über uns und über unsere Lebenszeit hinaus denken. Das ist für mich eine Bestätigung, dass ich mit einem Geist ausgestattet bin der über die Zeit hinaus bis in die Zeitlosigkeit hinein denken kann. Dies ist in meinen Augen jener Hauch Gottes den ich laut der Schöpfungsgeschichte in mir trage. Wenn ich aber schon den Geist Gottes in mir trage warum soll ich dann vergehen? Gott ist unendlich, der Geist ist unendlich, die Materie ist unendlich warum soll „ich" dann nicht unendlich sein?

Das Leid ist für mich eine Garantie für das ewige Leben

Da haben die Theologen ihre Probleme mit dem Leid. Sie fragen: „Warum kann ein gütiger, allmächtiger und liebender Gott Leid und Grausamkeit zulassen"? Ich meine, Gott hat die Evolution der Schöpfung und mit ihr auch die Evolution der Menschen gewollt. Die Evolution aber trägt in sich den Druck zum Werden. Wir sollen uns entwickeln. Wir sind hinein geworfen in die Freiheit des Chaos der sich permanent entwickelnden Schöpfung. Das Chaos aber, so berichtet uns die Chaosforschung trägt in sich eine höhere Ordnung. Wenn nun aber Gott die Liebe ist und gleichzeitig auch der Allmächtige, dann wird er jeden Schmerz mit ewiger, unendlicher Lebensfreude beantworten müssen. Würde er das nicht tun, nähme er sich selbst jede Glaubwürdigkeit. Daran erkenne ich, dass er die Liebe ist, weil er sich selbst, seine eigene Glaubwürdigkeit aufs Spiel setzt. Ich weiß, dass auch diese meine Gedanken sehr menschlich sind, aber sie sind für mich ein Teil der Begründung meines Glaubens an die Auferstehung und das ewige Leben.

Und was bedeutet Wiedergeburt (Inkarnation)?

In den altehrwürdigen Religionen des fernen Ostens, vor allem im Buddhismus und im Hinduismus wird von der Wiedergeburt gesprochen. Hier wird der Gedanke der Evolution, des Werdens der Persönlichkeit, zu Recht besonders betont. Ich kann diesen Gedanken sehr gut verstehen. Jeder Mensch der einmal begonnen hat an sich selbst zu arbeiten um etwas mehr Vollkommenheit und Weisheit zu erlangen, der wird die Schwachheit und Unzulänglichkeit seiner menschlichen Natur schmerzhaft fühlen. Besonders wenn er die in jenem ewigen, kosmischen Bewusstsein liegende Vollkommenheit erahnt, in die wir eintauchen sollen und dürfen. Ich kann die Menschen sehr gut verstehen die meinen wir brauchen viele Leben um wirkliche Weisheit, Vollkommenheit und Erleuchtung zu erlangen. Übrigens gibt es diesen Gedanken auch im Christentum. Da spricht man vom Fegfeuer. In diesem Feuer wird ein Mensch, laut Kirche, noch eine Zeit lang geläutert bis er rein genug ist um in die ewige Liebe Gottes eintauchen zu können. Ich will hier weder die katholische Kirche noch die ehrwürdigen Religionen des fernen Ostens kritisieren. Aber ich muss doch selbst zu einer Meinung kommen. Ich selbst muss meinen eigenen Glauben begründen. Und das tue ich in diesem Falle mit folgender Überlegung: Gott hat das Leid gewollt. Wir sollen daran wachsen und es überwinden. Die oftmals so nötige Reinigung findet hier und heute schon im Leid statt. Das heißt nun aber nicht, dass jeder Mensch nur für seine eigenen Verfehlungen leidet. Nein. Viele Mensche leiden auch an den Verfehlungen ihrer Zeitgenossen. Wir alle sind ein große Einheit. Hier kommt für mich der Gedanke der Erlösung wieder ins Spiel. Christus, der Erlöser und mit ihm alle Menschen wirken mit an der Erlösung der gesamten Schöpfung. Jeder Mensch der seinen Feinden verzeiht und ihnen Gutes tut erlöst ein Stück weit die Welt und seine Zeit. Er durchbricht den Strom des Negativen. Und zu dieser Erlösung kommt auch noch die unendliche Liebe Gottes die so manches verzeiht was wir nicht verzeihen könnten. Deshalb meine ich genügt ein einziges Leben um zur Vollkommenheit zu gelangen.

Alles Leben will Ewigkeit

Alle Menschen fühlen in sich die Sehnsucht nach ewigem Leben. Dies ist auch der Grund warum in allen Religionen der Welt die Rede vom ewigen Leben ist. So bin auch ich überzeugt davon, dass es auch in meinem Leben, wie im Leben aller Menschen, eine Auferstehung von den Toten und das ewige Leben gibt.

Die Materie ist ewig

Die Materie ist unvergänglich. Wenn ein Stück Holz im Kamin liegt und während des Verbrennens wohlige Wärme ausstrahlt, dann verzehrt es sich. Für den oberflächlichen Betrachter ist es nach dem Verbrennungsvorgang nicht mehr gegenwärtig. Kenner der Materie aber wissen, dass kein einziges Atom das vorher in jenem Holzscheit zugegen war verloren ist. Während des Verbrennungsvorganges fand nur eine Umwandlung statt. Die Atome des Holzes verwandelten sich in Rauchgase und in Asche. Wenn nun aber die Materie ewig ist, warum soll dann der Geist nicht ewig sein der über der Materie steht?

Das christliche Bild von der Auferstehung

Die Evangelien und auch die Apostelgeschichte sagen uns Christen in vielen Bildern, dass Jesus der Christus auferstanden ist von den Toten. Zudem sagt die katholische Kirche im Dogma von der leiblichen Aufnahme Mariens in den Himmel, dass auch Maria nicht nur im Geiste sondern auch körperlich von den Toten auferstanden ist. Ich kann dieses Dogma sogar verstehen wenn ich bedenke, dass uns die Wissenschaft heute sagt Materie sei gleichzeitig Teilchen und Welle, also Masse und gleichzeitig Energie. Heute ist unser Körper und alle Wirklichkeit um uns herum nur als Materie erlebbar. Diese sichtbare, fühlbare Materie hat aber auch Wellencharakter, ist also heute schon auch Energie. So kann ich mir vorstellen wie in der Transzendenz die unser Sein heute schon umgibt ein stofflicher Leib existieren kann der als Energie erlebbar ist. So kann ich über meinen Glauben erahnen, dass die Auferstehung dieser beiden Menschen ein Bild für die Auferstehung aller Menschen ist. Was sollen diese beiden Menschen alleine in jener anderen Daseinsform, wenn erst am jüngsten Tag alle anderen Menschen nachkommen? Das wäre doch ein sehr langweiliges Dasein. Nein. Hier gilt wieder die Feststellung, dass es vor Gott keine Zeit gibt. Jeder Mensch tritt ein in die neue Erde und den neuen Himmel im Moment seines Überganges in die transzendente, zeitlose Wirklichkeit. Die Menschen nennen diesen Übergang Tod. Aber es ist nach meiner Überzeugung kein Tod, kein Sterben, kein Vergehen, sondern ein Übergang in die neue Erde und den neuen Himmel.

Die neue Erde und der neue Himmel

Unser menschliches Dasein heute steht noch unter dem Gesetz der Materie. Unser Leib ist weitgehenst den Gesetzen der Materie unterworfen. Aber schon taucht in der Medizin die Erkenntnis auf, dass unser Leib auch vom Geist beeinflusst wird. In der Psychosomatik werden diese Erkenntnisse verfolgt. Rätselhafte Spontanheilungen zeigen immer wieder wie das Unterbewusstsein heilen kann. An dieser Stelle wird deutlich, dass auch unser Körper heute schon auf dem Weg ist von der materiellen Daseinsform in eine geistige Daseinsform hinein zu wachsen. Überspitzt ausgedrückt könnte man sagen, heute noch wird bei einem Unfall mit Gehirnverletzungen der Geist getötet. Dann aber, in der neuen Welt, wird das Gesetz des Geistes über dem Gesetz der Materie stehen. Dann wird es keinen Unfall mehr geben der Geist oder Leib verletzen kann. Der Geist wird über der Materie stehen. Das ist natürlich wieder sehr menschlich und bildhaft gesprochen, aber ich bin davon überzeugt, dass dies eine Denkrichtung ist in die wir weiterdenken dürfen. Deshalb glaube ich an die neue Erde und den neuen Himmel. Im Glauben hebe ich den Fuß und gehe einen Schritt weit über den Klippenrand von dem wir sprachen. Ich gehe im Vertrauen auf Gott in eine mir noch unbekannte Zukunft. Wie realistisch dieses Gehen in die Transzendenz hier und heute schon ist, das zeigt Kurt Tepperwein in seinem Buch „Die geistigen Gesetze" [116]. Er zeigt in diesem Buch unter anderem auch die sieben Geburten des Menschen, d.h. das Wachstum eines Menschen über sieben Stufen während seines Lebens bis hin in die neue Einheit mit dem Kosmos. In diese sieben Stufen drängt die Evolution jeden Menschen. Sie beginnen mit der

- Stufe 1, dem vorgeburtlichen Leben das neun Monate währt. Die weitere Entwicklung führt sodann über die weiteren Stufen wie folgt:
- Stufe 2 stellt die körperliche Geburt dar. Das Kind erlebt und erforscht seinen Körper bis etwa zu seinem dritten Lebensjahr.
- Stufe 3: Das Ego erwacht. Im Alter zwischen 3 und 10 Jahren entsteht eine ICH-Findung. Das Kind sagt nicht mehr „Fredi" hat Hunger, es sagt „Ich" habe Hunger.
- Stufe 4 bringt sodann im Alter zwischen etwa 10 bis 20 Jahren die Pubertät. Ein Selbstfindungsprozess entwickelt sich und Selbstverantwortung wird erkannt. In dieser Stufe beginnt der Mensch freiwillig auf ein DU zuzugehen.
- Stufe 5 führt in eine spirituelle Geburt hinein. Es entsteht eine Evolution im Bewusstsein. In dieser Stufe findet der Mensch laut Tepperwein, Zitat: *Vom personalen Ich zum transpersonalen ewigen Selbst. Er erkennt sich als Ebenbild Gottes, als das er geschaffen wurde. Als Wesen, in dem sich das Wesen Gottes spiegelt.* [116]

- Stufe 6 bringt über eine weitere Geburt Erfahrungen in der Transzendenz. Zitat: *Die sechste Geburt ist die Selbst-Beherrschung. Das heißt, der Mensch hat seinem wahren Selbst die Herrschaft über Leben und Sein übergeben. Das Ego hat sich als Ausdruck Gottes erkannt, als individualisierter Aspekt seines Willens. So lebt der Mensch mehr und mehr aus der „inneren Führung".* [116]
- Stufe 7 führt in die Einheit mit dem Kosmos. Es beginnt ein Leben aus dem Schöpfungswillen Gottes. Zitat: *Die siebte Geburt ist die Selbst-Vollendung. Wollen und Tun sind identisch geworden Absicht und Tat eins. Der Eigenwille ist eingeflossen und eins geworden mit dem Schöpfungswillen. Das ganze Leben ist ein sichtbar gewordener Ausdruck Seines Willens.* [116]

Für mein Glaubensverständnis wird hier sehr gut geschildert wie die Auferstehung in die neue Erde und den neuen Himmel hier und heute schon beginnt. Im Verlauf der siebten Stufe seines Lebens kann der Mensch schon hier und jetzt den Fuß über den Klippenrand hinaus in die Transzendenz heben und den Weg in die neue Erde und den neuen Himmel gehen. Dieser Weg wird im Tod dann vollendet.

24. AMEN.

24.01. Ja, so sei es!

Das hebräische Wort Amen sagt: „Ja, so sei es". Es wird in der Bibel als Zustimmung benutzt und ist aus dem Alten-Testament auch in das Neue Testament übernommen worden. In der Liturgie der Kirche wird es heute noch als Zustimmungsformel verwendet. Ja, gewiss! Ja so sei es!

Ja so sei es! Nicht, so ist es !!! Sondern, so sei es! So soll es sein! ER und ich wir wollen es so! ER der ewige Gott der in mir, mit mir und durch mich lebt, ER und ich wir wollen es so. Und weil wir es wollen, deshalb wird es werden. In dem Augenblick, in dem wir den Fuß hochheben um im Glauben den Fuß über den Klippenrand zu setzen, in diesem Augenblick wird es so werden wie ER, das Leben, wie wir es wollen.

Allerdings muss mein Wollen aus IHM kommen, d.h. es muss ein auf Liebe gegründetes, mit dem Verstand vereintes, vertrauensvolles Wollen sein. Ich und das unendliche kosmische Bewusstsein, ich und der Vater der gleichermaßen auch Mutter ist, wir müssen eins sein, so wie es uns Jesus von Nazareth vorgelebt hat. Wer so denken und handeln will der muss sich selbst immer wieder kritisch prüfen und sich fragen lassen ob er noch so in den Energiestrom des Kosmos, in Gott, eingebunden ist, dass er diese Aussage von seinem Wollen machen kann. Er muss sich fragen ob sein menschliches Gottesbild noch vom Geist Gottes durchdrungen ist. Er muss sich fragen ob er im Sinne des unendlichen „allmächtigen Vaters" denkt und handelt. Und nur dieses selbstkritische, selbstverantwortliche Denken und Handeln, das lässt ihn zur Persönlichkeit werden die den Fuß vertrauensvoll über die Bruchkante setzen darf. Die fernöstlichen Religionen sprechen an dieser Stelle vom leer werden, vom Tod des Ich, vom Nicht-Sein. Das Christentum spricht von der Selbstverleugnung [009]. Hier entstehen nach meinem Gefühl aber sehr oft Missverständnisse. Das Ich, das Selbst, soll nicht zerstört, sondern transformiert werden. Jenes Ich, das sich selbst loslassen kann und bereit ist sich in den Willen jener unendlichen kosmischen Energie fallen zu lassen, das ist in der

Lage, aus SEINEM Wollen, aus dem Wollen Gottes heraus, zu handeln und zu leben.

24.02. Dein Glaube hat dir geholfen.

Wir hatten Eingangs die kritische Frage gestellt: „Kann der vom christlichen Glaubensbekenntnis geprägte Glaube die weltweite Globalisierung der Wirtschaft positiv beeinflussen, einen wirtschaftlichen Aufschwung stärken, die noch in vielen Teilen der Welt herrschende Not lindern und somit allen Menschen Lebensqualität und Wohlstand bringen"? Betrachte ich diese Frage vor dem Hintergrund des soeben durchdachten christlichen Glaubensbekenntnisses, dann drängt sich mir die Antwort auf: „Ja, es ist möglich über die Kraft des Glaubens die Welt zu gestalten und sie schrittweise zu erlösen. Allerdings ist dazu eine kritische Menge Gleichgesinnter nötig. Gleichgesinnte die als Mitstreiter gemeinsam die notwendigen Schritte über den Klippenrand hinaus tun. Diese Gemeinschaft der Glaubenden ist in meinen Augen „Kirche". Die Atomphysiker sprechen von der „kritischen" Masse die nötig ist um für die Kernspaltung eine atomare Kettenreaktion anzustoßen. In der gleichen Weise benötigt die Welt heute auch jene kritische Menge Gleichgesinnter die den Anstoß zu jener Bewusstseinsänderung geben die nötig ist um einen neuen Aufbruch anzustoßen. Auch unser Altbundespräsident Roman Herzog sprach von jenem Ruck der durch das ganze Volk gehen muss um einen neuen Aufbruch in der Wirtschaft zu bewirken der die Arbeitslosigkeit überwinden hilft und unseren Sozialstaat rettet. Nicht Gott wird uns einen Wirtschaftsaufschwung schenken und die Arbeitslosigkeit überwinden. Nicht Gott wird den Krieg ausrotten und der Menschheit Wohlstand geben. Nein! Wir müssen es tun! Dein Glaube hat dir geholfen. So hat schon vor 2000 Jahren Jesus von Nazareth gesagt. Er hat nicht gesagt Gott hat dir geholfen, oder ich habe dir geholfen. Nein! Er hat gesagt: „Dein Glaube hat dir geholfen". Dein ganz persönlicher Glaube. Und dies hat er nicht nur einmal, das hat er viele male betont [032]. Dann allerdings, dann wenn wir in gläubigem Vertrauen den Fuß vorsichtig heben um über den Klippenrand hinaus zu gehen, dann wird ER, Gott, das unendliche, kosmische Bewusstsein, der Vater, mit uns sein. Davon bin ich überzeugt.

24.03. Leben Sie wohl.

Sollten Sie, sehr verehrte Leserin, sehr geehrter Leser, meine Gedanken bis hierhin verfolgt haben, so freue ich mich sehr und betone noch einmal: Ich habe nur meine Gedanken entwickelt und dargestellt. Ich habe „Kritische Fragen" gestellt, an das christliche Glaubensbekenntnis, an die Wirtschaft und an die Menschenführung heute. Ich wollte fragen ob das christliche Glaubensbekenntnis auch heute, im Zeitalter der weltweiten Globalisierung unserer Wirtschaft, der Welt noch positive Impulse geben kann. Ich wollte mir selber über den Grund meines Glaubens Rechenschaft geben. Darüber hinaus wollte ich mich auch einbringen in die Gemeinschaft der Glaubenden. Wenn wir Kirche sein wollen, dann meine ich müssen wir uns in erster Linie als eine Gemeinschaft der Glaubenden verstehen. Und deshalb müssen wir miteinander über unseren Glauben reden. Es liegt mir fern Dogmen zu erstellen oder auszusagen, dass alle Dinge so zu sehen sind wie ich sie heute sehe. Ich habe meinen eigenen persönlichen Glauben und mein Denken begründet, nicht bewiesen! Ich wollte eine Diskussion um die Kraft des Glaubens anstoßen. Ich wollte kritisch fragen ob das christliche Glaubensfundament auch heute noch, in Europa und in der ganzen Welt, unserer Wirtschaft und unserem Leben sinnvolle Impulse geben kann. Ich wollte fragen ob auch das christliche Glaubensbekenntnis einen Dialog zwischen den Religionen zulässt. Umso mehr bin ich Ihnen, sehr verehrte Leserin, sehr geehrter Leser, für Ihr Interesse dankbar und hoffe mit meinen Gedanken doch auch einige Anstöße gegeben zu haben für das so notwendige Glaubensgespräch im Raum der Wirtschaft und in der Gemeinschaft der Glaubenden. So möchte ich mich mit einem alten irischen Segensspruch verabschieden bevor wir wieder unsere eigenen getrennten Wege gehen:

.... *„Möge Dein Weg immer eben sein. Möge Dir die Sonne das Gesicht erwärmen und der Regen sanft auf Deine Felder rieseln, und möge Gott, bis wir uns wiedersehen ... schützend seine Hand über Dich halten"... .*

Leben Sie wohl!

25. Quellennachweise

[001]   Die drei Jünglinge im Feuerofen ... /
Die Bibel / In: AT / Buch Daniel / 3.1- 3.100 /
[002]   Der Schintoismus und die neuen Religionen Japans /
Edmond Rochedieu / In: Die großen Religionen der Welt /
Fackel Verlag / 1981 / Seite 14 und folgende /
[003]   Die Einstellung des Japaners zur Firma ... und zur Freiheit /
Peter Engel / In: Japanische Organisationsprinzipien /
Verlag moderne Industrie / 1981 Seite 14 /
ISBN 3-478-32750-4 /
[004]   Die Krise in Japan ... /
Edith Terry /
In: Wirtschaftsmacht Japan – Das Wunder ist vorbei /
Reader's Digest / Februar 1998 /
[005]   Wer Hand an den Pflug legt ... /
Die Bibel / In: NT / LK 9.62 /
[006]   Total Quality Management /
Dr. Rüdiger Gläbe und Werner Brugger /
In: Das neue TQM für die Praxis /
WEKA Media GmbH & Co.KG / ISBN 3-8111-8998-0
[007]   Qualitätsnormung /
Ian Cambell und Alexander Scheibeler /
In: Qualitätsmanagement nach der neuen ISO 9000er Serie /
WEKA Verlag / ISBN 3-8111-2870-1 /
[008]   Wird Christus tausendmal in Bethlehem geboren ... /
Angelus Silesius /
In: Predigt von Bischof Paul Werner im Dom zu Würzburg /
Kath. Sonntagsblatt Würzburg / 1994 /
[009]   Selbstverleugnung ... /
Die Bibel / In: NT / Matth. 16.24 /
[010]   Selbstverwirklichung ... /
Die Bibel / In: NT / Matth.16.24-26 /
[011]   Einheit in der Vielfalt /
Papst Johannes Paul II /
In: Enzyklika « Fides et Ratio » 1998 – Abs. 55 /
Internet : http://stjosef.at/dokumente/fides_et_ratio.htm
[012]   Lasst beides wachsen bis zur Ernte /
Die Bibel / In : Matth. 13. 29-30 /
[013]   Noch vieles hätte ich euch zu sagen ... /
Die Bibel / In: NT / Joh. 16. 12-13 /
[014]   Die Sünde wider den heiligen Geist ...
Die Bibel / In: NT / Matth. 12. 31-32 /

[015] Führen durch Liebe / Mehr Menschlichkeit /
Gerd Gerken / In: Management by love /
ECON Verlag 1991 / ISBN 3-430-13168-5 /
[016] Das Hauptgebot ... /
Die Bibel / In: NT / Matth. 22. 37-40 /
[017] Auszug aus Ägypten ... /
Die Bibel / In: AT / Exodus / 16. 1-3 /
[018] Rücksichtnahme auf den Menschen /
Thomas J. Peters, Robert H. Waterman Jun. /
In: Auf der Suche nach Spitzenleistungen /
Verlag moderne Industrie / 1983 / ISBN 3-478-32790-3 /
[019] Das Erfolgsprinzip im Führungsprozess /
Wolfgang Hinz, Josef Pichlbauer / In: Evolution statt Kampf /
Wirtschaftsverlag Langen Müller - Herbig / 1991 /
ISBN 3-7844-7281-8 /
[020] Wandel in der Betriebswirtschaft /
Konrad Mellerowicz /
In: Sozial orientierte Unternehmensführung /
Rudolf Haufe Verlag Freiburg im Breisgau / 1976 /
ISBN 3-488-00506-1 / Seite 42 ff /
[021] Die menschlichen Kräfte in der Wirtschaft ... /
Ludwig Erhard / In: Deutsche Wirtschaftspolitik /
ECON Verlag / 1992 / ISBN 3-430-12546-4 / Seite 226 /
[022] Die individuellen Kräfte ... /
Prof. Dr. Konrad Mellerowicz /
In: Sozialorientierte Unternehmensführung /
Rudolf Haufe Verlag / 1976 / ISBN 3-488-00506-1 / Seite 27 /
[023] Das Gleichnis von den Talenten ... /
Die Bibel / In: NT / Mt. 25.14-24 /
[024] Definition „Betrieb" ... /
Uwe Schreiber /In: Handlexikon Wirtschaft /
Wilhelm Heyne Verlag München / 1990 / ISBN 3-453-00832-4 /
[025] Permanente Instabilität ... /
Gerd Gerken / In: Manager .. Die Helden des Chaos /
ECON Verlag / 1992 / ISBN 3-43013158-8 / Seite 70 /
[026] Das Feld des Glaubens ... /
Gerd Gerken / In: Die Trends für das Jahr 2000 /
ECON Verlag / 1990 / ISBN 3-430-13166-9 / Seite 211 /
[027] Das Loslassen ... /
Die Bibel / In: NT / Mk. 8.34-36 /
[028] New Edge – der neue Wendepunkt /
Gerd Gerken, Michael A. Konitzer / In: Trends 2015 /
Verlag Scherz / 1995 / Seite 29 /
[029] New Edge in der Bibel – der Gang über den See /
Die Bibel / In: NT / Mt. 14.24-33 /

[030] Der Weg ... /
       Die Bibel / In: NT / Jo. 14.6 /
[031] Maßhalten ... /
       Ludwig Erhard / In: Deutsche Wirtschaftspolitik /
       ECON Verlag / ISBN 3-430-12546-4 / Seite 7 /
[032] Dein Glaube hat die geholfen ... /
       Die Bibel /
       In: NT / Mark. 5.34 / 10.52 / Luk. 7.50 / 8.48 / 17.19 / 18.42 /
[033] Die Kraft des Glaubens im Unterbewusstsein /
       Dr. Joseph Murphy / In: Die Macht Ihres Unterbewusstseins /
       Ramon F. Keller Verlag Genf / 1974 / ISBN 3-7205-1027-1 /
[034] Die Erfolgsformel ... /
       B. Enkelmann /
       In: Seminarunterlagen > Institut für Persönlichkeitsbildung,
       Rethorik und Zukunftsgestaltung / 6240 Königstein/Ts./
[035] Unternehmensphilosophie ... /
       Friedrich Fürstenberg /
       In: Erfolgskonzepte der japanischer Unternehmensführung /
       Verlag moderne Industrie / 1981 /
       ISBN 3-478-31942-0 / Seite 45 /
[036] Bin ich der Hüter meines Bruders? ... /
       Die Bibel / In: AT / Genesis 4.9 /
[037] Die Feindesliebe ... /
       Die Bibel / NT / Matth. 5.44 / Luk. 6. 27-35
[038] Zukunft Trends ... Dialog mit der Natur /
       Gerd Gerken / In: Die Trends für das Jahr 2000 /
       ECON Verlag / ISBN 3-430-13166-9 / Seite 95 bis 100 /
[039] Sonntagsarbeit ... /
       Die Bibel /
       In: NT / Mk.2 23-28 / Mk.3. 1-6 / Lk.13. 10-17 / Joh.5. 1-47 /
[040] Ich und der Vater sind eins /
       Die Bibel / Joh. 10. 30
[041] Die Schöpfungstheologie /
       Matthew Fox / In: Der große Segen /
       Claudius Verlag / 1991 / ISBN 3-532-62112-6 /
[042] Sein Tod ein Selbstopfer? Ein Sühneopfer? /
       Dr. Eugen Biser /
       In: Ökumenischer Manuskriptdienst / 5.1996 / memo /
[043] Und Gott sah alles was er gemacht hatte ... /
       Die Bibel / In: AT / Genesis 1.31 /
(044) Bewusstseinsmanagement /
       Gerd Gerken / In: Geist – Das Geheimnis der neuen Führung /
       ECON Verlag / 1991 / ISBN 3-430-13159-6 / Seite 23 /

[045] Zukunft weisendes Wirtschaften ... /
Ludwig Ehrhard / In: Deutsche Wirtschaftspolitik /
ECON -Verlag / ISBN 3-430-12546-4 / Seite 387 /
[046] Die Eigenverantwortung
in einem freiheitlichen Wirtschaftssystem /
Reinhard K. Sprenger / In: Das Prinzip Selbstverantwortung /
Campus Verlag / 1998 / ISBN 3-593-35248-6 /
[047] Zum Verständnis der Theologie Tissa Balasuriyas /
Tissa Balasuria /
In: Rundbrief 3/97 Initiative Kirche von unten / Oktober 1997
[048] Die theologisch, philosophische Aussage der Bibel /
Brockhaus Enzyklopädie / Unter: Stichwort „Jesus Christus" /
Brockhaus 19 Auflage / 1992 / ISBN 3-7653-1119-7 /
[049] Das Weltbild ändert sich ... /
Fritjof Capra / In: Wendezeit - Bausteine für ein neues Weltbild /
Lizenzausgabe Deutscher Bücherbund / 1987 / Seite 78 /
[050] Die doppelte Natur von Materie und Licht ... /
Fritjof Capra / In: Wendezeit – Bausteine für ein neues Weltbild /
Lizenzausgabe Deutscher Bücherbund / 1987 / Seite 81 /
[051] Das grausame Gottesbild ... /
Herbert Haag / In: Den Christen die Freiheit /
Verlag Herder Freiburg-Basel-Wien /
ISBN 3-451-22776-2 / Seite 46 /
[052] Niedergebrochene in die Freiheit entlassen ... /
Die Bibel / In: NT / Luk. 4.18 /
[053] Lasset uns den Menschen machen ... /
Die Bibel / In: AT / Genesis 1.26 /
[054] Kinder Gottes ... /
Die Bibel / In: NT / Joh. 1.12 /
[055] Kinder Gottes ... /
Die Bibel / In: Apg. / Röm. 8. 14-17 /
[056] Ich und der Vater sind eins ... /
Die Bibel / In: NT / Joh.10.30 /
[057] Spirituelle Wunderheilungen /
Dr. Joseph Murphy / In: Das Erfolgsbuch /
Verlag HEYNE / 2002 / ISBN 3-453-21457-9 / Seite 405 /
[058] Die Heilkraft des Glaubens /
Die Bibel / In: NT / Joh. 14.12 /
[059] Die Macht des Glaubens /
Die Bibel / In: NT / Mark. 16. 17-18 /
[060] Eine Spontanheilung /
Kurt Tepperwein / In: Loslassen was nicht glücklich macht /
mvg –Verlag / 2000 / ISBN 3-478-08678-7 / Seite 95-96 /

[061] Lebenslust führte zu einer spektakulären Heilung /
Dr. Reinhart Stalmann / In: Um Leib und Seele /
Lizenzausgabe Deutscher Bücherbund / 1979 Kindler Verlag /
Seite 103-111 /
[062] Fußwaschung ... /
Die Bibel / In: NT / Joh.13. 4-5 /
[063] Vater in deine Hände ... /
Die Bibel / In: NT / Luk. 23. 46 /
[064] Vater in deine Hände ... /
Die Bibel / In: AT / Psalm 31. 6 /
[065] Wer unter ihnen der Größte sei ... /
Die Bibel / In: NT / Luk. 22. 24-26 /
[066] Wer unter euch ein Großer sein will ... /
Die Bibel / In: NT / Mark. 10. 42-44 /
[067] Nur einer ist euer Meister ... /
Die Bibel / In: NT / Matth. 23. 8 /
[068] Lasst beides wachsen bis zur Ernte /
Die Bibel / In: NT / Matth. 13. 29-30 /
[069] Die Samariterin am Jakobsbrunnen ... /
Die Bibel / In: NT / Joh. 4. 4 und folgende /
[070] Der Samariter (der Ausländer) der dem Hilflosen half ... /
Die Bibel / In: NT / 10. 30-37 /
[071] Die Sünderin ... /
Die Bibel / In: NT / Luk. 7. 36-50 /
[072] Organisation der Selbstorganisation ... /
Gerd Gerken / In: Manager ... die Helden des Chaos /
ECON Verlag / 1992 / ISBN 3-430131-58-8 / Seite 220 /
[073] Die verschiedenen Führungsstile ... /
Daniel Goleman / In: Durch flexibles Führen mehr erreichen /
Harvard Business manager / Heft 5-2002 / Seite 9 und 12 /
[074] Emotionale Intelligenz ... /
Daniel Goleman / In: Durch flexibles Führen mehr erreichen /
Harvard Business manager / Heft 5-2002 / Seite 11 /
[075] Eine Menschen verachtende Führungskultur ... /
Reggi von Zugbach / In: Nur Einzelkämpfer siegen /
ECON Verlag / 1998 / ISBN 3-430-19979-4 /
Anmerkungen vom Verlag – auf der Einbandinnenseite /
[076] Die paranoide Führungskraft ... /
Reggi von Zugbach / In: Nur Einzelkämpfer siegen /
ECON Verlag / 1998 / ISBN 3-430-19979-4 / Seite 13 /
[077] Die Entwicklung zur eigenverantwortlichen Persönlichkeit ... /
Werner Lanthaler und Johanna Zugmann / In: Die ICH Aktie /
Frankfurter Allgemeine Buch / 2000 /
ISBN 3-933180-84-8 / Seite 220 /

[078] Die ganz andere Herr-schaft ... /
Ullrich Thilemann /
In: Wer über Macht nicht sprechen will redet über Ethik /
VDI Nachrichten / vom 22.12.2000 / Seite 2 /
[079] Woher kommt die mentale Kraft im Führungssystem? ... /
Gerd Gerken / In: Management by love /
ECON Verlag / 1991 / ISBN 3-430-13186-5 / Seite 14 /
[080] Und es war sehr gut ...
Die Bibel / In: AT / Genesis 1.31
[081] Die Angst vor dem Lernen /
Wie kann man Lernen effektiver gestalten? /
Edgar H. Schein /
In: Blut, Schweiß und Tränen – von der Angst zu Lernen /
Harvard Business manager / Heft 5-2002 / Seite 74 und 77 /
[082] Stammbaum Jesu
Die Bibel / In: NT / Matth. 1. 1-17 /
[083] Die Empfängnis Jesu /
Die Bibel / In: NT / Matth. 1. 18-24
[084] Die Enthaltsamkeit des Joseph /
Die Bibel / In: NT / Math. 1. 25
[085] Die Einheit in der Schöpfung /
Teilhard de Chardin /
N.M. Wildiers / Teilhard de Chardin /
Verlag Herder Breisgau / 1965 / Seite 12+13 /
[086] Werde du selbst ... /
Nikolaus von Kues / In: Theologie im Fernkurs /
Domschule Würzburg / 1975 / Lehrbrief 1 Seite 16 /
[087] Das Missverständnis mit der Sexualität /
Deutsche Bischofskonferenz /
In: Katholischer Erwachsenen-Katechismus /
DON BOSCO Verlag / 1985 / ISBN 3-7698-0528-3 / Seite 179 /
[088] Die Abwertung der Sexualität /
Prof. Dr. Wolfgang Bartholomäus / In: Unterwegs zum Lieben /
KÖSEL Verlag / 1988 / ISBN 3-466-36291-1 / Seite 100 /
[089] Der zu bestimmten Zeiten verbotene Geschlechtsverkehr /
Prof. Dr. Wolfgang Bartholomäus / In: Unterwegs zum Lieben /
KÖSEL Verlag / 1988 / ISBN 3-466-36291-1 / Seite 102 /
[090] Die angeblich bessere Ehelosigkeit /
Die Bibel / In: NT / 1.Kor. 7. 8-9 /
[091] Enzyklika Humanae vitae /
Prof. Herbert Haag und Katharina Ellinger / Zur Liebe befreit /
Benzinger Verlag / 1999 ISBN 3-545-20149-X / Seite 14 /
[092] Papstwort 1980 /
Prof. Dr. Wolfgang Bartholomäus / In: Unterwegs zum Lieben /
KÖSEL Verlag / 1988 / ISBN 3-466-36291-1 / Seite 101 /

[093]   Jesus von Nazareth hat auch Feste gefeiert /
        Die Bibel / In: Luk. 7. 33-34 /
[094]   Gott ist kein Gott der Toten /
        Die Bibel / In: Luk. 20. 38 /
[095]   Herbergsuche /
        Die Bibel / In: Luk. 2. 1-7 /
[096]   Die Verkündigung der Hirten /
        Die Bibel / In: Luk. 2. 8-12 /
[097]   Abschiedsbrief an Jesus /
        Prof. Gerd Lüdemann / In: Der große Betrug /
        Zu Klampen Verlag / 1999 / ISBN 3-924245-70-3 /
[098]   Die sich vom Geiste Gottes leiten lassen /
        Die Bibel / NT / In: Röm. 8. 14-16 /
[099]   Erben Gottes /
        Die Bibel / In: NT / Röm. 8. 17 /
[100]   Himmelfahrt /
        Die Bibel / In: NT / Apg. 1. 9-11 /
[101]   Die neue Erde /
        Die Bibel / In: NT / Offb. 21. 1-5 /
[102]   Die Not des Geistes mit der Diktatur /
        Kardinal Josef Ratzinger –
        Präfekt der röm. Glaubenskongregation /
        In: Lehrschreiben „Dominus Jesus" vom 06.08.2000 /
[103]   Vielfalt /
        Pater Dr. Sebastian Painadath /
        In: Würzburger katholisches Sonntagsblatt Nr.9 vom 02.03.2003
[104]   Weltethos /
        Prof. Hans Küng / In: Spurensuche /
        Pieper Verlag / 2001 / ISBN 3-492-04361-5 / Seite 9 /
[105]   Ich will die Kirche hören /
        Gebets und Gesangbuch für das Bistum Würzburg /
        Neuausgabe 1959 / Seite 399 /
[106]   Ich will die Kirche hören /
        Gotteslob, katholisches Gebets- und Gesangbuch
        der deutschen Diözesen /
        Ausgabe 1975 / Seite 913 /
[107]   Neurobiologie. Sind wir Sklaven unseres Gehirns?
        Prof. Gerhard Roth, Universität Brehmen,
        Institut für Hirnforschung
        In: P.M. Welt des Wissens, Magazin Heft April 2004, Seite 92 ff
[108]   Sehnsucht der ganzen Schöpfung nach Erlösung /
        Die Bibel / In: NT / Röm. 8. 18-22
[109]   Und Gott schuf den Menschen als sein Bild /
        Die Bibel / In: AT / Genesis 1. 27 /

[110] Der Mensch aus Staub gebildet /
       Die Bibel / In: AT / Genesis 2. 7 /
[111] Sinn stiften im Wirtschaftsleben /
       Prof. Dr. Gertrud Höhler /
       In: Die Sinn-Macher - Wer siegen will muss führen /
       ECON Verlag / 2002 / ISBN 3-430-14715-8 /
[112] Überleben in der Betrüger-Wirtschaft /
       Wirtschaftspublizist Günter Ogger / In: Die EGO AG /
       C.Bertelsmann Verlag / 2003 / ISBN 3-570-00663-8 /
[113] Zen Akademie für Führungskräfte / Die virtuelle Akademie /
       Vorstand: Prof. Dr. Wielens (Vorsitzender), Münster
       Internet: www.zen-akademie.org
[114] Lebenssinn ergründen /
       Benediktiner Pater Willigis Jäger, Zenlehrer /
       In: Suche nach dem Sinn des Lebens /
       Verlag Via Nova (1999) / ISBN 3- 928632-03-5 /
[115] Wissenschaftsentwicklung – Paradigmenwechsel /
       Prof. Thomas Kuhn, Massachusetts Institute of Technology
       Brockhaus Enzyklopädie (1990) / Unter Stichwort „Kuhn"
[116] Die sieben Geburten des Menschen /
       Kurt Tepperwein / In: Die geistigen Gesetze /
       Wilhelm Goldmann Verlag, München (2002) /
       ISBN 3-442-21610-9 / Seite 197 bis 212 /

Der Autor: Lebenslauf in Kurzform:

Rudolf Reichert, geb. am 30.05.1930 in Schweinfurt,
verheiratet mit Lieselotte Reichert geb. Pfister seit 09.10.1954. 3 Kinder.

1945 – 1948	Lehre als Werkzeugmacher mit Gesellenprüfung
1949 – 1953	Studium Masch. Bau Ing. an der Fachhochschule Würzburg

1953 – 1956	Arbeit als Konstrukteur im Zweigwerk eines Weltkonzerns
1956 – 1957	Mitarbeit in der Arbeitszeitstudienabteilung und Arbeitsvorbereitung
1957 – 1958	Mitarbeit bei der Umstellung auf EDV in der Organisationsabteilung
1958 – 1960	EDV Programmierer in der Organisationsabteilung

1960 – 1963	Gruppenleiter für Gemeinkostenüberwachung in der Kostenrechnung, Abendstudium an der Verwaltungs- und Wirtschaftsakademie Würzburg/Schweinfurt
1963 – 1966	Mitarbeit bei der Umstellung der Kostenrechnung auf EDV
1966 – 1977	Leiter der Kostenrechnung. Aufbau einer flexiblen Plankostenrechnung mit integrierter Volkostenrechnung. Einführung von Kostengesprächen, und Ausbau der Kostenrechnung zum Werks-Controlling.
1977 – 1980	Stellvertretender Leiter der Unternehmensplanung.

1980 – 1983	Werks-Controlling in einem Zweigwerk übernommen.
1983	Sonderaufgabe: Aufbau Werks-Controlling im Zweigwerk Singapur.
1984 – 1985	Werks-Controlling für Maschinen und Werkzeugbau übernommen.
1985 – 1989	Werks-Controlling für ein neues Schwesterwerk aufgebaut und geleitet.

1989 – 1991	Vorgezogener Ruhestand.

1991 – 1993	In Zusammenarbeit mit dem VDI-Bezirksverein Thüringen, Mitarbeit am Projekt „Korrekt" in Weimar als Dozent für Betriebswirtschaft. Im Rahmen eines ABM-Projektes ist arbeitslosen Ingenieuren Rüstzeug für den Übergang in die freie Marktwirtschaft zu geben.
1993	Ing.Büro gegründet mit dem Ziel: „Beratung in Kostenrechnung, Controlling, Organisation und Unternehmensplanung"
1993 – 1995	Beratung der jungen Firma UMTAS (Umwelttechnologie und Arbeitsschutz) im Controlling.
1995 – 1997	Für ein weiteres Unternehmen die Berechnung von Verbesserungsvorschlägen übernommen
1997 – 1998	Aufbau einer Erfolgsbeteiligung im Rahmen des TQM
1999 – 2002	Vorbereitung einer geplanten Veröffentlichung über das aktuelle Thema: „TQM - orientierte Erfolgsbeteiligung"
2002	Mitarbeit im WEKA Verlag an den Nachschlagewerken QM (Qualitätsmanagement) und TQM (Total Quality Management). Beitrag zum Thema: „Excellence durch TQM-orientierte Erfolgsbeteiligung"
2003	Beitrag zum Thema: „ Entwicklungstendenz in der Entlohnung" WEKA Verlag.
2004	Beitrag zum Titel: „Management der Finanzen" WEKA Verlag.
2005	Im Februar Beitrag vorgesehen zum Titel: „Managementgrundsatz: Den Menschen einbeziehen" WEKA Verlag / .